読者特典 読者様限定書籍連動ダウンロードサービス

「無敵の社労士3」はWebコンテンツも充実！

全受験生必携の「切り取り式暗記カード」が進化しました！

重要事項暗記アプリ

「無敵の社労士」刊行以来、愛され続けて10年…
もっと使いやすく！　スルスル覚えられる！　Webアプリへ大リニューアル!!

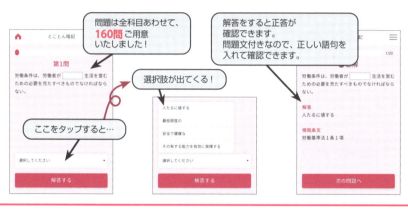

2024年5月下旬頃から公開開始!!

▶ 2024年6月中旬〜

どちらか片方のみお持ちの方もご利用できます
直前対策書籍 2誌連動企画

超重要判例 解説講義

「みんなが欲しかった！社労士の直前予想模試」の『試験に出る！重要判例20選！』と「無敵の社労士3 完全無欠の直前対策」の『最終チェック！重要判例 徹底解説 厳選10選！』を使用した、ここでしか聞けない特別講義です。

[担当講師] 貫場 恵子

1.5時間

TAC出版 🔍

「書籍連動ダウンロードサービス」
にアクセス→パスワードを入力
※本サービスの提供期間は、2024年8月末までです。

二次元バーコードはこちら！

アクセス用パスワード
240810790

CONTENTS

Part 1　本試験に向けて！

いよいよ直前!!
第56回 社会保険労務士試験情報 ……… ❻

合格カウントダウンカレンダー★！ ……… ❽

保存版　本試験当日の持ち物リスト ……… ❿

試験準備もコレでバッチリ！

Part 2　完全無欠の直前対策講義

2024年試験対応!!　法改正最前線─総まとめ講義─ ……… ⓬

もうモヤモヤしない!!　最強の一般常識対策 ……… ㉝

これだけは！　一般常識法規 ……… ㉞
これだけは！　統計調査 ……… ㊽
これだけは！　白書対策 ……… ㊽
これだけは！　一般常識演習問題 ……… ㊽

直前対策をコンプリートするスペシャルコンテンツはこれだ！

Part 3 試験に出るとこ ファイナルチェック！

TAC講師陣による、わかりやすい誌上講義も見逃せない！

ファイナルチェック！ 試験当日まで使える！
重要過去問100本ノック!! ……… 110

最終チェック！
重要判例 徹底解説 厳選10選！ ……… 136

岡根式 これならわかる! 社労士 Final Edition ……… 152
―選択式問題 解き方実況中継―

TAC講師室特命課年金係 ……… 170
―事例問題について②―

書類に注目！ 雇用保険の受給手続き その3 ……… 186

比較認識法®で一発合格！ プチ講義 ……… 192
選択対策編

必勝！ 第56回本試験
チャレンジ！ 論点マスター ……… 206

Part 4 合格をどこまでもサポート！

Welcome！ ときこの小部屋 ……… 224
～妊産婦と派遣労働者と涙の解雇編～

受験の神様 ツボじぃさんにきく！
お悩み相談室 ……… 232

重要事項暗記アプリ活用法 ……… 234

テキストの理解が深まる大人気連載もお楽しみにじゃよ。

凡例

本書においては、下記のとおり略称を使用しております。
- 社労士＝社会保険労務士
- 労　基＝労働基準法
- 安　衛＝労働安全衛生法
- 労　災＝労働者災害補償保険法
- 雇　用＝雇用保険法
- 徴　収＝労働保険の保険料の徴収等に関する法律
- 健　保＝健康保険法
- 厚　年＝厚生年金保険法
- 労　一＝労務管理その他の労働に関する一般常識
- 社　一＝社会保険に関する一般常識

※本書は、2024年4月12日現在公表されている情報に基づいて作成しています。

本試験に向けて！

Part 1

CONTENTS

いよいよ直前!! 第56回 社会保険労務士試験情報 ……… ❻
合格カウントダウンカレンダー！ ………………………… ❽
本試験当日の持ち物リスト ………………………………… ❿

| Part1 本試験に向けて! | Part2 完全無欠の直前対策講義 | Part3 試験に出るとこファイナルチェック! | Part4 合格をどこまでもサポート! |

第56回 社会保険労務士試験情報

　2024年4月12日—。試験センターより、本試験実施要項が発表されました。ここからは、試験本番を想定した学習が重要となりますので、しっかりと確認しておきましょう。

※第56回本試験の受験申込の受付期間は、2024年5月31日（金）までです。試験に関する詳細の情報は、全国社会保険労務士会連合会試験センターのホームページをご覧ください。

試験日

2024年8月25日（日）

試験時間

選択式 10：30～11：50（80分）※10：00までに着席
択一式 13：20～16：50（210分）※12：50までに着席

試験科目

試験科目	選択式出題数（配点）	択一式出題数（配点）
労働基準法及び労働安全衛生法	1問（5点）	10問（10点）
労働者災害補償保険法（労働保険の保険料の徴収等に関する法律を含む。）	1問（5点）	10問（10点）
雇用保険法（労働保険の保険料の徴収等に関する法律を含む。）	1問（5点）	10問（10点）
労務管理その他の労働に関する一般常識	1問（5点）	10問（10点）
社会保険に関する一般常識	1問（5点）	
健康保険法	1問（5点）	10問（10点）
厚生年金保険法	1問（5点）	10問（10点）
国民年金法	1問（5点）	10問（10点）
合計	8問（40点）	70問（70点）

＊　試験問題の解答にあたり適用すべき法令等は2024年4月12日（金）現在施行のものとします。
＊　選択式では「労働保険の保険料の徴収等に関する法律」からの出題はありません。択一式の「労働者災害補償保険法」及び「雇用保険法」は、各10問のうち問1～問7が「労働者災害補償保険法」及び「雇用保険法」から出題され、問8～問10の3問（計6問）が「労働保険の保険料の徴収等に関する法律」から出題されます。

試験実施会場

全国19都道府県で実施

　試験センターから受験資格を有すると認められた受験申込者には、8月上旬に試験センターより受験票が送られてきます。

合格発表

2024年10月2日（水）

試験に関する問い合わせ

全国社会保険労務士会連合会　試験センター
〒103-8347　東京都中央区日本橋本石町3-2-12　社会保険労務士会館5階
TEL　03-6225-4880／FAX　03-6225-4883
URL　https://www.sharosi-siken.or.jp

★ 本試験チェックポイント ★

① 試験範囲となる法令等は、2024年4月12日現在施行の法令！

　試験範囲の法令等には、注意が必要です。今まで使用していたテキスト等でも、法改正により変更となっている箇所が出ていることもあります。お手持ちの教材の法改正情報をしっかりと確認し、2024年4月12日現在施行の法令等に対応した知識を身につけるようにしましょう。
　TAC出版刊行の書籍については、Cyber Book Storeに、法改正情報を掲載しています。また、法改正箇所だけを重点的に対策することも重要です。本書の『法改正最前線』や、TAC社会保険労務士講座による『法改正セミナー』を活用して、対策しておきましょう。

② 試験会場の下見をしておこう！

　本試験の前に、試験会場の下見に行ってみましょう。原則として受験申込時に希望した試験地となりますが、各試験地に設置される会場の定員に達した場合や会場確保の状況によっては、近隣の都道府県の会場での受験となる場合がありますので、下見は必須です。本試験と同じ曜日、同じ時間帯に、公共交通機関を利用して行ってみましょう。会場までの所要時間、交通機関の混雑状況を事前に把握することができるので、当日安心して試験に臨むことができます。

③ 会場入りは余裕をもって！

　試験会場には多くの受験生がいますので、ギリギリに到着してしまうと、入り口が混雑して、中に入るまでに時間がかかります。また、試験開始直前はトイレも混雑します。時間に余裕をもって、会場入りするようにしましょう。

Part1 本試験に向けて！	Part2 完全無欠の直前対策講義	Part3 試験に出るとこファイナルチェック！	Part4 合格をどこまでもサポート！

合格カウントダウンカレンダー★！

　残り時間を有効に使うためには、なんといってもスケジュール管理が重要です。合格者の方にうかがうと、直前期は、やることを明確化して、スケジュール管理を行っていたといいます。

　自分がどれだけ勉強したかを記録しておくと、試験前日、「これだけやった！」という達成感につながります。ぜひ、活用してくださいね。

＜記入例＞　　使用教材、科目、学習時間を書きこみましょう。

Mon	Tue	Wed	Thu	Fri	Sat	Sun
5/20 過去問 国年 3h	21 ツボ 国年 1h	22 過去問 国年 3h	23 ツボ　国年 過去問　厚年 3h	24 ツボ 厚年 1h	25 みん欲し模試 1回目 6h	26 みん欲し模試 1回目 6h

Mon	Tue	Wed	Thu	Fri	Sat	Sun
5/20	21	22	23	24	25	26
27	28	29	30	31	6/1	2
3	4	5	6	7	8	9
10	11	12	13	14	15	16

Mon	Tue	Wed	Thu	Fri	Sat	Sun
17	18	19	20	21	22 ← TAC 中間模試 →	23
24	25	26	27	28	29	30
7/1	2	3	4	5	6	7
8	9	10	11	12	13 ← TAC 公開模試 →	14
15 海の日	16	17	18	19	20	21
22	23	24	25	26	27	28
29	30	31	8/1	2	3	4
5	6	7	8	9	10	11 山の日
12 振替休日	13	14	15	16	17	18
19	20	21	22	23	24	25 **本試験**

→このカレンダーは、CyberBookStoreでダウンロードすることができます。
詳しくは、CyberBookStore(https://bookstore.tac-school.co.jp/)をご覧ください。

本試験当日の持ち物リスト

　本試験当日、会場に持ち込むことができるものは、制限されています。万全な体制で、安心して試験に集中できるように、下記のリストを確認しながら、事前に準備をしておきましょう。

☐ 受験票
必ず持参しましょう。試験会場の事前確認も必須です。

☐ 写真付きの身分を証明する書類（運転免許証、パスポート、社員証、学生証等）
試験開始前に本人確認が行われる場合がありますので、持参しましょう。

☐ 筆記用具
HBの鉛筆、シャープペンシルを持参しましょう。試験はマークシートですので、ぬりつぶしやすいものを用意しましょう。プラスチック消しゴムもお忘れなく。シャープペンシルを使用する場合は、替え芯のケースを机の上に出しておくことはできません。また、鉛筆、シャープペンシル、消しゴムは、試験時間中に落としてしまうなど、予期せぬトラブルが起こることもありますので、2、3セット用意しておきましょう。

☐ 腕時計
通信機能・計算機能がなく、音を発しないものとなっています。原則として、試験会場に時計はありませんので、時計は必ず必要です。試験本番は、1分1秒が大切になってきますので、確認しやすいものを持ち込むとよいでしょう。置き時計・携帯電話・スマートウォッチを時計として使用することはできませんので、ご注意ください。

☐ 上着等
会場の冷房がきつい場合もあります。温度調節ができる服装にしておくとよいでしょう。

☐ タオル
試験は真夏に行われます。汗をふくためのタオルは持っていきましょう。

☐ 飲み物
試験会場に持ち込むことができる飲み物は、ペットボトルに入ったものに限定されています。ボトルカバーの使用や、ボトル缶、水筒の持ち込みは不可です。なお、試験中の飲水には時間の制限があります。

☐ 昼食
会場によっては、食事処がなかったり、定休日であったり、混雑したりする場合もあります。事前に用意しておきましょう。夏場で暑いことが予想されますので、生ものは避けましょう。

☐ お気に入りの参考書、ノートなど
試験会場に持ち込む教材は、最小限にしましょう。コンパクトなものを選ぶとよいでしょう。使い慣れている問題集や、自分で作ったまとめノートなど、お気に入りのものを持っていくとよいでしょう。

完全無欠の直前対策講義

Part 2

CONTENTS

2024年試験対応!! 法改正最前線 −総まとめ講義−	12
もうモヤモヤしない!! 最強の一般常識対策	33
これだけは！ 一般常識法規	34
これだけは！ 統計調査	48
これだけは！ 白書対策	58
これだけは！ 一般常識演習問題	68

| Part1 | 本試験に向けて! | **Part2** | **完全無欠の直前対策講義** | Part3 | 試験に出るとこファイナルチェック! | Part4 | 合格をどこまでもサポート! |

2024年試験対応!!

法改正最前線

総まとめ講義

TAC社会保険労務士講座　専任講師

小野寺 雅也

　令和6年度試験用の重要法改正点をまとめました。復習を含めた内容もありますが、改めて内容をしっかり確認しておきましょう!

労働基準法

1 労働契約法制及び労働時間法制の見直しに係る改正

改正の趣旨・概要

　労働政策審議会労働条件分科会では、無期転換ルールに関する見直しと多様な正社員の雇用ルールの明確化等について、また、今後の労働時間法制の在り方に関して検討を行い、その結果を取りまとめた「今後の労働契約法制及び労働時間法制の在り方について（報告）」を公表しました。本報告を踏まえ、労働条件明示事項の追加や裁量労働制の見直し等が行われています（令和6年4月1日施行）。

（1）労働条件明示事項の追加

　法15条1項前段の規定に基づき、**労働契約の締結に際し**明示しなければならない労働条件に、「**通算契約期間又は有期労働契約の更新回数の上限**」並びに「**就業の場所及び従事すべき業務の変更の範囲**」が追加されました。改正後の明示事項は次表のとおりです。

絶対的明示事項	
①	労働契約の期間に関する事項
②	期間の定めのある労働契約（以下「有期労働契約」という。）であって当該労働契約の期間の満了後に当該労働契約を更新する場合があるものの締結の場合は、有期労働契約を更新する場合の基準に関する事項（**通算契約期間又は有期労働契約の更新回数に上限の定めがある場合には当該上限を含む。**）
③	就業の場所及び従事すべき業務に関する事項（**就業の場所及び従事すべき業務の変更の範囲を含む。**）
④	始業及び終業の時刻、所定労働時間を超える労働の有無、休憩時間、休日、休暇並びに労働者を2組以上に分けて就業させる場合における就業時転換に関する事項
⑤	賃金（退職手当及び「相対的明示事項」の⑥に規定する賃金を除く。以下⑤において同じ。）の決定、計算及び支払の方法、賃金の締切り及び支払の時期並びに昇給に関する事項
⑥	退職に関する事項（解雇の事由を含む。）

相対的明示事項	
ⓐ	退職手当の定めが適用される労働者の範囲、退職手当の決定、計算及び支払の方法並びに退職手当の支払の時期に関する事項

ⓑ	臨時に支払われる賃金（退職手当を除く。）、賞与その他これに準ずるもの並びに最低賃金額に関する事項
ⓒ	労働者に負担させるべき食費、作業用品その他に関する事項
ⓓ	安全及び衛生に関する事項
ⓔ	職業訓練に関する事項
ⓕ	災害補償及び業務外の傷病扶助に関する事項
ⓖ	表彰及び制裁に関する事項
ⓗ	休職に関する事項

注）「**通算契約期間**」とは、同一の使用者との間で締結された2以上の有期労働契約（契約期間の始期の到来前のものを除く。以下この注において同じ。）の契約期間を通算した期間をいう。労働契約法18条1項では、通算契約期間が**5年**を超える労働者が、当該使用者に対し、現に締結している有期労働契約の契約期間が満了する日までの間に、当該満了する日の翌日から労務が提供される**期間の定めのない労働契約の締結の申込み**をしたときは、使用者は当該申込みを**承諾**したものとみなす、いわゆる**無期転換申込権**を規定している。

　また、その契約期間内に**無期転換申込権が発生**する有期労働契約の締結の場合においては、「**無期転換申込みに関する事項**」及び「**無期転換後の労働条件**」も**明示しなければならない**ものとされました。

注）「**無期転換後の労働条件**」とは、無期転換申込みに係る期間の定めのない労働契約の内容である労働条件のうち前記表中の「①及び③から⑥までに掲げる事項（②を除く絶対的明示事項）」並びに「ⓐからⓗまでに掲げる事項（相対的明示事項）」である。ただし、「ⓐからⓗまでに掲げる事項（相対的明示事項）」については、使用者がこれらに関する定めをしない場合においては、**この限りでない**。

　なお、「**無期転換申込みに関する事項**」並びに「**無期転換後の労働条件のうち①及び③から⑥までに掲げる事項（昇給**に関する事項を**除く。**）」については、**書面の交付等の方法**により**明示しなければなりません**。

（2）雇止めに関する基準の改正

　「有期労働契約の締結、更新及び雇止めに関する基準」（いわゆる「雇止めに関する基準」）の題名が「**有期労働契約の締結、更新、雇止め等に関する基**

準」に改められ、新たに次表の①と⑥の内容が追加となりました。

①	使用者は、**有期労働契約の締結後**、当該有期労働契約の**変更**又は**更新**に際して、**通算契約期間又は有期労働契約の更新回数**について、**上限**を定め、又はこれを**引き下げ**ようとするときは、あらかじめ、その理由を労働者に**説明しなければならない**。
②	使用者は、有期労働契約（当該契約を3回以上更新し、又は雇入れの日から起算して1年を超えて継続勤務している者に係るものに限り、あらかじめ当該契約を更新しない旨明示されているものを除く。下記④において同じ。）を更新しないこととしようとする場合には、少なくとも当該契約の期間の満了する日の30日前までに、その予告をしなければならない。
③	②の場合において、使用者は、労働者が更新しないこととする理由について証明書を請求したときは、遅滞なくこれを交付しなければならない。
④	有期労働契約が更新されなかった場合において、使用者は、労働者が更新しなかった理由について証明書を請求したときは、遅滞なくこれを交付しなければならない。
⑤	使用者は、有期労働契約（当該契約を1回以上更新し、かつ、雇入れの日から起算して1年を超えて継続勤務している者に係るものに限る。）を更新しようとする場合においては、当該契約の実態及び当該労働者の希望に応じて、契約期間をできる限り長くするよう努めなければならない。
⑥	使用者は、労働者に対して「**無期転換申込みに関する事項**」及び「**無期転換後の労働条件**」を**明示**する場合においては、当該事項に関する定めをするに当たって労働契約法3条2項の規定の趣旨を踏まえて**就業の実態に応じて均衡を考慮した事項**について、当該労働者に**説明するよう努めなければならない**。

注）労働契約法3条2項では、「**労働契約は、労働者及び使用者が、就業の実態に応じて、均衡を考慮しつつ締結し、又は変更すべきものとする。**」と「**均衡考慮の原則**」を規定している。

（3）専門業務型裁量労働制の改正

　専門業務型裁量労働制に係る労使協定の協定事項に、「対象労働者の**本人同意**を得ること」、「**同意をしなかった**当該労働者に対して**解雇その他不利益な取扱いをしてはならないこと**」及び「**同意の撤回**

13

の手続」並びに「**本人同意及びその撤回**に関する**労働者ごとの記録**を協定の有効期間中及び当該有効期間の満了後5年間（当分の間、**3年間**）**保存**すること」が追加されました。改正後の協定事項は次表のとおりです。

①	業務の性質上その遂行の方法を大幅に当該業務に従事する労働者の裁量にゆだねる必要があるため、当該業務の遂行の手段及び時間配分の決定等に関し使用者が具体的な指示をすることが困難なものとして厚生労働省令で定める業務のうち、労働者に就かせることとする業務（以下**(3)**において「対象業務」という。）
②	対象業務に従事する労働者の労働時間として算定される時間
③	対象業務の遂行の手段及び時間配分の決定等に関し、当該対象業務に従事する労働者に対し使用者が具体的な指示をしないこと。
④	対象業務に従事する労働者の労働時間の状況に応じた当該労働者の健康及び福祉を確保するための措置を当該協定で定めるところにより使用者が講ずること。
⑤	対象業務に従事する労働者からの苦情の処理に関する措置を当該協定で定めるところにより使用者が講ずること。
⑥	①から⑤までに掲げるもののほか、厚生労働省令で定める次の事項 　ⓐ　使用者は、専門業務型裁量労働制により労働者を①に掲げる業務に就かせたときは②に掲げる時間労働したものとみなすことについて**当該労働者の同意**を得なければならないこと及び当該**同意**をしなかった**当該労働者**に対して**解雇その他不利益な取扱いをしてはならない**こと。 　ⓑ　ⓐの**同意の撤回**に関する手続 　ⓒ　労使協定（労働協約による場合を除き、労使委員会の決議及び労働時間等設定改善委員会の決議を含む。）の有効期間の定め 　ⓓ　使用者は、次のⒾからⒽまでに掲げる事項に関する労働者ごとの記録をⓒの有効期間中及び当該有効期間の満了後5年間（当分の間、3年間）保存すること。 　　Ⓘ　④に規定する労働者の労働時間の状況並びに当該労働者の健康及び福祉を確保するための措置の**実施状況** 　　Ⓛ　⑤に規定する労働者からの苦情の処理に関する措置の**実施状況** 　　Ⓗ　ⓐの**同意及びその撤回**

なお、**使用者の義務**として、労使協定でその記録を保存することとされた事項（前記表⑥ⓓのⒾからⒽまでに掲げる事項）に関する**労働者ごとの記録**を**作成**し、協定の有効期間中及びその満了後5年間（当分の間、**3年間**）**保存**しなければならないことが併せて規定されています。

また、①の対象業務に、「**銀行**又は**証券会社**における顧客の**合併**及び**買収**に関する**調査**又は**分析**及びこれに基づく合併及び買収に関する**考案**及び**助言**の業務」（いわゆる**M＆A**アドバイザリー業務）が追加されました。

（4）企画業務型裁量労働制の改正

1．労使委員会決議事項の追加

企画業務型裁量労働制に係る**労使委員会の決議事項**に、対象労働者の「**同意の撤回の手続**」、「使用者は、対象労働者に適用される**評価制度**及びこれに対応する**賃金制度**を**変更**する場合にあっては、労使委員会に対し、当該変更の内容について**説明**を行うこと」及び「本人**同意**の**撤回**に関する**労働者ごとの記録**を決議の有効期間中及び当該有効期間の満了後5年間（当分の間、**3年間**）**保存**すること」が追加されました。なお、企画業務型裁量労働制においては、本人同意を得ること、同意をしなかった場合の不利益取扱いの禁止及び本人同意に関する労働者ごとの記録の保存については、改正前から既に労使委員会の決議事項として定められています。改正後の決議事項は以下のとおりです。

①	事業の運営に関する事項についての企画、立案、調査及び分析の業務であって、当該業務の性質上これを適切に遂行するにはその遂行の方法を大幅に労働者の裁量に委ねる必要があるため、当該業務の遂行の手段及び時間配分の決定等に関し使用者が具体的な指示をしないこととする業務（以下**(4)**において「対象業務」という。）
②	対象業務を適切に遂行するための知識、経験等を有する労働者であって、当該対象業務に就かせたときは当該決議で定める時間労働したものとみなされることとなるものの範囲

③	対象業務に従事する②に掲げる労働者の範囲に属する労働者（以下(4)において「対象労働者」という。）の労働時間として算定される時間
④	対象業務に従事する対象労働者の労働時間の状況に応じた当該労働者の健康及び福祉を確保するための措置を当該決議で定めるところにより使用者が講ずること。
⑤	対象業務に従事する対象労働者からの苦情の処理に関する措置を当該決議で定めるところにより使用者が講ずること。
⑥	使用者は、対象労働者を対象業務に就かせたときは③に掲げる時間労働したものとみなすことについて当該労働者の同意を得なければならないこと及び当該同意をしなかった当該労働者に対して解雇その他不利益な取扱いをしてはならないこと。
⑦	①から⑥までに掲げるもののほか、厚生労働省令で定める次の事項 ⓐ　対象労働者の⑥の**同意の撤回**に関する手続 ⓑ　使用者は、対象労働者に適用される**評価制度及びこれに対応する賃金制度を変更**する場合にあっては、**労使委員会**に対し、当該**変更の内容**について**説明**を行うこと。 ⓒ　労使委員会の決議の有効期間の定め ⓓ　使用者は、次の㋑から㋩までに掲げる事項に関する労働者ごとの記録をⓒの有効期間中及び当該有効期間の満了後5年間（当分の間、3年間）保存すること。 　㋑　④に規定する労働者の労働時間の状況並びに当該労働者の健康及び福祉を確保するための措置の**実施状況** 　㋺　⑤に規定する労働者からの苦情の処理に関する措置の**実施状況** 　㋩　⑥の**同意及びその撤回**

なお、**使用者の義務**として、労使委員会の決議でその記録を保存することとされた事項（上記表中⑦ⓓの㋑から㋩までに掲げる事項）に関する**労働者ごとの記録を作成**し、決議の有効期間中及びその満了後5年間（当分の間、**3年間**）**保存**しなければならないことが併せて規定されています。

2．労使委員会の委員の指名等

法38条の4，2項1号の規定による労使委員会の委員の指名は、法41条2号に規定する監督又は管理

の地位にある者（**管理監督者**）**以外**の者について行わなければならないこととされていますが、加えて**使用者の意向に基づくものであってはならない**こととされました。

注）法38条の4，2項1号では、労使委員会の委員の**半数**については、当該事業場に、**労働者の過半数で組織する労働組合**がある場合においてはその労働組合、労働者の過半数で組織する労働組合がない場合においては**労働者の過半数を代表する者**に厚生労働省令で定めるところにより**任期を定めて指名**されていることを規定している。

また、使用者は、指名された委員が**労使委員会の決議等に関する事務を円滑に遂行**することができるよう**必要な配慮を行わなければならない**ことが規定されました。

3．労使委員会の運営規程に定めるべき事項

労使委員会の運営規程に定めるべき事項に次の②から④までが追加されました。

①	労使委員会の招集、定足数及び議事に関する事項
②	**対象労働者**に適用される**評価制度**及びこれに対応する**賃金制度**の内容の**使用者からの説明**に関する事項
③	**制度の趣旨**に沿った**適正な運用の確保**に関する事項
④	開催頻度を**6か月以内ごとに1回**とすること。
⑤	上記のほか、労使委員会の運営について必要な事項

注）企画業務型裁量労働制に係る労使委員会の規定は、労働基準法41条の2，1項に規定するいわゆる**高度プロフェッショナル制度**に係る労使委員会に**準用**されるが、この改正にかかわらず、高度プロフェッショナル制度に係る労使委員会の運営規程に定めるべき事項は、上記表中①と⑤のみになる。

4．定期報告に係る改正

法38条の4，4項の規定による**報告**は、**決議の有効期間の始期**から起算して**6か月以内に1回**、及びその後**1年以内ごとに1回**、所定の様式により、**所轄労働基準監督署長**にしなければならないこととされました（起算日が「決議が行われた日」から「決議の有効期間の始期」に変更されたほか、「6か月以内に

| Part1 | 本試験に向けて！ | Part2 | 完全無欠の直前対策講義 | Part3 | 試験に出るとこファイナルチェック！ | Part4 | 合格をどこまでもサポート！ |

1回、及びその後1年以内ごとに1回」を「6か月以内ごとに1回」に読み替える暫定措置が廃止されました。）。

注）**高度プロフェッショナル制度**に係る法41条の2，2項の規定による**報告**も、決議の**有効期間の始期**から起算して6か月以内ごとに、所定の様式により、所轄労働基準監督署長にしなければならないこととされた（企画業務型裁量労働制と同様に、起算日が「決議が行われた日」から「決議の有効期間の始期」に変更された。）。

また、報告事項に以下の③が追加になりました。

①	対象労働者の労働時間の状況
②	対象労働者の健康及び福祉を確保するための措置の実施状況
③	**対象労働者の本人同意及びその撤回の実施状況**

2 時間外・休日労働の上限規制の適用猶予

「工作物の建設の事業」「自動車運転の業務」「医業に従事する医師」「鹿児島県及び沖縄県における砂糖を製造する事業」について、時間外・休日労働の上限規制の適用猶予が令和6年3月31日をもって終了しました。今後、「工作物の建設の事業」「自動車運転の業務」「医業に従事する医師」については、当分の間、次のような扱いとなります（令和6年4月1日施行）。

工作物の建設の事業	・災害時における復旧及び復興の事業には、時間外労働と休日労働の合計について、月100時間未満、2〜6か月平均80時間以内とする規制は適用されない。
自動車運転の業務	・特別条項付き36協定を締結する場合の年間の時間外労働の上限は960時間とする。 ・時間外労働と休日労働の合計について、月100時間未満、2〜6か月平均80時間以内とする規制は適用されない。 ・時間外労働が月45時間を超えることができるのは年6か月までとする規制は適用されない。
医業に従事する医師	・特別条項付き36協定を締結する場合の年間の時間外労働（休日労働を含む）の上限は最大1860時間とする[※]。 ・時間外労働と休日労働の合計について、月100時間未満、2〜6か月平均80時間以内とする規制は適用されない。 ・時間外労働が月45時間を超えることができるのは年6か月までとする規制は適用されない。 ・医療法等に追加的健康確保措置に関する定めがある。 　※施設等により異なる取扱いあり

労働安全衛生法

1 化学物質による労働災害防止のための新たな規制

💡 改正の趣旨・概要

「職場における化学物質等の管理のあり方に関する検討会報告書」（令和3年7月19日公表）を踏まえた化学物質による労働災害防止のための新たな規制が順次施行されていますが、令和6年4月1日からは、リスクアセスメント対象物のうち**濃度基準値設定物質**に関する規制や**化学物質管理者・保護具着用管理責任者**の選任義務化などの改正が施行されています（令和6年4月1日施行）。

（1）表示・通知対象物の追加、通知事項の改正

譲渡又は**提供**時にその名称等を**表示**し、又は**通知**しなければならない物（表示・通知対象物）として、「アクリル酸二−（ジメチルアミノ）エチル」「アザチオプリン」「アセタゾラミド（別名アセタゾールアミド）」等の**234物質**が追加されました。なお、令和6年4月1日時点で現存するものには、表示義務の規定は適用されません。

また、**通知**すべき事項について、「**想定される用途及び当該用途における使用上の注意**」が**追加**されるとともに、「**成分の含有量**」の記載について、従来の

10％刻みでの記載方法を改め、**重量パーセント**の記載が必要となりました。

（2）化学物質管理者の選任

　事業者は、次表左欄に掲げる事業場ごとに、**化学物質管理者**を選任し、その者に次表右欄に掲げる事項を管理させなければならないこととされました。

①**リスクアセスメント対象物を製造し、又は取り扱う事業場**	化学物質に係る**リスクアセスメントの実施**に関すること等の当該事業場における**化学物質の管理に係る技術的事項**
②**リスクアセスメント対象物の譲渡又は提供を行う事業場**（①の事業場を除く。）	当該事業場におけるリスクアセスメント対象物の**表示及び通知等**並びに**教育管理**に係る**技術的事項**

注）「**リスクアセスメント**」とは、表示・通知対象物による**危険性又は有害性等の調査**（主として一般消費者の生活の用に供される製品に係るものを除く。）をいい、「リスクアセスメント対象物」とはリスクアセスメントをしなければならない**表示・通知対象物**をいう。

　なお、化学物質管理者の選任は、選任すべき事由が発生した日から**14日以内**に行い、リスクアセスメント対象物を**製造**する事業場においては、**厚生労働大臣が定める化学物質の管理に関する講習を修了**した者等のうちから選任しなければなりません。また、事業者は、化学物質管理者を選任したときは、当該化学物質管理者に対し、必要な権限を与えるとともに、当該化学物質管理者の氏名を事業場の見やすい箇所に掲示すること等により**関係労働者に周知**させなければなりません。

（3）保護具着用管理責任者の選任

　化学物質管理者を選任した事業者は、リスクアセスメントの結果に基づく措置として、労働者に**保護具を使用**させるときは、**保護具着用管理責任者**を選任し、**有効な保護具の選択、保護具の保守管理**その他保護具に係る業務を担当させなければならないこととされました。

　なお、保護具着用管理責任者の選任は、選任すべき事由が発生した日から**14日以内**に行うこととし、**保護具に関する知識及び経験を有する**と認められる者のうちから選任しなければなりません。また、事業者は、保護具着用管理責任者を選任したときは、当該保護具着用管理責任者に対し、必要な権限を与えるとともに、当該保護具着用管理責任者の氏名を事業場の見やすい箇所に掲示すること等により**関係労働者に周知**させなければなりません。

（4）濃度基準値設定物質に関する規制

　事業者は、**リスクアセスメント対象物**のうち、**一定程度のばく露に抑える**ことにより、**労働者に健康障害を生ずるおそれがない物**として厚生労働大臣が定めるもの（アクリル酸エチル等67物質、以下「**濃度基準値設定物質**」といいます。）を**製造**し、又は**取り扱う**業務（主として一般消費者の生活の用に供される製品に係るものを除きます。）を行う**屋内作業場**においては、当該業務に従事する労働者がこれらの物にばく露される程度を、**厚生労働大臣が定める濃度の基準**（以下「**濃度基準値**」といいます。）**以下**としなければならないこととされました。

（5）リスクアセスメント対象物健康診断の実施義務等

　事業者は、**リスクアセスメント対象物による健康障害の防止**のため、**リスクアセスメントの結果**に基づき、**関係労働者の意見を聴き、必要があると認めるとき**は、医師又は歯科医師（以下「医師等」といいます。）が必要と認める項目について、医師等による**健康診断を行い、その結果に基づき必要な措置を講じなければならない**こととされました。

　また、事業者は、**濃度基準値設定物質を製造**し、又は**取り扱う**業務に従事する労働者が、**濃度基準値を超えてリスクアセスメント対象物にばく露したおそれ**があるときは、**速やかに**、医師等が必要と認める項目について、医師等による**健康診断**を行い、その結果に基づき**必要な措置を講じなければならな**

いこととされました。

事業者は、これらの健康診断(以下「**リスクアセスメント対象物健康診断**」といいます。)を行ったときは、リスクアセスメント対象物健康診断個人票を作成し、**5年間**(**がん原性物質**に係るものは**30年間**)保存しなければならず、リスクアセスメント対象物健康診断を受けた**労働者**に対しては、**遅滞なく**、当該健康診断の**結果を通知**しなければなりません。

(6) 衛生委員会の付議事項の追加

衛生委員会の付議事項に、前記**(4)**の「**濃度基準値設定物質について労働者がばく露される程度を濃度基準値以下とするために講ずる措置に関すること**」及び前記**(5)**の「**リスクアセスメント対象物健康診断の実施及びその結果に基づき講ずる措置に関すること**」が追加されました。

(7) 保護具の使用による皮膚等障害化学物質等への直接接触の防止

事業者は、**皮膚等障害化学物質等**(化学物質又は化学物質を含有する製剤であって、**皮膚**若しくは**眼**に障害を与える**おそれ**又は**皮膚**から**吸収**され、若しくは皮膚に**浸入**して、健康障害を生ずる**おそれ**があることが**明らか**なものをいいます。)を**製造**し、又は**取り扱う**業務(法令の規定により労働者に保護具を使用させなければならない業務及びこれらの物を密閉して製造し、又は取り扱う業務を除きます。)に労働者を従事させるときは、**不浸透性の保護衣**、**保護手袋**、**履物**又は**保護眼鏡等**適切な**保護具を使用させなければならない**こととされました。なお、事業者は、これらの業務の一部を**請負人**に請け負わせるときは、当該請負人に対し、保護具を使用する必要がある旨を周知させなければなりません。

(8) 労働災害発生事業場等への労働基準監督署長による指示

労働基準監督署長は、**化学物質による労働災害**

が発生した、又はその**おそれ**がある事業場の事業者に対し、当該事業場において**化学物質の管理が適切に行われていない疑い**があると認めるときは、当該事業場における化学物質の管理の状況について**改善すべき旨を指示**することができることとされました。なお、指示を受けた後については、次のとおりとされています。

①	改善指示を受けた**事業者は**、**遅滞なく**、事業場における化学物質の管理について必要な知識及び技能を有する者として厚生労働大臣が定めるもの(以下「**化学物質管理専門家**」という。)から、当該事業場における化学物質の管理の状況についての確認及び当該事業場が実施し得る望ましい**改善措置に関する助言を受けなければならない。**
②	①の確認及び助言を求められた**化学物質管理専門家**は、事業者に対し、当該事業場における化学物質の管理の状況についての確認結果及び当該事業場が実施し得る望ましい**改善措置に関する助言**について、**速やかに**、**書面により通知しなければならない。**
③	事業者は、②の通知を受けた後、**1月以内**に、当該通知の内容を踏まえた**改善措置を実施するための計画を作成**するとともに、当該計画作成後、**速やかに**、当該計画に従い必要な改善措置を**実施しなければならない。**
④	事業者は、③の計画を作成後、**遅滞なく**、当該計画の内容について、②の通知及び③の計画の**写し**を添えて、改善計画報告書により、**所轄労働基準監督署長に報告しなければならない。**
⑤	事業者は、③の規定に基づき実施した**改善措置の記録を作成**し、当該記録について、②の通知及び③の計画とともに**3年間保存しなければならない。**

(9) 雇入れ時等における安全衛生教育の拡充

労働者を**雇い入れ**、又は労働者の**作業内容を変更**したときに行わなければならない**安全衛生教育**について、令2条3号に掲げる業種(安全管理者の選任義務がない「**その他の業種**」)の事業場の労働者については、一部の事項(「機械等、原材料等の危険性又は有害性及びこれらの取扱い方法に関すること」「安全装置、有害物抑制装置又は保護具の性能及びこれらの取扱い方法に関すること」「作業手順に

関すること」「作業開始時の点検に関すること」）の教育の省略が認められていましたが、この**省略規定が削除**されました。これにより、例えば危険性・有害性のある化学物質を製造し、又は取り扱う事業場においては、その業種を問わず化学物質の安全衛生に関する必要な教育を行わなければならないこととなりました。

（10）作業環境測定結果が第三管理区分の作業場所に対する措置の強化

作業環境測定結果の評価の結果、**第三管理区分**に区分された場所について、作業環境の改善を図るため、当該場所の作業環境の改善の可否及び改善が可能な場合の改善措置について、事業場における作業環境の管理について必要な能力を有すると認められる者（**作業環境管理専門家**）であって、**当該事業場に属さない者**からの**意見を聴き**、その改善の可否についての作業環境管理専門家の判断等に応じ、**必要な措置を講ずる**ことが事業者に義務付けられました。

2 第42条の機械等に関する改正

防毒機能を有する**電動ファン付き呼吸用保護具**（ハロゲンガス用、有機ガス用、アンモニア用又は亜硫酸ガス用に限ります。）が、その**譲渡**、**貸与**又は**設置**に際して厚生労働大臣が定める**規格又は安全装置を具備しなければならない機械等**（第42条の機械等）に追加され、また、その製造又は輸入に際して厚生労働大臣の登録を受けた者が行う型式についての検定（**型式検定**）を受けなければならない機械に追加されました（令和5年10月1日施行）。

3 足場からの墜落・転落災害防止の充実

建設業においては、今なお年間100人程度の労働者が墜落・転落災害によって死亡しており、その対策を講ずることが強く求められていることから、事業者は、足場（つり足場を含みます。）の点検を行う際には、**点検者を指名**しなければならないこととされました。また、点検後に記録及び保存すべき事項に、**点検者の氏名**が追加されました（令和5年10月1日施行）。

さらに、事業者は、幅が**1メートル以上**の箇所において足場を使用するときは、原則として**本足場**を使用しなければならないこととされました（令和6年4月1日施行）。

4 貨物自動車における荷役作業時の墜落・転落防止対策の充実

貨物自動車における荷役作業時において墜落・転落災害が多く発生していることから、**荷を積み卸す作業**を行うときに**昇降設備の設置**及び**保護帽の着用**が義務付けられる貨物自動車の範囲が**拡大**されました。例えば、荷を積み卸す作業を行うときに、昇降設備の設置義務の対象となる貨物自動車は、最大積載量が5トン以上のものから**2トン以上**のものに拡大されています（令和5年10月1日施行）。

また、貨物自動車に設置されている**テールゲートリフター**（貨物自動車の荷台の後部に設置された動力により駆動されるリフトをいいます。）を使用して荷を積み卸す作業において、労働者がテールゲートリフターの機能や危険性を十分に認識していないことにより、墜落・転落、荷の崩壊・倒壊等による災害が発生していることから、**特別教育**を必要とする業務として「テールゲートリフターの操作の業務（貨物自動車で荷を積み卸す作業を伴うものに限る。）」が追加されました（令和6年2月1日施行）。

5 金属アーク溶接等作業主任者の追加

金属アーク溶接等作業に係る作業主任者については、特定化学物質及び四アルキル鉛等作業主任者技能講習（以下「特化物技能講習」といいます。）を修了した者のうちから、**特定化学物質作業主任者**を選任しなければならないとされていますが、今般、特化物技能講習の受講者の多くが金属アーク溶接等作業のみに従事する者となっていること等を踏まえ、特化物技能講習の講習科目を金属アーク溶接等作業に係るものに限定した技能講習（以下「**金属アーク溶接等限定技能講習**」といいます。）が新設され、金属アーク溶接等作業を行う場合においては、金属アーク溶接等限定技能講習を修了した者のうちから、**金属アーク溶接等作業主任者**を選任することができることとされました（令和6年1月1日施行）。

労働者災害補償保険法

1 心理的負荷による精神障害の認定基準の改正

💡 **改正の趣旨・概要**

精神障害・自殺事案については、平成23年に策定された「心理的負荷による精神障害の認定基準について」に基づき労災認定を行っていましたが、近年の社会情勢の変化や労災請求件数の増加等に鑑み、最新の医学的知見を踏まえて「精神障害の労災認定の基準に関する専門検討会」において検討を行い、令和5年7月に報告書が取りまとめられたことを受け、認定基準の改正が行われました。以下は、主な改正点の概要になります（令和5年9月1日施行）。

(1)「業務による心理的負荷評価表」の見直し

具体的出来事に「**顧客や取引先、施設利用者等から著しい迷惑行為を受けた**」（いわゆる**カスタマーハラスメント**）と「**感染症等の病気や事故の危険性が高い業務に従事した**」が追加されました。

また、心理的負荷の強度が「弱」「中」「強」となる具体例が拡充され、例えば「**パワーハラスメント（上司等から、身体的攻撃、精神的攻撃等のパワーハラスメントを受けた）**」においては、パワーハラスメントの**6類型**（身体的な攻撃、精神的な攻撃、人間関係からの切り離し、過大な要求、過小な要求、個の侵害）すべての具体例や、**性的指向・性自認に関する精神的攻撃等**を含むことが明記されました。

(2) 精神障害の悪化の業務起因性が認められる範囲を見直し

精神障害の悪化の**業務起因性**が認められる範囲が見直され、改正前は悪化前おおむね6か月以内に「**特別な出来事**」（特に強い心理的負荷となる出来事）がなければ業務起因性を認めていませんでしたが、改正後は、悪化前おおむね6か月以内に「**特別な出来事**」がない場合でも、「**業務による強い心理的負荷**」**により悪化**したときには、**悪化した部分**について業務起因性を認めることとされました。

(3) 医学意見の収集方法を効率化

専門医3名の合議による意見収集が必須な事案（例：**自殺事案**や心理的負荷の強度が「**強**」かどうか**不明**な事案）について、特に困難なものを除き**専門医1名**の意見で決定できるよう変更されました。

2 介護（補償）等給付の最高限度額及び最低保障額の改正

介護（補償）等給付の最高限度額及び最低保障額については、**特別養護老人ホームの介護職員の平均基本給**（最高限度額）及び最低賃金法に規定する**最低賃金の全国加重平均額**（最低保障額）を基に**毎年度見直し**を行うこととされており、次表のとおりとされました（令和6年4月1日施行）。

	常時介護	随時介護
最高限度額	**177,950円**	**88,980円**
最低保障額	**81,290円**	**40,600円**

3 労災就学援護費の改正

子どもの学習費調査（平成30年度及び令和3年度）及び消費者物価指数（令和5年度見通し）に基づき、労災就学援護費のうち中学校等に在学する者及び高等学校等に在学する者等に支給する額並びに労災就労保育援護費の支給額が見直されました（令和6年4月1日施行）。

			改正前	改正後
労災就学援護費	小学校等		15,000円	**15,000円**
	中学校等		20,000円	**21,000円**
		通信制	17,000円	**18,000円**
	高等学校等		19,000円	**20,000円**
		通信制	16,000円	**17,000円**
	大学等		39,000円	**39,000円**
		通信制	30,000円	**30,000円**
労災就労保育援護費			11,000円	**9,000円**

雇用保険法

1 押印不要となる手続の範囲拡大

雇用保険に係る諸手続について、押印不要となる手続の範囲をさらに広げ、日雇労働被保険者手帳に貼付する雇用保険印紙の消印に使用する認印などの**日雇労働被保険者関係で押印が必要となる手続を除き廃止**となりました。例えば代理人の選任・解任に係る届出の規定では、次のような改正が行われています（令和5年10月1日施行）。

改正前	改正後
則145条（代理人） 1　（略） 2　事業主は、前項の代理人を選任し、又は解任したときは、次の各号に掲げる事項を記載した届書を、当該代理人の選任又は解任に係る事業所の所在地を管轄する公共職業安定所の長に提出するとともに、当該代理人が使用すべき認印の印影を届け出なければならない。 （以下、略）	**則145条（代理人）** 1　（略） 2　事業主は、前項の代理人を選任し、又は解任したときは、次の各号に掲げる事項を記載した届書を、当該代理人の選任又は解任に係る事業所の所在地を管轄する公共職業安定所の長に提出しなければならない。 （以下、略）

2 教育訓練給付金の支給申請に係る改正

教育訓練給付金の支給申請は、本人自身が公共職業安定所に出頭して行うほか、**代理人**（提出代行を行う**社会保険労務士**を含みます。）、郵送又は**電子申請**により行うこととしても差し支えないこととされました（令和6年2月1日施行）。

また、**特定一般教育訓練**及び**専門実践教育訓練**に係る**教育訓練給付金**並びに**教育訓練支援給付金**の支給申請において、**教育訓練給付金及び教育訓練支援給付金受給資格確認票**の提出期限が「訓練開始日の**1か月前**まで」から「訓練開始日の**14日前**まで」に改められるとともに、**訓練前キャリアコンサルティング**実施上の留意事項（**適切な講座選択につながるよう支援すること**及び**不当な勧誘を行わないこと**）が規定されました（令和6年4月1日施行）。

3 早期再就職支援等助成金の新設

労働移動支援助成金及び中途採用等支援助成金が統合され、名称が早期再就職支援等助成金に改められました（令和6年4月1日施行）。

4 キャリアアップ助成金に関する暫定措置

いわゆる「年収の壁」の「106万円の壁」に対応するため、事業主が労働者に社会保険（健康保険・厚生年金保険）を適用させる際に「**社会保険適用促進手当**」の支給等により労働者の収入を増加させる場合には、**令和8年3月31日**までの間、**キャリアアップ助成金**の「**社会保険適用時処遇改善コース**助成金」として、労働者1人あたり最大50万円を事業主に助成することとされました（令和5年10月20日施行）。

労働保険徴収法

1 労災保険率等の変更

💡 改正の趣旨・概要

　労災保険率は、将来にわたる労災保険の事業に係る財政の均衡を保つことができるように設定することとされ、おおむね3年ごとに公労使三者から構成される審議会での審議を経た上で改定が行われており、令和6年度以降の労災保険率等が見直されることとなりました（令和6年4月1日施行）。

(1) 労災保険率

　令和6年度以降の労災保険率については、**業種平均で4.5/1000から4.4/1000に0.1/1000引き下げ**られることとなりました。全54業種中、**引下げ**となるのは**17業種**、**引上げ**となるのは**3業種**です。

（単位：/1000）

事業の種類	R5	R6	変化
林業	60	52	↘
定置網漁業又は海面魚類養殖業	38	37	↘
石灰石鉱業又はドロマイト鉱業	16	13	↘
採石業	49	37	↘
水力発電施設、ずい道等新設事業	62	34	↘
機械装置の組立て又は据付けの事業	6.5	6	↘
食料品製造業	6	5.5	↘
木材又は木製品製造業	14	13	↘
パルプ又は紙製造業	6.5	7	↗
陶磁器製品製造業	18	17	↘
その他の窯業又は土石製品製造業	26	23	↘
金属材料品製造業（鋳物業を除く）	5.5	5	↘
金属製品製造業又は金属加工業（洋食器、刃物、手工具又は一般金物製造業及びめっき業を除く）	10	9	↘
めっき業	7	6.5	↘
電気機械器具製造業	2.5	3	↗
その他の製造業	6.5	6	↘
貨物取扱事業（港湾貨物取扱事業及び港湾荷役業を除く）	9	8.5	↘
港湾荷役業	13	12	↘
ビルメンテナンス業	5.5	6	↗
船舶所有者の事業	47	42	↘

　なお、**雇用保険率は令和5年度と同様**になります。

(2) 労務費率

　令和5年の労務費率調査を踏まえ、賃金総額の特例に係る労務費率についても見直しが行われました。具体的には、「**鉄道又は軌道新設事業**」が24%から**19%**に、「**その他の建設事業**」が24%から**23%**にそれぞれ**引下げ**となっています。

(3) 第2種特別加入保険料率

　第2種特別加入保険料率についても、次の事業又は作業について**引下げ**が行われています。

（単位：/1000）

事業又は作業の種類	R5	R6	変化
個人タクシー、個人貨物運送業者、原動機付自転車又は自転車を使用して行う貨物運送事業	12	11	↘
建設業の一人親方	18	17	↘
医薬品の配置販売業者	7	6	↘
金属等の加工、洋食器加工作業	15	14	↘
履物等の加工の作業	6	5	↘

2 令和6年の延滞金割合

　租税特別措置法の規定に基づく**令和6年の平均貸付割合が年0.4%**と告示されたことにより、**延滞税特例基準割合**はこの平均貸付割合に**年1%**の割合を**加算**した割合である「**年1.4%**」となりました。

　労働保険料に係る延滞金の割合については、当分の間、各年の延滞税特例基準割合が年7.3%の割合に満たない場合には、その年中においては、延滞税特例基準割合に年7.3%の割合を加算した割合〔納期限の翌日から**2月**※を経過する日までの期間については、延滞税特例基準割合に年1%の割合を加算

した割合（当該加算した割合が年7.3％の割合を超える場合には、年7.3％の割合）〕とされています。したがって、令和6年中の延滞金の割合は、次のとおりとなりました。

①	納期限の翌日から**2月**※を経過する日までの期間	**年2.4％**
②	納期限の翌日から**2月**※を経過する日後の期間	**年8.7％**

※ 上記の延滞金の軽減に関して、労働保険徴収法で「2月」と規定されている箇所は、**健康保険法・国民年金法・厚生年金保険法では「3月」**と規定されている。

労務管理その他の労働に関する一般常識

1 障害者雇用促進法の改正

💡 改正の趣旨・概要

障害者雇用率等については、失業者を含む労働者に対する対象障害者である労働者の割合を基準とし、少なくとも5年ごとに、その割合の推移を勘案して設定することとされています。平成30年度に設定された障害者雇用率等については、令和5年度は据置きとし、令和6年度から段階的に引き上げられることとなりました（令和6年4月1日施行他）。

(1) 障害者雇用率等の段階的引上げ

一般の民間事業主を例に挙げると、**令和8年6月30日までは100分の2.5**、以後は**100分の2.7**に障害者雇用率が引き上げられることとなりました。

（単位:/100）

事業主等		R8.6まで	R8.7から
一般事業主	一般の民間事業主	**2.5**	2.7
	特殊法人	**2.8**	3.0
国及び地方公共団体		**2.8**	3.0
都道府県に置かれる教育委員会等		**2.7**	2.9

したがって、令和8年6月30日までは、常時雇用する労働者数が**40人**（特殊法人については**36人**）以上の一般事業主は、1人以上の対象障害者を雇用

するようにしなければなりません（令和8年7月からは「40人」が「**37.5人**」に、「36人」が「**33.5人**」になります。）。なお、**障害者雇用推進者**の選任努力義務や**障害者の雇用状況に関する報告義務**がある一般事業主についても同様です。

(2) 特定短時間労働者の実雇用率への算定

重度身体障害者、**重度知的障害者**及び**精神障害者**である**特定短時間労働者**（短時間労働者のうち、1週間の所定労働時間が**10時間以上20時間未満**の労働者をいい、一定の者を除きます。）は、その1人をもって**0.5人**の対象障害者とみなし、実雇用率を算定できることとなりました。なお、これに伴い、特定短時間労働者を対象とした**特例給付金の制度は廃止**となります（一部経過措置あり）。

(3) 障害者雇用調整金の支給調整

障害者雇用率を達成している民間の一般事業主に対して支給される**障害者雇用調整金**について、支給対象人数が**各年度で延べ120人（1か月平均10人）を超える**場合には、当該超過人数分への支給額が1人当たり**月額23,000円**となり、本来の額（**月額29,000円**）から6,000円調整されることとなりました。

2 職業安定法の改正

有料職業紹介事業者等がインターネットを利用して提供しなければならない情報である就職者総数及び無期雇用就職者総数並びに無期雇用離職者総数等について、情報提供の期間が2年から**5年**に延長されました（令和5年10月23日施行）。

また、労働基準法施行規則の改正に併せ、労働者の募集や職業紹介事業者が職業紹介を行う場合等において、求職者等に対して書面の交付の方法等で明示しなければならない労働条件のうち「労働者が従事すべき業務の内容に関する事項」「就業の場所に関する事項」に、それぞれ「**従事すべき業務の内容**

の変更の範囲」「就業の場所の変更の範囲」が含まれることとなりました。さらに、有期労働契約に係る職業紹介等においては、「**有期労働契約を更新する場合の基準に関する事項**（通算契約期間又は**有期労働契約の更新回数**に**上限**の定めがある場合には当該上限を含む。）」が書面の交付の方法等で明示すべき労働条件に追加されました（令和6年4月1日施行）。

健康保険法

1 流行初期医療確保拠出金等の新設

流行初期医療確保拠出金等とは、感染症の予防及び感染症の患者に対する医療に関する法律の規定による**流行初期医療確保拠出金**及び**流行初期医療確保関係事務費拠出金**をいいます。同法の規定により、都道府県知事は、新型インフルエンザ等感染症等に係る発生等の公表が行われた場合において、初動対応等を含む特別な協定を締結した医療機関（協定締結医療機関）について流行前と同水準の医療の確保を可能とする措置（流行初期医療確保措置）を行うものとされていますが、その費用については、公費とともに医療保険からも拠出することとされています。社会保険診療報酬支払基金は、その費用に充てるため、保険者等（各医療保険の保険者及び後期高齢者医療広域連合）から**流行初期医療確保拠出金**を徴収することとし、また、その事務の処理に要する費用に充てるため、保険者等から**流行初期医療確保関係事務費拠出金**を徴収することとされました（令和6年4月1日施行）。

これにより、保険料等の費用負担関係の規定においても所要の改正が行われています。

2 出産育児交付金の創設

出産育児一時金及び**家族出産育児一時金**の支給に要する費用の一部については、政令で定めるところにより、**高齢者医療確保法**の規定により社会保険診療報酬支払基金が保険者に対して交付する**出産育児交付金**をもって充てることとされました（令和6年4月1日施行）。

これは、少子化を克服し、子育てを全世代で支援する観点から、後期高齢者医療制度が、出産に関する保険給付である出産育児一時金及び家族出産育児一時金に係る費用の一部を支援する仕組みであり、具体的には、社会保険診療報酬支払基金が後期高齢者医療の運営主体である**後期高齢者医療広域連合**から**出産育児支援金**を徴収し、それを原資に、各医療保険の保険者に対して**出産育児交付金**を交付することとされています。また、社会保険診療報酬支払基金は、その事務の処理に要する費用に充てるため、各医療保険の保険者から**出産育児関係事務費拠出金**を徴収します。

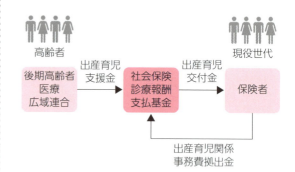

なお、全国健康保険協会や健康保険組合の**準備金**の計算等において、保険給付に要した費用の算定基礎となる額から、**出産育児交付金の額は除く**こととされており、また、**出産育児関係事務費拠出金**について費用負担関係の規定に所要の改正が行われています。

3 前期高齢者納付金への総報酬割の導入

前期高齢者納付金の給付費に係る費用負担については、現行の**加入者割**（加入者数に応じた調整）に加え、その**3分の1**について**総報酬割**（被用者保険等保険者の標準報酬総額に応じた調整）を導入することとなりました。これにより、被用者保険等保険

者（全国健康保険協会や各健康保険組合等）の**財政力**に応じた費用負担の調整が図られることとなりました（令和6年4月1日施行）。

　これに伴い、全国健康保険協会への国庫補助（療養の給付等の主要給付費や前期高齢者納付金の納付に要する費用に対する国庫補助）についても調整が行われることとなりました。

4 健康保険組合連合会に対する財政支援

　健康保険組合連合会が行う財政が厳しい健康保険組合への**交付金事業**に対して、**国**が**予算の範囲内**でその一部を**負担**することとされました（令和6年4月1日施行）。

5 その他
(1) マイナンバーカードと被保険者証の一体化に向けた規定の整備

　被保険者資格取得届について、これまで様式において定めていた**個人番号等の記載事項**を施行規則の規定中に列挙することで**明確化**するとともに、事業主が届出を行うために必要があるときは、被保険者に対し、**個人番号の提出を求め**、又は記載事項に係る**事実を確認**することができるものとされました。また、被保険者や被扶養者に係る届出等を受けた**保険者**は、被保険者及び被扶養者が保険医療機関等でオンライン資格確認を受けることができるようにするため、当該届出を受けた日から**5日以内**に、被保険者等の資格に係る情報を、**電子情報処理組織**を使用する方法等により、**社会保険診療報酬支払基金又は国民健康保険団体連合会に提供**するものとされました（令和5年6月1日施行）。

(2) 居宅同意取得型再照会機能を活用した資格確認方法の追加

　被保険者等が保険医療機関や指定訪問看護事業者等から**訪問診療**や**訪問看護等**を受けようとする場合であって、当該保険医療機関等からオンライン資格確認による確認を受けてから**継続的な療養等**を受けている場合において、当該保険医療機関等において、**過去に取得**した当該被保険者等の資格情報を用いて、あらかじめ**保険者に照会**することにより**更新**した資格情報に基づき、被保険者等であることの確認を受ける方法（**居宅同意取得型再照会機能を活用した方法**）が、資格確認方法に位置付けられました（令和5年12月1日施行）。

(3) 資格取得届等への住所の記載の必須化

　保険者が新規資格取得者等の住所情報を把握し、正確かつ迅速な資格情報の登録が可能となるよう、**資格取得届等への住所の記載が原則として必須化**され、「当該被保険者が健康保険組合が管掌する健康保険の被保険者であって、健康保険組合が当該被保険者の住所に係る情報を求めないとき」に住所の記載が省略できるという規定が削除されました（令和5年12月8日施行）。

(4) 協会の標準報酬月額の平均額

　令和5年9月30日における協会管掌健康保険の被保険者の標準報酬月額の平均額は307,007円とされたことから、令和6年度の**任意継続被保険者の標準報酬月額の上限**は第22級の**30万円**（昨年度と同額）とされました。

(5) 都道府県単位保険料率の変更

　都道府県単位保険料率が変更され、令和6年3月（4月納付分）から適用されることとなりました。なお、最も保険料率が低いのは新潟県（1000分の93.5）、最も高いのは佐賀県（1000分の104.2）です。また、特定保険料率は**1000分の34.2**（前年度1000分の35.7）、平均保険料率は**1000分の100**（前年度から変更なし）となっています。

(6) 協会の介護保険料率

　協会管掌健康保険の介護保険料率は、令和6年3

月（4月納付分）から**1000分の16.0**（前年度1000分の18.2）とされました。

(7) 日雇特例被保険者の保険料額

介護保険第2号被保険者である日雇特例被保険者の保険料額についても改正が行われました。なお、介護保険第2号被保険者以外の日雇特例被保険者については、平均保険料率に変更がないことから、保険料額の改定は行われていません。

国民年金法

1 令和6年度の年金額

令和6年度の年金額については、その改定の指標となる令和5年平均の全国消費者物価指数の対前年比変動率（**物価変動率**）が**＋3.2％**、名目手取り賃金変動率が**＋3.1％**となったため、次図のⒻに該当し、**新規裁定者**に係る**改定率**及び**既裁定者**に係る**基準年度以後改定率**いずれも**名目手取り賃金変動率**（＋3.1％）を基準として改定されることとなりました。

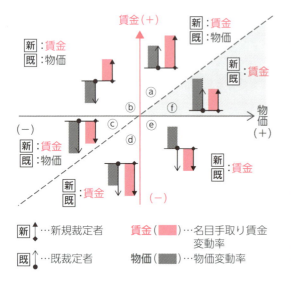

なお、令和6年度は、**マクロ経済スライドによる調整**が実施されます。当該年度の調整率は**0.996**（**▲0.4％**）※であり、当該年度の前年度の特別調整率及び基準年度以後特別調整率は「**1**（前年度までの未調整分は**なし**」となります。

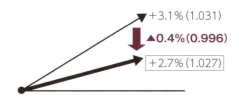

※ **調整率**…「令和2～4年度平均の**公的年金被保険者数の変動率**0.999（▲0.1％）」×「平均余命の伸びを勘案した一定率0.997（▲0.3％）」≒0.996（▲0.4％）

令和5年度における新規裁定者（**昭和31年4月2日以後生まれ**）に係る改定率は「**1.018**」、既裁定者（**昭和31年4月1日以前生まれ**）に係る基準年度以後改定率は「**1.015**」でしたので、これらが**2.7％プラス改定**され、それぞれ「**1.045**」「**1.042**」となりました。

令和6年度改定率
昭和31年4月2日以後生まれの者　1.045 〔≒令和5年度1.018×1.027（＋2.7％）〕 昭和31年4月1日以前生まれの者　1.042 〔≒令和5年度1.015×1.027（＋2.7％）〕

給付	令和6年度の年金額
老齢基礎年金（満額） 障害基礎年金（2級） 遺族基礎年金 （基本額）	S31.4.2以後生　816,000円 　（780,900円×1.045） S31.4.1以前生　813,700円 　（780,900円×1.042）
子の加算額 （障害基礎年金・遺族基礎年金）	第2子まで　　　234,800円 　（224,700円×1.045） 第3子以降　　　78,300円 　（74,900円×1.045）

注）**子の加算額**に係る改定率は、受給権者の**生年月日に関わらず**、1.045となる。

2 令和6年度の保険料の額

令和6年度の保険料は、平成16年度からの累積の名目賃金変動率が**▲0.1％**であり、保険料改定率が**0.999**とされたことから、その額は**16,980円**とされました。

> **令和6年度国民年金保険料額**
> 16,980円〔≒17,000円×0.999(▲0.1%)〕

3 その他の改正

(1) 届出書への個人番号記載の明確化

　資格取得届などの届出書に関して、基礎年金番号又は個人番号を記載事項として求めているもののうち、基礎年金番号を有しない者が届出する場合があるものについて、当該届出において被保険者が**基礎年金番号を有しない**ときは、当該届出に当たって**個人番号の記載を求めること**が**明確化**されました。厚生年金保険や健康保険等においても同様の改正が行われています(令和5年9月29日施行)。

(2) 還付発生の場合の還付請求みなし

　保険料を前納した被保険者が、**前納に係る期間の経過前**に被保険者の資格を喪失等した場合や納付義務のない保険料に係る額について**過誤納額**が発生した場合(死亡等一定の場合を除き、以下「**還付発生の場合**」といいます。)において、あらかじめ、還付発生の場合にはその還付を**口座振替納付の承認に係る預貯金口座**又は**公金受取口座**のいずれかにおいて受けることを**希望**する旨の**申出**をしていたときは、当該者が**還付の請求をしたものとみなす**こととされました。なお、当該申出は、いつでも、**将来に向かって撤回**することができるとされています(令和6年1月1日施行)。

(3) 保険料免除等に係る所得基準額の算定の見直し

　所得税における扶養控除の見直しに伴い、保険料免除に係る所得基準額や20歳前傷病による障害基礎年金の支給停止に係る所得基準額の算定において、**30歳以上70歳未満の扶養親族**(**特定年齢扶養親族**)のうち、所得税法に規定する**控除対象扶養親族に該当しない者**(扶養控除の対象とならない国外居住親族)については、当該**所得基準額の加算の対象としない**こととされました(令和6年4月1日施行)。

厚生年金保険法

1 令和6年度の年金額

　令和6年度の年金額の計算に係る再評価率については、国民年金の改定率及び基準年度以後改定率の改定と同様の仕組みにより、**再評価率**及び**基準年度以後再評価率**いずれも**2.7%のプラス改定**となりました。

2 支給停止調整額の改正

　令和6年度における**在職老齢年金**の計算に係る**支給停止調整額は50万円**とされました(改定前は48万円)。

社会保険に関する一般常識

1 国民健康保険法の改正

(1) 出産被保険者に係る保険料額の減額

　世帯に出産する予定の国民健康保険の被保険者又は出産した被保険者(以下「**出産被保険者**」といいます。)がある場合においては、当該世帯の**世帯主に対して賦課する**国民健康保険の保険料の所得割額及び被保険者均等割額を**減額**するものとされました(令和6年1月1日施行)。

　なお、減額する額は、出産被保険者の出産の予定日(出産した後に減額の届出が行われた場合等は、出産の日)の属する月(以下「**出産予定月**」といいます。)の**前月**(多胎妊娠の場合には、**3月前**)から**出産予定月の翌々月まで**の期間に係る所得割額及び被保険者均等割額とされています。

　市町村(特別区を含み、以下同じとします。)は、政令で定めるところにより、**一般会計**から、出産被保険者について条例で定めるところにより行う保険料の減額賦課に基づき被保険者に係る保険料につ

き減額した額の総額を基礎とし、国民健康保険の財政の状況その他の事情を勘案して政令で定めるところにより算定した額を当該市町村の国民健康保険に関する特別会計に繰り入れなければならず、国は、政令で定めるところにより、この繰入金の2分の1に相当する額を、都道府県は、政令で定めるところにより、この繰入金の4分の1に相当する額を負担することとされています。つまり、この減額分は、国が2分の1、都道府県と市町村とでそれぞれ4分の1ずつ負担することとなります。

(2) 都道府県国民健康保険運営方針の改正

都道府県が定める都道府県国民健康保険運営方針について改正が行われました（令和6年4月1日施行）。

まず、都道府県国民健康保険運営方針は、おおむね6年ごとに定めることとされ、おおむね3年ごとに、都道府県国民健康保険運営方針に定める事項について分析及び評価を行うよう努めるとともに、都道府県等が行う国民健康保険の安定的な財政運営の確保及び当該都道府県の保険料の水準の平準化の推進その他国民健康保険事業の円滑かつ確実な実施を図るため必要があると認めるときは、当該都道府県の都道府県国民健康保険運営方針を変更するものとされました。

また、都道府県国民健康保険運営方針に定めるべき事項に「当該都道府県内の市町村における保険料の水準の平準化に関する事項」「都道府県等が行う国民健康保険の安定的な財政運営及び被保険者の健康の保持の推進に関し、当該都道府県における医療費適正化の推進のために必要と認める事項」「当該都道府県内の市町村の国民健康保険事業の広域的及び効率的な運営の推進に関する事項」が追加されました。

さらに、当該都道府県及び当該都道府県内の市町村の国民健康保険に関する特別会計における財政の状況及びその見通しその他の事情を勘案し、当該

都道府県内の市町村の国民健康保険に関する特別会計における財政の均衡を保つために必要な措置を定めるよう努めるものとされました。

(3) 賦課限度額等の改正

国民健康保険の保険料の後期高齢者支援金等賦課額に係る賦課限度額（上限額）が22万円から24万円に引き上げられました（令和6年4月1日施行）。

国民健康保険の保険料は、「基礎賦課額＋後期高齢者支援金等賦課額」（医療分）＋「介護納付金賦課額」から成ります。改正後のそれぞれの賦課限度額は次のようになります。

基礎賦課限度額	65万円
後期高齢者支援金等賦課限度額	24万円
医療分計	89万円
介護納付金賦課限度額	17万円
合計	106万円

(4) 保険料軽減措置の判定基準引上げ

所得の少ない者に対し被保険者均等割額及び世帯別平等割額を減額する基準等について、これらの額の10分の5を減額して国民健康保険の保険料を算定する場合における被保険者数に乗ずる金額を290,000円から295,000円に引き上げ、これらの額の10分の2を減額して当該保険料を算定する場合における被保険者数に乗ずる金額を535,000円から545,000円に引き上げることとされました（令和6年4月1日施行）。

2 高齢者医療確保法の改正
(1) 地方公共団体の責務に関する改正

法4条1項（地方公共団体の責務）に規定する住民の高齢期における医療に要する費用の適正化を図るための取組においては、都道府県は、当該都道府県における医療提供体制の確保並びに当該都道府県及び当該都道府県内の市町村の国民健康保険事業の健全な運営を担う責務を有することに鑑み、

保険者、後期高齢者医療広域連合、医療関係者その他の関係者の**協力**を得つつ、**中心的な役割**を果たすこととされました（令和5年5月19日施行）。

（2）全国医療費適正化計画に関する改正

厚生労働大臣は、**全国医療費適正化計画**において、**各都道府県の医療計画に基づく事業の実施を踏まえ、計画の期間において見込まれる病床の機能の分化及び連携の推進の成果に関する事項**等を定めることとされました。また、厚生労働大臣は、全国医療費適正化計画において、法8条4項1号から3号までに掲げる事項（①「**国民の健康の保持の推進**に関し、**医療費適正化**の推進のために**国が達成すべき目標**に関する事項」、②「**医療の効率的な提供の推進**に関し、**医療費適正化**の推進のために**国が達成すべき目標**に関する事項」、③「**①②の目標を達成する**ために**国が取り組むべき施策**に関する事項」）を定めるに当たっては、「病床の機能の分化及び連携の推進」「地域包括ケアシステムの構築に向けた取組」に加え、「**国民の加齢に伴う身体的、精神的及び社会的な特性を踏まえた医療及び介護の効果的かつ効率的な提供**」の重要性に留意することとされました（令和5年5月19日施行）。

（3）都道府県医療費適正化計画に関する改正

都道府県は、都道府県医療費適正化計画において、次に掲げる事項を定めるべきことが明確化されました（令和5年5月19日施行）。

①	**住民の健康の保持の推進**に関し、当該都道府県における医療費適正化の推進のために**達成すべき目標**に関する事項
②	**医療の効率的な提供の推進**に関し、当該都道府県における医療費適正化の推進のために**達成すべき目標**に関する事項
③	当該都道府県の医療計画に基づく事業の実施を踏まえ、**計画の期間において見込まれる病床の機能の分化及び連携の推進の成果**に関する事項

④	③に掲げる事項並びに①及び②の目標を達成するための住民の健康の保持の推進及び医療の効率的な提供の推進により達成が見込まれる医療費適正化の効果を踏まえて、厚生労働省令で定めるところにより算定した計画の期間における**医療に要する費用の見込み**に関する事項

なお、都道府県は、前記①及び②の事項等を定めるに当たっては、「病床の機能の分化及び連携の推進」「地域包括ケアシステムの構築に向けた取組」に加え、「**住民の加齢に伴う身体的、精神的及び社会的な特性を踏まえた医療及び介護の効果的かつ効率的な提供**」の重要性に留意することとされています。

（4）保険者協議会に関する改正

都道府県において、**保険者協議会**が**必置**とされました（令和5年5月19日施行）。

改正前	改正後
法157条の2（保険者協議会）	**法157条の2**（保険者協議会）
1　保険者及び後期高齢者医療広域連合は、共同して、加入者の高齢期における健康の保持のために必要な事業の推進並びに高齢者医療制度の円滑な運営及び当該運営への協力のため、都道府県ごとに、保険者協議会を組織する<u>よう努めなければならない</u>。	1　保険者及び後期高齢者医療広域連合は、共同して、加入者の高齢期における健康の保持<u>及び医療費適正化</u>のために必要な事業の推進並びに高齢者医療制度の円滑な運営及び当該運営への協力のため、都道府県ごとに、保険者協議会を組織する。
2　前項の保険者協議会は、次に掲げる業務を行う。	2　前項の保険者協議会は、次に掲げる業務を行う。
①　特定健康診査等の実施、高齢者医療制度の運営その他の事項に関する保険者その他の関係者間の連絡調整	①　特定健康診査等の実施、高齢者医療制度の運営その他の事項に関する保険者その他の関係者間の連絡調整
②　保険者に対する必要な助言又は援助	②　保険者に対する必要な助言又は援助
③　医療に要する費用その他の厚生労働省	③　医療に要する費用その他の厚生労働省

令で定める事項に関する情報についての調査及び分析	令で定める事項に関する情報についての調査及び分析 ④ 都道府県医療費適正化計画の実績の評価に関する調査及び分析 3 厚生労働大臣は、保険者協議会が前項各号に掲げる業務を円滑に行うため必要な支援を行うものとする。

なお、都道府県は、**都道府県医療費適正化計画を定め**、又はこれを**変更**しようとするときは、あらかじめ、**関係市町村**及び**保険者協議会**に**協議**しなければなりません。

また、都道府県は、**保険者協議会**の**意見を聴いて**、**都道府県医療費適正化計画**の**実績に関する評価**を行うこととされています。

(5) 後期高齢者負担率の設定方法の見直し

後期高齢者の医療給付費を後期高齢者と現役世代で公平に支え合うため、後期高齢者負担率の設定方法について、「後期高齢者1人当たりの保険料」と「現役世代1人当たりの後期高齢者支援金」の伸び率が同じとなるよう見直されました（令和6年4月1日施行）。

なお、令和**6**年度及び令和**7**年度における後期高齢者負担率は、**100分の12.67**とされています。

(6) 賦課限度額等の改正

後期高齢者医療広域連合が被保険者に対して課する保険料の賦課限度額（上限額）が66万円から**80万円**に引き上げられました（令和6年4月1日施行）。

ただし、令和6年度における保険料の算定に関する特例として、昭和24年3月31日以前に生まれた者（令和6年4月1日前から後期高齢者医療の被保険者であった者）等の賦課限度額は「73万円」とし、また、令和5年の基礎控除後の総所得金額等が58万円を超えない被保険者の賦課限度額は「67万円」とされています。

なお、後期高齢者医療の保険料は、所得にかかわらず低所得者も負担する定額部分（**均等割**）と所得に応じて負担する定率部分（**所得割**）により賦課する仕組みとなっていますが、令和6年度からの新たな負担に関しては、この均等割と所得割の比率を見直すことで、約6割を占める者（年金収入153万円相当以下の者）については、制度改正に伴う負担の増加が生じないようにするとともに、さらに約12％の者（年金収入211万円相当以下の者）についても、令和6年度中は制度改正に伴う負担の増加が生じないよう暫定措置が採られています。

(7) 保険料軽減措置の判定基準引上げ

所得の少ない被保険者に対して課する後期高齢者医療の保険料の算定に係る基準について、当該保険料に係る被保険者均等割額の10分の5を減額して当該保険料を算定する場合における被保険者数に乗ずる金額を290,000円から295,000円に引き上げ、当該保険料に係る被保険者均等割額の10分の2を減額して当該保険料を算定する場合における被保険者数に乗ずる金額を535,000円から545,000円に引き上げることとされました（令和6年4月1日施行）。

(8) 出産育児支援（交付）金の創設、前期高齢者納付（交付）金の改正

「健康保険法」で取り上げたとおり、出産育児支援（交付）金の制度が創設され、また、前期高齢者納付（交付）金の制度に改正が行われています（令和6年4月1日施行）。

3 介護保険法の改正

(1) 介護サービスを提供する事業所等における生産性の向上

都道府県は、介護保険事業の運営が健全かつ円滑

法改正最前線 （2024年試験対応!!）

に行われるように、必要な助言及び適切な援助をしなければならないとされていますが、この**助言及び援助**をするに当たっては、介護サービスを提供する事業所又は施設における**業務の効率化、介護サービスの質の向上**その他の**生産性の向上**に資する取組が促進されるよう**努めなければならない**ものとするとともに、**都道府県介護保険事業支援計画**において、介護給付等対象サービスの提供等のための事業所又は施設における**業務の効率化、介護サービスの質の向上**その他の**生産性の向上**に資する事業に関する事項について定めるよう**努める**こととされました。また、**市町村介護保険事業計画**においても、介護給付等対象サービスの提供等のための事業所又は施設における**業務の効率化、介護サービスの質の向上**その他の**生産性の向上**に資する**都道府県と連携した取組**に関する事項について定めるよう**努める**こととされました（令和6年4月1日施行）。

(2) 指定介護予防支援事業者の対象拡大

介護予防支援の実施に係る法58条1項（**指定介護予防支援事業者**）の**指定の申請**について、**地域包括支援センター**の設置者に加えて**指定居宅介護支援事業者**も行うことができることとされました（令和6年4月1日施行）。

(3) 介護サービス事業者経営情報の調査及び分析等

都道府県知事は、地域において必要とされる介護サービスの確保のため、当該都道府県の区域内に介護サービスを提供する事業所又は施設を有する介護サービス事業者（一定のものを除き、以下**(3)**において同じとします。）の当該事業所又は施設ごとの収益及び費用その他の厚生労働省令で定める事項（以下**(3)**において「**介護サービス事業者経営情報**」といいます。）について、調査及び分析を行い、その内容を公表するよう努めることとされました（令和6年4月1日施行）。

そのため、介護サービス事業者は、厚生労働省令で定めるところにより、**介護サービス事業者経営情報**を、当該事業所又は施設の所在地を管轄する**都道府県知事に報告**しなければならないこととされました。また、**厚生労働大臣**は、介護サービス事業者経営情報を**収集**し、**整理**し、及び当該整理した情報の**分析**の結果を国民に**インターネット**その他の高度情報通信ネットワークの利用を通じて**迅速に提供**することができるよう**必要な施策を実施**するものとし、当該施策を実施するため必要があると認めるときは、**都道府県知事**に対し、当該都道府県の区域内に介護サービスを提供する事業所又は施設を有する介護サービス事業者の当該事業所又は施設に係る活動の状況その他の厚生労働省令で定める事項に関する**情報の提供を求める**ことができることとされました。

(4) 医療及び介護の効果的かつ効率的な提供

市町村及び都道府県は、**市町村介護保険事業計画及び都道府県介護保険事業支援計画**の作成に当たっては、**住民の加齢**に伴う**身体的、精神的及び社会的な特性**を踏まえた**医療及び介護の効果的かつ効率的な提供**の重要性に留意することとされました（令和6年4月1日施行）。

(5) 保険料率の算定に関する基準の改正

保険料率の算定に係る第1号被保険者の標準段階について、従来の標準9区分から標準13区分に多段階化し、標準13区分の標準乗率について、第1段階から第3段階までに係る割合を**引き下げる**とともに、新設された第10段階から第13段階までに係る割合を従来の第9段階の割合と比べて**高く設定**することとされました（令和6年4月1日施行）。

また、標準段階及び標準乗率の見直しにより所得の少ない者の負担軽減が図られることを踏まえ、**所得の少ない第1号被保険者に係る公費による減額賦課に係る基準**（基準額に乗じることのできる最大

31

の軽減幅)が**引き下げ**られました。

(6) 第2号被保険者負担率

令和**6**年度から令和**8**年度までの**第2号被保険者負担率**は**100分の27**（令和3年度から令和5年度までと同様）とされました（令和6年4月1日施行）。

4 その他

「**社会保障に関する日本国とイタリア共和国との間の協定**」が令和6年4月1日から発効されました。

令和6年4月12日現在、社会保障協定が発効済となっている国は、**ドイツ**、英国、韓国、アメリカ、ベルギー、フランス、カナダ、オーストラリア、オランダ、チェコ、スペイン、アイルランド、ブラジル、スイス、ハンガリー、インド、ルクセンブルク、フィリピン、スロバキア、中国、フィンランド及びスウェーデンにイタリアを加え**23か国**となります。なお、**英国、韓国、中国及びイタリア**については「**二重加入の防止**」**のみ**となり「**年金加入期間の通算**」の規定を含みません。

> もうモヤモヤしない!!

最強の一般常識対策

　ここで、一般常識科目における試験頻出の重要事項をまるごとイッキに確認し、知識の総まとめをしましょう！

ここで学ぶこと

◆これだけは！ 一般常識法規
　労働法規、社会保険法規から、毎年のように本試験に出る法律をPick Upし、重要論点をまとめました。

◆これだけは！ 統計調査
　社労士受験生としておさえておきたい統計資料から、試験に頻出の統計を最新の数値でまとめました！

◆これだけは！ 白書対策
　直近の『厚生労働白書』から、試験対策でとくに必要なところを厳選掲載しました！

◆これだけは！ 一般常識演習問題
　問題演習で一般常識対策を一気に仕上げましょう！ また、演習を通してプラスαの知識も身につけ、さらに強化しましょう！

> さあ、はじめましょう！

| Part1 本試験に向けて！ | Part2 完全無欠の直前対策講義 | Part3 試験に出るとこファイナルチェック！ | Part4 合格をどこまでもサポート！ |

これだけは！ 一般常識法規

TAC社会保険労務士講座　教材開発講師　**如月 時子**

一般常識は皆さん苦手とする科目ですが、社会保険に関する一般常識は、法規からの出題が多く、労務管理その他の労働に関する一般常識よりも得点することが可能です。ここでは、過去の出題実績から、社会保険労務士法、高齢者医療確保法、介護保険法、国民健康保険法、船員保険法、確定拠出年金法、確定給付企業年金法に絞って、それぞれの重要ポイントを紹介していきます。子羊さんたちと一緒に確認していきましょう。なお、各法律における「市町村」には特別区が含まれます。

キャラクター紹介
後輩子羊A　先輩羊B

その1　社会保険労務士法

（1）社会保険労務士の業務

社会保険労務士の業務の内容は、しっかり押さえないとですね。業務の中に提出代行というのがありますが、これは単に事業主や労働者が提出しなければならない申請書等の提出を代わって行うことですよね？

そうなんだけど、提出代行には、単に事業主等に代わって提出するということだけでなく、行政機関等に対して説明をしたり、質問に回答したり、提出した書類について必要な補正を行うことも含まれているんだよ。

社会保険労務士及び特定社会保険労務士	①申請書等の作成	労働社会保険諸法令に基づく申請書等を作成すること
	②提出代行	事業主等が提出すべき申請書等の提出手続を代行すること
	③事務代理	労働社会保険諸法令に基づく申請等について代理すること
	④帳簿書類の作成（①を除く）	労働社会保険諸法令に基づく帳簿書類（申請書等を除く）を作成すること
	⑤コンサルタント業務	労務管理・労働及び社会保険に関する事項について相談に応じ、又は指導すること
	⑥補佐人制度	労務管理・労働及び社会保険に関する事項について、裁判所において、補佐人として訴訟代理人（弁護士）とともに出頭し、陳述をすること
特定社会保険労務士のみ	紛争解決手続代理業務	個別労働関係紛争のあっせん等について紛争の当事者を代理すること

34

(2) 登録

社会保険労務士となる資格を有する人が社会保険労務士となるには、社会保険労務士名簿に、一定の事項の登録を受けなければならないけど、この登録は誰が行うかわかるかな？

もちろん、わかりますよ。社会保険労務士の登録は、全国社会保険労務士会連合会が行うんですよね！

登録	社会保険労務士となる資格を有する者が社会保険労務士となるには、**全国社会保険労務士会連合会**（連合会）に備える**社会保険労務士名簿**に、氏名、生年月日、住所等の登録を受けなければならない。
登録の取消し	連合会は、社会保険労務士の登録を受けた者が、次のいずれかに該当するときは、**資格審査会**の議決に基づき、当該登録を取り消すことができる。 ① 登録を受ける資格に関する重要事項について、告知せず又は不実の告知を行って当該登録を受けたことが判明したとき ② 心身の故障により社会保険労務士の業務を行うことができない者に該当するに至ったとき ③ **2年以上継続して所在が不明であるとき**
登録の抹消	連合会は、社会保険労務士が次のいずれかに該当したときは、遅滞なく、その登録を抹消しなければならない。 ① 登録の抹消の申請があったとき ② 死亡したとき ③ 登録の取消しの処分を受けたとき ④ 社会保険労務士となる資格を有しないこととなったとき

(3) 懲戒処分

社会保険労務士が、例えば、顧問先が提示した帳簿等の記載内容が真正の事実と異なるものであることを知りながら、故意に真正の事実に反して申請書等を作成した場合には、失格処分を受けることがありますよね？

その通りだね。その場合は、1年以内の業務の停止又は失格処分を受けることがあるね。

＜懲戒の種類＞

① 戒告
② 1年以内の社会保険労務士の業務の停止
③ **失格処分**（社会保険労務士の資格を失わせる処分）

<懲戒処分>

① 故意に真正の事実に反し申請書等を作成	1年以内の業務の停止又は失格処分
② 故意に真正の事実に反し事務代理・紛争解決手続代理業務を行ったとき	
③ 不正行為の指示等の禁止規定違反	
④ 相当の注意を怠り上記①～③の行為をしたとき	戒告又は1年以内の業務の停止
⑤ 上記①～④以外での、申請書等の添付書類・付記の虚偽記載、法令違反、重大な非行	戒告、1年以内の業務の停止又は失格処分

（4）社会保険労務士法人

　社会保険労務士は、社会保険労務士法人を設立することができますよね。1人でも設立することができましたっけ？

　単独でも社会保険労務士法人を設立することができるね。社会保険労務士法人を設立するには、まず、その社員になろうとする社会保険労務士が定款を定めなければならないよ。そして、社会保険労務士法人は、その主たる事務所の所在地において登記をすることによって成立するんだよ。

<業務の範囲>

(1)	①申請書等の作成、②提出代行、③事務代理、④帳簿書類の作成（①を除く）、⑤コンサルタント業務
(2)	定款で定めるところにより、以下の業務を行うことができる。 ①次に掲げる業務の全部又は一部 ・事業所の労働者に係る賃金の計算に関する事務（その事務を行うことが他の法律において制限されているものを除く。）を業として行う業務 ・開業社会保険労務士又は社会保険労務士法人を派遣先とする労働者派遣事業（所定の要件を満たすものに限る。） ②紛争解決手続代理業務※

※　紛争解決手続代理業務は、社員のうちに特定社会保険労務士がある社会保険労務士法人に限り、行うことができる。

　あれ？　業務の範囲に補佐人制度がありませんが、社会保険労務士法人には、補佐人制度は適用されないのですか？

　社会保険労務士法人は、補佐人として、弁護士である訴訟代理人とともに裁判所に出頭し、陳述する事務を、当該社会保険労務士法人の社員等である社会保険労務士に行わせる事務の委託を受けることができるよ。

その2　国民健康保険法

（1）保険者・被保険者

　先ぱぁ～い、今、国民健康保険に入っているのですが、国保組合には加入していないので、この場合は「市町村」が保険者となりますよね。

　いやいや、国保組合に加入していなければ、保険者は「都道府県及びその都道府県内の市町村」だよ。国保組合以外の国保は都道府県がその都道府県内の市町村とともに運営しているよ。ちなみに、保険給付は「市町村」が実施しているけどね。

　わかりました。そういえば、先輩も同じ都道府県等が行う国保の被保険者なんですよね。

＜保険者＞

保険者 ─┬─ 都道府県及びその都道府県内の市町村（都道府県等）
　　　　└─ 国民健康保険組合

＜被保険者＞

被保険者 ─┬─ 都道府県の区域内に住所を有する者
　　　　　└─ 国保組合の組合員及び組合員の世帯に属する者

＜適用除外者＞

- 健康保険等の被用者医療保険制度の被保険者、組合員、加入者とその被扶養者（日雇特例被保険者とその被扶養者を除く。）
- 日雇特例被保険者手帳の交付を受け、その手帳に健康保険印紙を貼り付ける余白のある者とその被扶養者
- 高齢者医療確保法の規定による被保険者
- 生活保護法による保護を受けている世帯（その保護を停止されている世帯を除く。）に属する者…等

(2) 保険給付

ところで、国保の保険給付って、法定給付と任意給付があるのですよね。法定給付は法律で種類が定められていて、市町村や国保組合に実施が義務づけられている給付で、任意給付は市町村や国保組合が任意に行うことができる給付ですよね。

その通りだね。例えば、傷病手当金は、健保とは異なり、法定給付ではなく任意給付になるよ。

<国民健康保険の保険給付>

法定給付	絶対的必要給付	疾病・負傷等に関する給付	療養の給付 入院時食事療養費 入院時生活療養費 保険外併用療養費 療養費 訪問看護療養費 移送費 高額療養費 高額介護合算療養費 特別療養費
	相対的必要給付	出産に関する給付	出産育児一時金
		死亡に関する給付	葬祭費(葬祭の給付)
任意給付			傷病手当金など

あれ？ 国保の保険給付には、家族療養費や家族訪問看護療養費など家族に対する給付がないのですね。

国保では、世帯主もその家族も「被保険者」だから、健保とは異なり、家族療養費や家族訪問看護療養費といった給付はないよ。もう1つの特徴は、「特別療養費」があることだね。

その3　高齢者医療確保法

(1) 医療費適正化計画等

高齢者医療確保法では、医療費の適正化を推進するために計画を定めるものとされているよね。

ハーイ。厚生労働大臣が定める「全国医療費適正化計画」と都道府県が定める「都道府県医療費適正化計画」がありまーす。

医療費適正化基本方針		
全国医療費適正化計画（6年を1期）		都道府県医療費適正化計画（6年を1期）
計画期間中		
進捗状況の公表 〔年度ごと（実績評価年度を除く）〕		進捗状況を公表するよう努める 〔年度ごと（実績評価年度を除く）〕
（計画期間の最終年度）		
進捗状況の調査・分析の結果を公表		・進捗状況の調査・分析の結果を公表するよう努める ・結果を厚生労働大臣に報告するよう努める
計画終了年度の翌年度		
・目標の達成状況・施策の実施状況の調査・分析 ・全国医療費適正化計画の実績評価・右記の都道府県の報告を踏まえた各都道府県医療費適正化の実績評価 ・上記2つの評価を公表		・目標の達成状況・施策の実施状況の調査・分析 ・計画の実績評価 ・評価内容を公表するよう努めるとともに、厚生労働大臣に報告

(2) 後期高齢者医療制度

高齢者医療確保法といえば、後期高齢者医療制度も押さえておかないとですね！市町村が保険給付とかを実施しているんですよね？

いやいや、後期高齢者医療制度の運営主体は、後期高齢者医療広域連合だよ。市町村は、保険料の徴収事務や各種申請、届出の受付、被保険者証の引渡し等の窓口業務を行っているよ。まずは、被保険者と保険給付を見ておこう。

＜被保険者＞

①	後期高齢者医療広域連合の区域内に住所を有する75歳以上※の者
②	後期高齢者医療広域連合の区域内に住所を有する65歳以上75歳未満の者であって、一定の障害の状態にある旨の当該後期高齢者医療広域連合の認定を受けたもの

※ 「75歳以上」とは、75歳到達日の翌日（75歳の誕生日）以後であることをいい、75歳の誕生日に後期高齢者医療の被保険者の資格を取得する。

＜後期高齢者医療給付＞

法定給付	絶対的必要給付	疾病・負傷等に関する給付	療養の給付 入院時食事療養費 入院時生活療養費 保険外併用療養費 療養費 訪問看護療養費 移送費 高額療養費 高額介護合算療養費 特別療養費
	相対的必要給付	死亡に関する給付	葬祭費（葬祭の給付）
任意給付			傷病手当金など

国保と同じように、被保険者が被保険者資格証明書の交付を受けている間は療養の給付等は行わず、「特別療養費」の対象となるのですよね。

療養の給付の範囲、療養の給付以外の疾病・負傷等に関する給付については、健保と同じだよ。その他の給付に関しては、出産に関する給付が行われないほかは、国保と同じだよ。

その4　介護保険法

（1）被保険者

介護保険の被保険者は、第1号被保険者と第2号被保険者に分かれているけど、第1号被保険者ってどういう人が該当するか覚えているかな？

ハーイ。介護保険の第1号被保険者は、市町村の区域内に住所を有する65歳以上の人です。

第1号被保険者	市町村の区域内に住所を有する65歳以上の者
第2号被保険者	市町村の区域内に住所を有する40歳以上65歳未満の医療保険加入者

(2) 要介護・要支援認定

もし要介護状態になって、要介護認定を受けようとするときは、市町村に申請しなければならないのですよね？

要介護認定は市町村が行うから、その通りだね。申請する際には、申請書に被保険者証を添付するのだよ。要介護（要支援）認定の手続きの流れは下の図で見ておこう。

要介護認定	**介護給付**を受けようとする被保険者は、要介護者に該当すること及びその該当する要介護状態区分について、**市町村**の認定（**要介護認定**）を受けなければならない。
要支援認定	**予防給付**を受けようとする被保険者は、要支援者に該当すること及びその該当する要支援状態区分について、**市町村**の認定（**要支援認定**）を受けなければならない。
効力の発生	要介護認定（要支援認定）は、その申請のあった日に<u>さかのぼって</u>その効力を生ずる。

＜要介護（要支援）認定の手続き＞

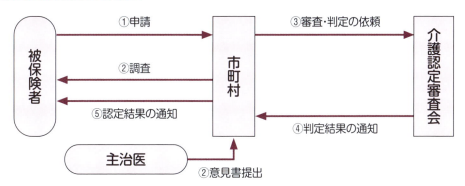

(3) 保険給付

先ぱぁーい、介護保険の保険給付って、種類がたくさんあって覚えきれませーん。どうしたらいいでしょうか？

たしかに、覚えきれないよね。過去に出題された給付を中心に目を通しておくといいよ。あと、給付割合は原則として100分の90だけど、一定以上の所得がある第1号被保険者については、100分の80又は100分の70になる場合があるんだよ。ただし、居宅介護（特例居宅介護）サービス計画費については全額支給ということは覚えておきたいね。

介護給付	要介護状態に関する保険給付 ※一定の保険給付を除き、原則として、サービス費用の100分の90〔居宅介護（特例居宅介護）サービス計画費については全額〕が支給される。
予防給付	要支援状態に関する保険給付
市町村特別給付	要介護状態又は要支援状態の軽減又は悪化の防止に資する保険給付として条例で定めるもの

（4）事業者の指定等

　　介護サービスを行う事業者については、申請によって都道府県知事か市町村長が指定しますよね。例えば、指定居宅サービス事業者の指定は、居宅サービス事業を行う者の申請により、市町村長が行うんですよね？

　　いやいや、指定居宅サービス事業者の指定は、都道府県知事が行うよ。都道府県知事と市町村長のどちらが指定するのかは、下の表でしっかりと押さえておこう。なお、「介護老人保健施設」と「介護医療院」は指定ではなく、「都道府県知事の許可」だから要注意！

事業者又は施設		申請者	指定又は許可	
指定居宅サービス事業者		当該サービス事業を行う者	都道府県知事	指定
指定地域密着型サービス事業者			市町村長	指定
指定居宅介護支援事業者		当該支援事業を行う者	市町村長	指定
指定介護予防サービス事業者		当該サービス事業を行う者	都道府県知事	指定
指定地域密着型介護予防サービス事業者			市町村長	指定
指定介護予防支援事業者		地域包括支援センターの設置者	市町村長	指定
介護保険施設	指定介護老人福祉施設	開設者	都道府県知事	指定
	介護老人保健施設			許可
	介護医療院			許可

その5　船員保険法

（1）被保険者

　　社労士試験には船員保険法からの出題がありますが、船保の被保険者って、強制被保険者と疾病任意継続被保険者ですよね？

　　その通りだね。疾病任意継続被保険者は健保の任意継続被保険者の船保版という感じかな。

① 強制被保険者	船員法第1条に規定する船員として船舶所有者に使用される者
② 疾病任意継続被保険者	船舶所有者に使用されなくなったため、被保険者（一定の者を除く。）の資格を喪失した者であって、資格喪失日の前日まで継続して2月以上被保険者（疾病任意継続被保険者又は国家公務員共済組合等の組合員である被保険者を除く。）であったもののうち、資格喪失日から20日以内に、全国健康保険協会に申し出て、継続して被保険者となった者（原則）

(2) 保険給付

職務外疾病給付		療養の給付、訪問看護療養費、移送費、葬祭料、出産育児一時金、高額療養費、家族療養費、家族葬祭料等	
		傷病手当金、出産手当金	
職務上疾病・年金給付	労災保険給付の上乗せ給付	障害年金、障害手当金、遺族年金、遺族一時金等	
		休業手当金	4日目以降
			最初の3日間
	独自給付	行方不明手当金	
付加給付		葬祭料付加金、家族葬祭料付加金	

船保の保険給付は、種類がたくさんありますね。職務外疾病給付って、職務外の事由（通勤を除く。）による疾病、負傷、死亡、出産に関する保険給付ですよね。これは、健保の保険給付と大体同じですか？

そうだね。健保の保険給付とほぼ同様だけど、異なる点がいくつかあるよ。例えば、職務外の事由による疾病、負傷に関して、療養の給付として、協会が指定した施設のうち、自己の選定するものから自宅以外の場所における療養に必要な宿泊及び食事の支給を受けることができるのだよ。それから、この給付は、職務上又は通勤による疾病又は負傷についても行われるよ。

傷病手当金も健保と異なる点があると聞きましたが、どういうところですか？

待期とか支給期間は次のように異なっているよ。

	船員保険	健康保険
待期	なし	継続した3日間
支給期間	支給開始日から通算して3年間	支給開始日から通算して1年6月間

あと、船保の独自給付に「行方不明手当金」があるけど、この給付は選択式でも択一式でも出題されているから、ゼヒ覚えておいてね。

<行方不明手当金>

支給要件	被保険者が職務上の事由により1月以上行方不明となったときに、その期間、被扶養者に対して支給される。
支給額（1日につき）	被保険者が行方不明となった当時の標準報酬日額に相当する金額
支給期間	被保険者が行方不明となった日の翌日から起算して3月を限度

その6　確定拠出年金法・確定給付企業年金法

そういえば、確定拠出年金法や確定給付企業年金法もよく出題されていますね。え～と、両方の制度の違いがイマイチわからないのですが…。

まず、確定拠出年金は、拠出された掛金が個人ごとに明確に区分され、掛金とその運用収益との合計額をもとに給付額が決定される年金制度のことをいうんだよ。一方、確定給付企業年金は、事業主が従業員と給付の内容をあらかじめ約束し、高齢期において従業員がその内容に基づいた給付を受けることができる企業年金制度のことだよ。

(1) 制度の種類・加入者・給付の種類

<制度の種類>

確定拠出年金		確定給付企業年金	
①企業型年金　厚生年金適用事業所の事業主が、単独で又は共同して、確定拠出年金法に基づいて実施する年金制度	②個人型年金　国民年金基金連合会（連合会）が、確定拠出年金法に基づいて実施する年金制度	①規約型企業年金　労使が合意した規約に基づき、企業が信託会社等と契約を結び、母体企業の外で年金資金を管理運用し、年金給付を行う企業年金	②基金型企業年金　母体企業とは別の法人格をもった基金を設立した上で、基金において年金資金を管理運用し、年金給付を行う企業年金

<加入者>

確定拠出年金		確定給付企業年金
①企業型年金加入者　実施事業所に使用される第1号等厚生年金被保険者〔厚生年金保険の被保険者のうち、第1号厚生年金被保険者（会社員）又は第4号厚生年金被保険者（私立学校教職員共済制度の加入者）〕	②個人型年金加入者(対象者)　ⓐ国民年金の第1号被保険者（保険料免除者を除く。）…第1号加入者　ⓑ国民年金の第2号被保険者（企業型掛金拠出者等を除く。）…第2号加入者　ⓒ国民年金の第3号被保険者…第3号加入者　ⓓ国民年金の65歳未満の任意加入被保険者（一定の者を除く。）…第4号加入者	実施事業所に使用される厚生年金保険の被保険者（第1号厚生年金被保険者又は第4号厚生年金被保険者に限る。）　※　加入者となることについて規約で一定の資格を定めたときは、当該資格を有しない者は加入者としない。

これだけは！一般常識法規

<給付の種類>

確定拠出年金	確定給付企業年金
①老齢給付金 ②障害給付金 ③死亡一時金 ※ 当分の間、一定の要件に該当する者は、**脱退一時金**の支給を請求することができる。	①老齢給付金 ②脱退一時金 ※ 規約で定めるところにより、上記の給付に加え、**障害給付金**や**遺族給付金**の給付を行うことができる。

(2) 掛金（確定拠出年金）

確定拠出年金の掛金は、1年間の掛金の総額が拠出限度額の範囲内であれば、複数月分をまとめて拠出することや1年分をまとめて拠出することなど、柔軟な拠出が可能となっているよ。

<企業型年金（事業主掛金※1）>

区　分	拠出限度額（月額）
①他制度加入者※2以外の者	55,000円
②他制度加入者	27,500円

※1 企業型年金加入者が掛金を拠出する場合にあっては、事業主掛金の額と企業型年金加入者掛金の額との合計額。
※2 「他制度加入者」とは、私立学校教職員共済制度の加入者、確定給付企業年金の加入者等をいう。

<個人型年金（個人型年金加入者掛金）>

区　分			拠出限度額（月額）
第1号加入者・第4号加入者			68,000円※1
第2号加入者	企業型年金加入者以外	下記以外	23,000円※2
		他制度加入者、第2号・第3号厚生年金被保険者	12,000円
	企業型年金加入者	他制度加入者以外	20,000円※3
		他制度加入者	12,000円※4
第3号加入者			23,000円

※1 国民年金の付加保険料又は国民年金基金の掛金の納付に係る月にあっては、68,000円から当該保険料又は掛金の額（その額が68,000円を上回るときは、68,000円）を控除した額（国民年金保険料納付月以外の月にあっては、零円）。
※2 中小事業主が中小事業主掛金を拠出する場合にあっては、個人型年金加入者掛金の額と中小事業主掛金の額との合計額。
※3 事業主掛金の拠出に係る月であって、当該事業主掛金の額が35,000円を上回るときは、20,000円から、当該事業主掛金の額から35,000円を控除した額を控除した額。
※4 事業主掛金の拠出に係る月であって、当該事業主掛金の額が15,500円を上回るときは、12,000円から、当該事業主掛金の額から15,500円を控除した額を控除した額。

<中小事業主掛金>

企業年金を実施していない中小企業の事業主〔従業員（第1号厚生年金被保険者）300人以下の事業主〕が従業員の老後の所得の確保に向けた支援を行うことができるよう、個人型年金に加入する従業員の掛金に追加して、事業主が掛金を拠出することができる制度。

その7　おまけ（費用の負担）

試験によく出る費用の負担シリーズ。きちんと整理しておこう！

【国民健康保険法】（都道府県等が行う国保）

費用の負担者		負担割合	
公費負担	国	50%	32%
	（国からの調整交付金）		9%
	都道府県繰入金		9%
保険料		50%	

【高齢者医療確保法】

費用の負担者		負担割合	
公費負担	国	50%（12分の6）	12分の3
	（国からの調整交付金）		12分の1
	都道府県		12分の1
	市町村		12分の1
保険料等	後期高齢者医療の被保険者	50%（12分の6）	約13%
	後期高齢者交付金		約37%

【介護保険法】

(1) 介護給付及び予防給付に要する費用の負担割合

費用の負担者		負担割合	
公費負担	国	50%	20%(15%[※1])
	（国からの調整交付金）		5%
	都道府県		12.5%(17.5%[※1])
	市町村		12.5%
保険料	第1号被保険者	50%	23%[※2]
	第2号被保険者		27%[※2]

※1　介護保険施設及び特定施設入居者生活介護に係る介護給付並びに介護予防特定施設入居者生活介護に係る予防給付に要する費用の負担割合
※2　令和6～8年度の負担割合

(2) 地域支援事業に要する費用の負担割合

① 介護予防・日常生活支援総合事業に要する費用

費用の負担者		負担割合	
公費負担	国	50%	20%
	（国からの調整交付金）		5%
	都道府県		12.5%
	市町村		12.5%
保険料	第1号被保険者	50%	23%
	第2号被保険者		27%

これだけは！ **一般常識法規**

② 介護予防・日常生活支援総合事業以外の地域支援事業に要する費用

費用の負担者		負担割合	
公費負担※	国	77%	38.5%
	都道府県		19.25%
	市町村		19.25%
保険料	第1号被保険者	23%	

※ 費用の50%と第2号被保険者負担率（令和6〜8年度27%）に相当する部分を併せた額を、国、都道府県及び市町村が負担する。

【児童手当法】

(1) 被用者[※1]に対する児童手当の支給に要する費用

① 3歳未満の児童に係る児童手当の額に係る部分

一般事業主[※2]からの拠出金	15分の7
国	45分の16
都道府県	45分の4
市町村	45分の4

② 3歳以上中学校修了前の児童に係る児童手当の額に係る部分

国	3分の2
都道府県	6分の1
市町村	6分の1

※1 「被用者」とは、一般事業主が保険料を負担し、又は納付する義務を負う被保険者であって公務員でない者をいう。
※2 「一般事業主」とは、①厚生年金保険法に規定する事業主（②〜④を除く。）、②私立学校教職員共済法に規定する学校法人等、③地方公務員等共済組合法に規定する団体その他同法に規定する団体で政令で定めるもの及び、④国家公務員共済組合法に規定する連合会その他同法に規定する団体で政令で定めるものをいう。

(2) 被用者等でない者[※1]に対する児童手当の支給に要する費用[※2]

国	3分の2
都道府県	6分の1
市町村	6分の1

※1 「被用者等でない者」とは、被用者又は公務員（施設等受給資格者である公務員を除く。）でない者をいう。
※2 当該被用者等でない者が施設等受給資格者である公務員である場合にあっては、中学校修了前の施設入所等児童に係る児童手当の額に係る部分に限る。

(3) 公務員に対する児童手当[※]の支給に要する費用

・国家公務員…国
・都道府県に属する地方公務員…当該都道府県 ─ **全額負担**
・市町村に属する地方公務員……当該市町村

※ 公務員が施設等受給資格者である場合にあっては、中学校修了前の施設入所等児童に係る児童手当の額に係る部分を除く。

| Part1 本試験に向けて！ | Part2 完全無欠の直前対策講義 | Part3 試験に出るとこファイナルチェック！ | Part4 合格をどこまでもサポート！ |

これだけは！ 統計調査

TAC社会保険労務士講座　教材開発講師　**金子 絵里**

　一般常識科目の中でも毎年受験生を悩ませているのが、統計調査からの出題です。近年は、選択式で調査名が問われるなど、社労士試験合格のためには統計調査の学習を避けては通れません。ここでは、調査目的や誰もが知っている主な調査結果、本試験前に見ておきたい注目の調査などを羊さんたちと一緒に見ていきましょう。

キャラクター紹介
後輩子羊A　先輩羊B

最近は選択式で統計用語が問われることもあるので、まずは統計の基本知識を見ておこう。

統計用語

- ●統計調査…行政機関等が統計の作成を目的として個人又は法人その他の団体に対し事実の報告を求めることにより行う調査をいう。（統計法2条5項）
- ●基幹統計調査…基幹統計の作成を目的とする統計調査をいう。（同条6項）

　具体的には…
　　基幹統計調査は、公的統計の中核となる基幹統計を作成するための特に重要な統計調査であり、正確な統計を作成する必要性が特に高いことなどを踏まえ、例えば、基幹統計調査の報告（回答）を求められた者が、報告を拒んだり虚偽の報告をしたりすることを禁止する（違反者には罰金あり）など、一般統計調査にはない特別な規定が定められています。（総務省HPより）
　　一般常識科目で問われる統計調査では、次のものなどが挙げられます。
- ・労働力調査（総務省）
- ・毎月勤労統計調査（厚生労働省）
- ・賃金構造基本統計調査（厚生労働省）
- ・社会保障費用統計（国立社会保障・人口問題研究所）

- ●一般統計調査…行政機関が行う統計調査のうち基幹統計調査以外のものをいう。（同条7項）

過去には、毎月勤労統計調査が基幹統計調査であることが選択式で問われていましたね。それでは先輩、さっそく試験対策で重要な統計調査をみていきましょう!!

統計調査

1 労働力調査

調査の目的

労働力調査は、統計法に基づく基幹統計『労働力統計』を作成するための統計調査であり、我が国における就業及び不就業の状態を明らかにするための基礎資料を得ることを目的としている。

主に、就業状態の動向として完全失業率・完全失業者数、就業率・就業者数、非労働力人口、雇用者数などを調査しているよ。

≪基本集計令和5年平均の調査結果≫

これだけは！ 完全失業率は2023年平均で2.6％と、前年と同率

ちなみに、2023年平均の就業者数は6,747万人となっていて、3年連続の増加となっています。また、就業者を男女別にみると次のようになっていますね。

	就業者数	前年比
男性	3,696万人	3万人の減少
女性	3,051万人	27万人の増加

2 就労条件総合調査

調査の目的

就労条件総合調査は、主要産業における企業の労働時間制度、賃金制度等について総合的に調査し、我が国の民間企業における就労条件の現状を明らかにすることを目的として、主な16の産業に属するもののうち常用労働者30人以上を雇用する一定の民営企業を対象に調査を実施している。

所定労働時間、週休制、年次有給休暇、変形労働時間制やみなし労働時間制などの労働時間制度に関する事項や、時間外労働の割増賃金率などの賃金制度について調査していますね。

≪令和5年の調査結果≫

これだけは！ 「何らかの週休2日制」を採用している企業割合は85.4％、「完全週休2日制」は53.3％

何らかの週休2日制	採用企業割合	85.4％
	適用労働者割合	86.2％
完全週休2日制	採用企業割合	53.3％
	適用労働者割合	61.2％

結構高い割合で週休2日制を採用しているんですね。「完全週休2日制」というのは、毎週必ず2日休日がある制度で、「何らかの週休2日制」というのは、例えば「月〜金＋隔週土曜日出勤」みたいな制度も含めるんですよね。あれ?!　適用労働者割合のほうが高くなっていますが、ナゼなんですか？　そもそも、企業割合と労働者割合はどう違うんでしたっけ？

企業によって、労働している人数ってまったく違うよね。例えば下の図なら、A社もB社も企業割合を調べる数値では1社としてカウントするけれど、労働者割合を調べる数値ではA社は1万人、B社は30人でカウントするから、同じ企業を対象にした調査でも企業割合と労働者割合の数値が変わってくることがあるんだよ。

令和4年〔又は令和3会計年度〕1年間の労働者1人平均の年次有給休暇の取得率は62.1%

取得率って年次有給休暇の付与日数に占める取得日数の割合のことですよね!!

取得率 ＝ 取得日数計／付与日数計×100（%）

ちなみに、労働者1人平均の取得状況はこのようになっています。

〈令和4年〔又は令和3会計年度〕の労働者1人平均の年次有給休暇の取得状況〉

労働者1人平均付与日数（繰越日数は除く）	17.6 日
労働者1人平均取得日数	10.9 日
取得率	62.1%

変形労働時間制を採用している企業割合は、59.3%
みなし労働時間制を採用している企業割合は、14.3%

具体的な採用率をみると、変形労働時間制の中では「1年単位の変形労働時間制」が、みなし労働時間制の中では「事業場外みなし労働時間制」が、一番高くなっています！

3 毎月勤労統計調査

調査の目的

毎月勤労統計調査は、雇用、給与及び労働時間について、全国調査にあってはその全国的変動を毎月明らかにすることを、地方調査にあってはその都道府県別の変動を毎月明らかにすることを目的として、主な16の産業に属するもののうち常時5人以上を雇用する事業所を対象に調査している。

総実労働時間、所定内労働時間などの労働時間に関する調査や、現金給与総額、実質賃金などの賃金に関する調査を行っているよ。

≪令和5年の調査結果≫

 現金給与総額は前年比で、一般労働者が1.8％増、パートタイム労働者が2.4％増となった。

就業形態（一般労働者・パートタイム労働者）計の所定外労働時間は10.0時間（0.9％減）となっていることにも注目しておきたいね。

 就業形態計の常用雇用は1.9％増加

4 雇用均等基本調査

調査の目的

雇用均等基本調査は、男女の雇用均等問題に係る雇用管理の実態を把握し、雇用均等行政の成果、測定や方向性の検討を行う上での基礎資料を得ることを目的とし、主な16の産業に属するもののうち、企業調査は常時10人以上を雇用する一定の民営企業を、事業所調査は常時5人以上を雇用する一定の民営事業所を対象に調査している。

企業調査では、正社員・正職員の男女比率や採用状況、女性管理職の割合、セクシュアルハラスメント・マタニティハラスメント・パワーハラスメントの防止対策などについて調査しているよ。

事業所調査では、育児休業取得率などを調査していますね。

≪令和4年度の調査結果≫

育児休業取得率　女性…80.2%、男性…17.13%

　育児のための所定労働時間の短縮措置等の制度の導入状況をみると、事業所の規模が大きいほど「制度がある」事業所割合が高い傾向にあるね。また、セクシュアルハラスメント・マタニティハラスメント・パワーハラスメントの防止対策も、いずれも、企業規模が大きいほど「取り組んでいる」企業割合が高い傾向にあるよ。

5　働く女性の実情

調査の目的
「働く女性の実情」は、厚生労働省雇用環境・均等局で、働く女性に関する動きを取りまとめ、毎年紹介しているものである。

≪令和4年版≫

M字型カーブの底は「35～39歳」(78.9%)で、1.2ポイント上昇している。

　女性の労働力率を年齢階層別にグラフにすると、アルファベットの「M」の形に似ているから、一般にM字型カーブと言われているんだけれど、だんだん台形に近づいていっているよ。10年前の平成24年と比較すると、全ての年齢階級で労働力率が上がっていることを押さえておこう。

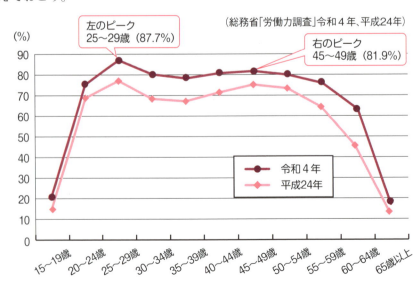

（総務省「労働力調査」令和4年、平成24年）

6 賃金構造基本統計調査

> **調査の目的**
> 賃金構造基本統計調査は、統計法に基づく基幹統計「賃金構造基本統計」の作成を目的とする統計調査であり、主要産業に雇用される労働者について、その賃金の実態を労働者の雇用形態、就業形態、職種、性、年齢、学歴、勤続年数、経験年数別等に明らかにするものである。なお、主な16の産業に属するもののうち、5人以上の常用労働者を雇用する一定の民営事業所及び10人以上の常用労働者を雇用する一定の公営事業所を対象として行っている。

一般労働者の賃金の推移のほか、性別、企業規模別、産業別の賃金の推移、短時間労働者や外国人労働者の賃金の推移を調査しているよ。

≪令和5年の調査結果≫

これだけは！ 性別に賃金カーブをみると、男性に比べ、女性の賃金カーブは緩やかとなっている。

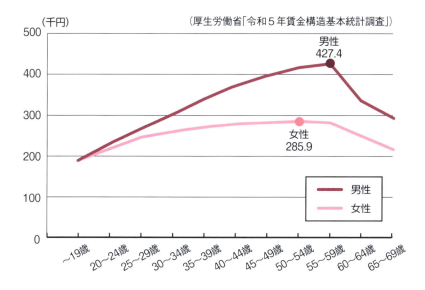
（厚生労働省「令和5年賃金構造基本統計調査」）

賃金を性別にみると男性 350,900円、女性 262,600円で、男女間賃金格差は、男性を100とすると、74.8となっています。

7 労働組合基礎調査

調査の目的

労働組合基礎調査は、労働組合及び労働組合員の産業、企業規模及び加盟上部組合別の分布等、労働組合組織の実態を明らかにすることを目的に、すべての産業の労働組合を対象として実施している。

労働組合数、労働組合員数、推定組織率などを調査しています。
≪令和5年の調査結果≫

令和5年6月30日現在における単一労働組合の
推定組織率(雇用者数に占める労働組合員数の割合)は、16.3%

ちなみに、単位労働組合のパートタイム労働者の推定組織率は前年より低下して8.4%だよ。覚えておこう!

8 高年齢者の雇用状況の集計結果

調査の目的

本集計結果は、高年齢者雇用安定法に基づき、毎年6月1日現在の高年齢者の雇用状況について企業に報告を求め、それを集計したものである。

高年齢者雇用安定法では、毎年6月1日現在の高年齢者の雇用状況の報告を求めていますよね。この集計結果は、この雇用状況を報告した従業員21人以上の企業に関するものだそうです。
≪令和5年の集計結果≫

高年齢者雇用確保措置の実施済企業は99.9%となっている。

9 一般職業紹介状況

調査の目的

一般職業紹介状況は、公共職業安定所における求人、求職、就職の状況（新規学卒者を除く。）を取りまとめ、求人倍率等の指標を作成することを目的としている。

就職件数や有効求人倍率、新規求人倍率などを調査しているよ。
≪令和5年の調査結果≫

これだけは！ 令和5年平均の有効求人倍率は1.31倍で、前年に比べて0.03ポイント上昇

新規求人数の対前年同期比が、令和2年は－21.7％と、大幅に減っていたけれど、令和3年では＋4.1％、令和4年では＋10.8％と少しずつ持ち直して、令和5年では＋0.1％となっています。ちなみに、新規求人者数は景気に先行して動く性質がありますよね。

10 個別労働紛争解決制度の施行状況

調査の目的

個別労働紛争解決制度の施行状況は、個別労働関係紛争解決促進法に基づく個別労働紛争解決制度の施行状況をまとめたものであり、総合労働相談コーナーに寄せられる労働相談への適切な対応や、助言・指導及びあっせんの運用を的確に行うなど、個別労働紛争の未然防止と迅速な解決に向けた取り組みに役立てられている。

「個別労働紛争解決制度」には「総合労働相談（都道府県労働局等に置かれた総合労働相談コーナーで専門の相談員が対応するもの）」、都道府県労働局長による「助言・指導」、紛争調整委員会による「あっせん」の3つの方法があったね。この調査ではこれらの件数や内訳を調べているよ。
≪令和4年度の調査結果≫

これだけは！ 民事上の個別労働紛争の相談件数、助言・指導の申出件数、あっせんの申請件数の全てで、「いじめ・嫌がらせ」が引き続きトップ

11 社会保障費用統計

調査の目的

社会保障費用統計は、我が国における年金、医療保険、介護保険、雇用保険、生活保護などの社会保障制度に係る1年間の支出等を取りまとめることにより、国の社会保障全体の規模や政策分野ごとの構成を明らかにし、社会保障政策や財政等を検討する上での資料とすることを目的としている。

≪令和3年の調査結果≫

2021年度の社会支出の総額は、1980年度の集計開始以降の最高額を更新した。

具体的には、2021年度の社会支出（OECD基準）の総額は142兆9,802億円であり、前年度と比べ6兆6,298億円、4.9％の増加となったよ。

それから、2021年度の社会保障給付費（ILO基準）の総額は138兆7,433億円で、こちらも1950年度の集計開始以降の最高額を更新していますね。

社会保障給付費については、大まかな数値は押さえておきたいね。あと、下記の内訳も、大まかな額や割合を押さえておくと安心だね。

〈部門別社会保障給付費の状況〉

	給付額	総額に占める割合
医療	47兆4,205億円	34.2％
年金	55兆8,151億円	40.2％
福祉その他	35兆5,076億円	25.6％

12 国民医療費の概況

調査の目的

国民医療費は、当該年度内の医療機関等における保険診療の対象となり得る傷病の治療に要した費用を推計したものであり、国民に必要な医療を確保していくための基礎資料として、その統計調査は、我が国の医療保険制度・医療経済における重要な指標となっている。

≪令和3年度の調査結果≫

国民医療費は年齢階級別では、65歳以上が最多

年齢階級別の国民医療費は、次のようになっていますね。

	国民医療費	構成割合
0〜14歳	2兆4,178億円	5.4%
15〜44歳	5兆3,725億円	11.9%
45〜64歳	9兆9,421億円	22.1%
65歳以上	27兆3,036億円	60.6%

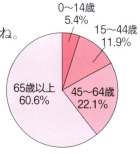

13 厚生年金保険・国民年金事業の概況

調査の目的

厚生年金保険・国民年金事業統計は、厚生年金保険及び国民年金の事業状況を把握し、厚生年金保険及び国民年金制度の適正な運営をはかるための基礎資料として利用することを目的としている。

≪令和4年度の調査結果≫

公的年金被保険者数は、令和4年度末現在で6,744万人

公的年金被保険者数は、前年度末に比べて14万人増加しているよ。

公的年金受給者数(延人数)は、前年度末に比べて11万人増加していますね。

| Part1 | 本試験に向けて！ | **Part2** | **完全無欠の直前対策講義** | Part3 | 試験に出るとこファイナルチェック！ | Part4 | 合格をどこまでもサポート！ |

これだけは！ 白書対策

TAC社会保険労務士講座　教材開発講師　**織井 妙子**

社労士試験では、選択式、択一式ともに、白書から出題されることがあり、最新の白書の内容を確認しておくことはとても重要です。ここでは、試験でもよく出題される「社会保障制度」に関する内容を「厚生労働白書」からピックアップして紹介していきます。

※「令和5年版　厚生労働白書」、「令和4年版　厚生労働白書」を参照しています。以下、「R5白書」、「R4白書」と表記します。

1 年金制度

1 公的年金制度の状況（R5白書P256、257）

公的年金制度は、予測することが難しい将来のリスクに対して、社会全体であらかじめ備えるための制度であり、現役世代の保険料負担により、その時々の高齢世代の年金給付をまかなう**世代間扶養**である**賦課方式**を基本とした仕組みで運営されている。賃金や物価の変化を年金額に反映させながら、生涯にわたって年金が支給される制度として設計されており、必要なときに給付を受けることができる保険として機能している。

直近の公的年金制度の適用状況に関しては、被保険者数は全体で6,729万人〔2021（令和3）年度末〕であり、全人口の**約半数**にあたる。国民年金の被保険者の種別ごとに見てみると、いわゆるサラリーマンや公務員等である**第2号被保険者等**（厚生年金被保険者のことをいい、国民年金第2号被保険者のほか、65歳以上の厚生年金被保険者を含む。）が4,535万人（2021年度末）と全体の**約67%**を占めており、自営業者や学生等である第1号被保険者が1,431万人、第2号被保険者の被扶養配偶者である第3号被保険者は763万人（2021年度末）となっている。被保険者数の増減について見てみると、**第2号被保険者等**は対前年比22万人増で、近年**増加傾向**にある一方、**第1号被保険者**や**第3号被保険者**はそれぞれ対前年比18万人、30万人減で、近年**減少傾向**にある。これらの要因として、被用者保険（健康保険・厚生年金保険）の適用拡大や加入促進策の実施、高齢者等の就労促進などが考えられる。

また、公的年金制度の給付の状況としては、全人口の**約3割**にあたる4,023万人（2021年度末）が公的年金の受給権を有している。高齢者世帯に関してみれば、その収入の**約6割**を公的年金等が占めるなど、年金給付が国民の老後生活の基本を支えるものとしての役割を担っていることがわかる。

これだけは！ 白書対策

　公的年金制度については、2004（平成16）年の年金制度改革により、中長期的に持続可能な運営を図るための財政フレームワークが導入された。具体的には、基礎年金国庫負担割合の引上げと積立金の活用により保険料の段階的な引上げ幅を極力抑えた上で、保険料の上限を固定し、その保険料収入の範囲内で年金給付をまかなうことができるよう、給付水準について、前年度よりも年金の名目額を下げずに賃金・物価上昇の範囲内で自動的に調整する仕組み（**マクロ経済スライド**）が導入された。

　保険料の段階的な引上げについては、国民年金の保険料は2017（平成29）年4月に、厚生年金（第1号厚生年金被保険者）の保険料率は同年9月に、それぞれ完了した。これにより、消費税率の引上げ（5％→8％）による財源を充当した基礎年金国庫負担率の2分の1への引上げとあわせ、収入面では、公的年金制度の財政フレームは完成をみた。一方、給付面では、マクロ経済スライドについて、前年度よりも年金の名目額を下げないという措置は維持しつつ、未調整分を翌年度以降に繰り越して調整する見直しが2016（平成28）年の制度改正で行われた。

　2023（令和5）年度の保険料水準は、厚生年金保険料率が18.3％、国民年金保険料が16,520円となっている。一方、同年度の給付水準は、厚生年金（夫婦2人分の老齢基礎年金を含む「モデル年金額」*）が月額224,482円、国民年金〔1人分の老齢基礎年金（満額）〕が月額66,250円となっている。

＊厚生年金は、平均的な収入〔平均標準報酬（賞与含む月額換算）43.9万円〕で40年間就業した場合に受け取り始める年金〔老齢厚生年金と2人分の老齢基礎年金（満額）〕の給付水準である。

2　2019（令和元）年公的年金財政検証と今後の見通し（R5白書P257）

　年金制度では、少なくとも**5年に一度**、将来の人口や経済の前提を設定した上で、長期的な年金財政の見通しやスライド調整期間の見通しを作成し、年金財政の健全性を検証する「**財政検証**」を行っている。

　2019年財政検証では、幅の広い6ケースの経済前提を設定し、どのような経済状況の下ではどのような年金財政の姿になるのかということを幅広く示し、また、一定の制度改正を仮定したオプション試算（①被用者保険の更なる適用拡大、②保険料拠出期間の延長と受給開始時期の選択）を行うことで、持続可能性や年金水準の確保のためにどのような対応があり得るのかなどを検証した。

　この結果、経済成長と労働参加が進むケースでは、今の年金制度の下で、将来的に**所得代替率50％**の給付水準が確保できることが確認された。

　また、オプション試算の結果、被用者保険の更なる適用拡大、就労期間・加入期間の延長、受給開始時期の選択肢の拡大といった制度改正を行うことが年金の給付水準を確保する上でプラスの効果を持つことが確認された。

③ 公的年金制度の最近の動向について（R5白書P258〜262）

（1）2020年改正法

2019（令和元）年財政検証の結果や社会保障審議会年金部会での議論を踏まえ、被用者保険の適用拡大、受給開始時期の選択肢の拡大、在職老齢年金制度の見直し等を盛り込んだ「年金制度の機能強化のための国民年金法等の一部を改正する法律」（令和2年法律第40号。以下「2020年改正法」という。）が第201回通常国会において成立した〔2020（令和2）年5月29日に成立・同年6月5日に公布〕。

① 被用者保険の適用拡大

短時間労働者に対する被用者保険の適用について、2022（令和4）年10月に100人超規模の企業まで適用範囲を拡大し、また、5人以上の個人事業所の適用業種に弁護士・税理士等の士業を追加した。2024（令和6）年10月には、50人超規模※の企業まで適用範囲を拡大することとしている。

※当該規定は未施行であるため、法律の問題としては、令和6年度本試験の範囲外である。

適用拡大には、これまで国民年金・国民健康保険に加入していた人が被用者保険の適用を受けることにより、基礎年金に加えて報酬比例の厚生年金保険給付が支給されることに加え、障害厚生年金には、障害等級3級や障害手当金も用意されているといった大きなメリットがある。また、医療保険においても傷病手当金や出産手当金が支給される。

② 働き方の多様化や高齢期の長期化・就労拡大に伴う年金制度の見直し

在職中の年金受給の在り方の見直しの一環として、就労を継続したことの効果を早期に年金額に反映して実感していただけるよう、65歳以上の在職中の老齢厚生年金受給者について、年金額を毎年10月に改定する在職定時改定制度を導入した〔2022（令和4）年4月施行〕。

また、60〜64歳に支給される特別支給の老齢厚生年金を対象とした在職老齢年金制度（低在老）の支給停止の基準額を、28万円から65歳以上の在職老齢年金制度（高在老）と同じ47万円に引き上げた〔2022（令和4）年4月施行〕。

年金の受給開始時期の選択肢については、60歳から70歳の間となっていたものを、60歳から75歳の間に拡大した〔2022（令和4）年4月施行〕。

（2）2023年度の年金額改定

年金額の改定は、法律の規定により、名目手取り賃金変動率が物価変動率を上回る場合、新規裁定者（67歳以下の方）は名目手取り賃金変動率を、既裁定者（68歳以上の方）は物価変動率を用いることとされている。2023年度の年金額改定は、名目手取り賃金変動率（2.8%）が物価変動率（2.5%）を上回ったことから、新規裁定者は名目手取り賃金変動率、既裁定者は物価変動率を用いて改定する。

また、2023年度のマクロ経済スライドによる調整（▲0.3%）と、2021（令和3）年度・2022年度のマク

ロ経済スライドの未調整分による調整（▲0.3％）を合わせた▲0.6％の調整が行われる。

よって2023年度の年金額改定率は、新規裁定者は2.2％、既裁定者は1.9％となる。

（3）年金生活者支援給付金について

年金を受給しながら生活をしている高齢者や障害者などの中で、年金を含めても所得が低い方々を支援するため、月額5千円を基準とし、年金に上乗せして支給する「**年金生活者支援給付金制度**」が、2019（令和元）年10月より施行された。年金生活者支援給付金は、消費税率を10％に引き上げた財源を基に支給されている〔2023（令和5）年度の支給基準額は、月額5,140円〕。

（4）年金積立金の管理・運用

① 年金積立金の管理・運用の概要

年金積立金の運用は、「積立金が、被保険者から徴収された保険料の一部であり、かつ、将来の保険給付の貴重な財源となるものであることに特に留意し、もっぱら被保険者の利益のために、長期的な観点から安全かつ効率的に行う」ことが法律で定められている。

2019（令和元）年財政検証で設定された複数の経済前提をもとに、各ケースに対応できる長期の実質的な運用利回り（名目運用利回り－名目賃金上昇率）**1.7％**を運用目標とし、厚生労働大臣が定めた**年金積立金管理運用独立行政法人**（以下「GPIF」という。）の中期目標において、「長期的に年金積立金の実質的な運用利回り1.7％を最低限のリスクで確保すること」とされている。これを受けて、GPIFにおいて、リターン・リスク等の特性が異なる複数の資産への分散投資を基本として、長期的な観点からの資産構成割合（基本ポートフォリオ）を定め、市場に与える影響に留意しつつ、年金積立金の管理・運用を行っている。

② 年金積立金の運用状況

GPIFの2021（令和3）年度の運用状況は、外国株式の価格上昇や円安の影響等により、収益率＋5.42％（年率）、収益額＋10兆925億円（年間）、運用資産額196兆5,926億円（2021年度末時点）となり、自主運用を開始した2001（平成13）年度から2021年度までの累積では、収益率＋3.69％（年率）、収益額＋105兆4,288億円（うち利子・配当収入のインカムゲインは43兆3,523億円）となっている。また、年金積立金全体の実質的な運用利回りは、2001年度以降の21年間の平均で3.86％となり、運用目標（実質的な運用利回り＋1.7％）を上回っている。

4 国民年金の保険料納付率向上（R5白書P268）

国民年金保険料の納付対策については、これまで納付督励や免除等勧奨業務を受託する事業者との連携強化、口座振替やクレジットカード納付、コンビニでの納付の促進、スマートフォンアプリ決済サービスでの納付の導入等による保険料を納めやすい環境づくりなど、保険料の収納対策の

強化に取り組んできたところである。2021（令和3）年度における最終納付率〔2019（令和元）年度分保険料〕は、前年度から0.8ポイント増の**78.0%**となり、2010（平成22）年度分保険料から9年連続で上昇している。

近年では、納付率の更なる向上を図るため、年齢や所得、未納月数等、未納者の属性に応じて効果的に納付書、催告状等の送付を行うとともに、控除後所得300万円以上かつ未納月数7か月以上の全ての滞納者に対する督促を実施（督促状を送付し、指定期限内の納付を促しても納付がない場合には、財産差押等の手続に入る。）しているほか、悪質な滞納者に関する厚生労働省から国税庁への強制徴収委任制度の活用など、収納対策の強化を図っている。

5 企業年金・個人年金制度の最近の動向（R5白書P263）

（1）企業年金・個人年金制度の役割

企業年金・個人年金制度は、国民の**高齢期における所得の確保に係る自主的な努力を支援**し、もって公的年金の給付と相まって国民生活の安定と福祉の向上に寄与することを目的とした制度であり、公的年金に上乗せして加入するものである。多様化する国民の老後生活に対するニーズに対応しつつ、長期化する高齢期の経済基盤の充実を図るためには、老後生活の基本を支える公的年金に加え、企業年金・個人年金の充実が重要である。

これらを踏まえ、企業年金・個人年金の更なる普及を図るため、より利用しやすい確定拠出年金（DC）制度や確定給付企業年金（DB）制度の整備に向けた取組みを進めている。

（2）直近の法令改正

社会保障審議会企業年金・個人年金部会において2019（令和元）年12月25日に取りまとめられた議論の整理を踏まえ、2020年改正法においては、DCの加入可能年齢の引上げや受給開始時期の選択肢の拡大、DCにおける中小企業向け制度の対象範囲の拡大、企業型DC加入者の個人型DC（iDeCo）加入の要件緩和等を盛り込んだ。

6 社会保障協定（R4白書P295）

海外在留邦人等が日本と外国の年金制度等に加入し保険料を二重に負担することを防ぎ、また、両国での年金制度の加入期間を通算できるようにすることを目的として、外国との間で**社会保障協定**の締結を進めている。2000（平成12）年2月に**ドイツ**との間で協定が発効して以来、2022（令和4）年6月のスウェーデンとの間の協定に至るまで、22か国との間で協定が発効している※。

※その後、2024（令和6）年4月にイタリアとの間で協定が発効し、23か国との間で協定が発効している。

2 医療保険制度

1 医療保険制度改革の推進（R5白書P308〜310）

　我が国は、**国民皆保険制度**の下で世界最高レベルの平均寿命と保健医療水準を実現してきた。一方で、今後を展望すると、いわゆる団塊の世代が2025（令和7）年までに全て75歳以上となりまた、生産年齢人口の減少が加速するなど、本格的な「**少子高齢化・人口減少時代**」を迎える中で、人口動態の変化や経済社会の変容を見据えつつ、全ての世代が公平に支え合い、持続可能な社会保障制度を構築することが重要である。

　こうした状況を踏まえ、給付と負担のバランスを確保しつつ、現役世代の負担上昇の抑制を図り、増加する医療費を全ての世代が能力に応じて公平に支え合う観点から、「全世代対応型の持続可能な社会保障制度を構築するための健康保険法等の一部を改正する法律案」を、2023（令和5）年の通常国会に提出し、同年5月に法案が成立した。今回の医療保険制度改革の主な内容は下記**(1)**から**(3)**までである。

（1）こども・子育て支援の拡充

①　出産育児一時金に係る後期高齢者医療制度からの支援金の導入

　出産に要する経済的負担の軽減を目的とする出産育児一時金については、出産費用が年々上昇する中で、平均的な標準費用が全て賄えるよう、2023（令和5）年4月より、42万円から**50万円**に大幅に増額した。この出産育児一時金に要する費用は、原則として現役世代の被保険者が自ら支払う保険料で負担することとされているが、後期高齢者医療制度の創設前は、高齢者世代も、出産育児一時金を含め、こどもの医療費について負担していた。また、生産年齢人口が急激に減少していく中で、少子化をめぐって、これまで様々な対策を講じてきたが、未だに少子化の流れを変えるには至っていない状況にある。このため、今般、子育てを社会全体で支援する観点から、**後期高齢者医療制度が出産育児一時金に要する費用の一部を支援**する仕組みを2024（令和6）年度から導入することとしている。

②　国民健康保険における産前産後期間の保険料免除

　子育て世帯の負担軽減、次世代育成支援等の観点から、2024年1月から、出産する被保険者に係る**産前産後期間相当分**（4か月間）の均等割保険料及び所得割保険料を公費により**免除**する措置を新たに講じることとしている。

（2）高齢者医療を全世代で公平に支え合うための高齢者医療制度の見直し

①　後期高齢者医療制度における後期高齢者負担率の見直し

　高齢者人口は2040（令和22）年をピークに増え続け、特に、2025（令和7）年までに団塊の世代が全て後期高齢者となる。後期高齢者の保険料が、後期高齢者医療制度の創設以来1.2倍の伸び

に止まっているのに対し、現役世代の負担する支援金が1.7倍になっている状況を踏まえ、現役世代の負担上昇の抑制を図りつつ、負担能力に応じて、全ての世代で、増加する医療費を公平に支え合う仕組みが必要である。

このため、後期高齢者1人当たり保険料と現役世代1人当たり後期高齢者支援金の伸び率が同じになるよう後期高齢者医療における高齢者の保険料負担割合を見直すこととした。

後期高齢者の保険料は、所得にかかわらず低所得の方も負担する定額部分(均等割)と所得に応じて負担する定率部分(所得割)により賦課する仕組みであり、制度改正による、2024(令和6)年度からの新たな負担に関しては、

・均等割と所得割の比率を見直すことで、約6割の方(年金収入153万円相当以下の方)については、制度改正に伴う負担の増加が生じないようにするとともに、

・さらに約12%の方(年金収入211万円相当以下の方)についても、2024年度は制度改正に伴う負担の増加が生じないようにする

こととしている。

② 被用者保険における負担能力に応じた格差是正の強化

前期高齢者の医療給付費負担については、前期高齢者の偏在による負担の不均衡を是正するため、前期高齢者の加入者数に応じて、保険者間で費用負担の調整(前期財政調整)を行っている。

今般、世代間のみならず世代内でも負担能力に応じた仕組みを強化する観点から、被用者保険者間では、現行の「加入者数に応じた調整」に加え、部分的(範囲は1/3)に「報酬水準に応じた調整」を2024年度から導入することとした。

こうした見直しや、高齢者負担率の見直しとあわせて、現役世代の負担をできる限り抑制し、企業の賃上げ努力を促進する形で、健保組合等を対象として実施されている既存の支援を見直すとともに、更なる支援を行うこととしている。

(3)医療保険制度の基盤強化等

都道府県医療費適正化計画の実効性確保のための見直しや、国保運営方針の運営期間の法定化及び必須記載事項の見直し、退職者医療制度の廃止等を行うこととしている。

3 介護保険制度

1 介護保険制度の現状と目指す姿(R5白書P313)

2000(平成12)年4月に社会全体で高齢者介護を支える仕組みとして創設された介護保険制度は2023(令和5)年で24年目を迎えた。

介護保険制度は着実に社会に定着してきており、介護サービスの利用者は2000年4月の149万人

から2022（令和4）年4月には517万人と**約3.5倍**になっている。あわせて介護費用も増大しており、2000年度の約3.6兆円から、2021（令和3）年度には11.3兆円となり、高齢化が更に進行する2040（令和22）年には約25.8兆円になると推計されている。また介護費用の増大に伴い、制度創設時に全国平均3,000円程度であった介護保険料は、現在、全国平均6,014円になっており、2040年には約9,200円になると見込まれている。

「団塊の世代」の全員が75歳以上となる2025（令和7）年には、高齢化は更に進行し、およそ5.6人に1人が75歳以上高齢者となり、認知症の高齢者の割合や、世帯主が高齢者の単独世帯・夫婦のみの世帯の割合が増加していくと推計されている。このような社会構造の変化や高齢者のニーズに応えるために、2025年を目途に「**地域包括ケアシステム***」の構築を目指している。

*「地域包括ケアシステム」とは、高齢者が、可能な限り、住み慣れた地域でその有する能力に応じ自立した日常生活を営むことができるよう、医療、介護、介護予防、住まい及び自立した日常生活の支援が包括的に確保される体制のことをいい、地域の特性に応じて作り上げていくことが必要となる。

さらに、いわゆる団塊ジュニア世代の全員が65歳以上となる2040年頃を見通すと、85歳以上人口が急増し、認知機能が低下した高齢者や要介護高齢者がさらに増加する一方、生産年齢人口が急減することが見込まれている。また、都市部と地方では高齢化の進み方が大きく異なるなど、地域包括ケアシステムの構築に当たっては、これまで以上にそれぞれの地域の特性や実情に応じた対応が必要となる。

こうした社会構造の変化にも対応していくため、2024（令和6）年から開始する第9期介護保険事業計画期間に向けて、社会保障審議会介護保険部会において議論が行われ、2022年12月に、地域包括ケアシステムの深化・推進、介護現場の生産性向上の推進、制度の持続可能性の確保を内容とした「介護保険制度の見直しに関する意見」が取りまとめられた。

また、この取りまとめを踏まえ、第211回通常国会に「全世代対応型の持続可能な社会保障制度を構築するための健康保険法等の一部を改正する法律案」を提出し、2023年5月に成立した。今後は円滑な施行に努めていく。

2 認知症施策の推進（R5白書P316）

我が国では、2025（令和7）年には高齢者の**5人に1人**、**700万人**が**認知症**になると見込まれており、認知症は、今や誰もが関わる可能性のある身近なものとなっている。

こうした状況を踏まえ、政府全体で認知症施策を強力に推進するため、2018（平成30）年12月、認知症施策推進関係閣僚会議が設置され、認知症の人や家族などの関係者からの意見聴取等を行い、2019（令和元）年6月18日、認知症施策推進大綱がとりまとめられた。

この大綱では、認知症の発症を遅らせ、認知症になっても希望を持って日常生活を過ごせる社会を目指し、認知症の人や家族の視点を重視しながら、「共生」と「予防」を車の両輪とした施策を推進していくことを基本的な考え方としている。なお、大綱上の「予防」とは、「認知症にならない」という意味ではなく、「認知症になるのを遅らせる」、「認知症になっても進行を緩やかにする」という意味

である。

こうした考え方のもと、①普及啓発・本人発信支援、②予防、③医療・ケア・介護サービス・介護者への支援、④認知症バリアフリーの推進・若年性認知症の人への支援・社会参加支援、⑤研究開発・産業促進・国際展開、の5つの柱に沿って施策を推進している。

4 生活保護制度

1 生活保護制度の概要（R5白書P245）

生活保護制度は、その利用し得る資産や能力その他あらゆるものを活用してもなお生活に困窮する方に対して、その困窮の程度に応じた必要な保護を行うことにより、**健康で文化的な最低限度の生活を保障**するとともに、その**自立を助長**する制度であり、社会保障の最後のセーフティネットと言われている。

保護の種類には、生活扶助、住宅扶助、医療扶助等の8種類があり、それぞれ日常生活を送る上で必要となる食費や住居費、病気の治療費などについて、必要な限度で支給されている。

2 生活保護の現状（R5白書P245）

被保護者数は1995（平成7）年を底に増加し、2015（平成27）年3月に過去最高を記録したが、以降減少に転じ、2023（令和5）年2月には約202.2万人となり、ピーク時から約15万人減少している。

世帯類型別の被保護世帯数の動向を見ると、「その他の世帯」（「高齢者世帯」、「母子世帯」及び「障害者・傷病者世帯」のいずれにも該当しない世帯）は、2020（令和2）年6月以降対前年同月伸び率で増加している一方で、「母子世帯」は、2012（平成24）年12月以降減少傾向が続いている。

また、生活保護の申請件数については、新型コロナウイルス感染症緊急事態宣言が発令された2020年4月に前年同月伸び率で25％増加した後、減少と増加を繰り返しており、直近では、2022年（令和4年）5月から11月までは増加、12月は減少、2023年1月からは増加している。2020年5月以降、申請件数が急増していない理由としては、新型コロナウイルス感染症対策における生活困窮者に対する各種支援措置が集中的に講じられた影響もあると考えられるが、今後の動向を注視する必要がある。

次は、演習問題に
チャレンジしましょう！

これだけは！一般常識演習問題

TAC社会保険労務士講座　教材開発講師
如月 時子

1 労働統計

問題1　失業等　選択　Bランク

雇用失業の現状を把握する重要な調査として、 A 統計局において、標本調査により、全国の世帯とその構成員を対象に、毎月 B 調査が実施され、この調査に基づき労働力人口比率（労働力率）、 C 数、 D などが発表されている。これらのうち、 C 数は、労働力人口と E 数との差であり、 D は、労働力人口に占める C 数の割合と定義され、百分比で表示されている。

選択肢

① 人口	② 総務省	③ 厚生労働省
④ 財務省	⑤ 求人倍率	⑥ 文部科学省
⑦ 労働力	⑧ 雇用動向	⑨ 家内労働者
⑩ 就業者	⑪ 常用労働者	⑫ 就労条件総合
⑬ 就業率	⑭ 完全失業者	⑮ 毎月勤労統計
⑯ 雇用者	⑰ 完全失業率	⑱ 非労働力人口
⑲ 入職率	⑳ 15歳以上人口	

解答1

A：② 総務省
B：⑦ 労働力
C：⑭ 完全失業者
D：⑰ 完全失業率
E：⑩ 就業者

📖 **参考**　一般に、完全失業率は、景気に後れて変動するといわれている。

問題2　労働力率等　選択　Bランク

1. 15歳以上人口に対する労働力人口（就業者＋完全失業者）の割合を A という。 A を年齢別にみると男性は20歳台で上昇し、その後横ばいになり、60歳以上になると低くなる B 型となっているが、女性は20歳台で大きく上昇したのち、30歳台から低下し、40歳台になると再び上昇し、50歳台以上になると再び低下する C 型となっている。

2. 付加価値に占める労働費用の割合を D という。指標として国民経済レベルと企業レベルの D があるが、前者は E に占める雇用者報酬の割合で示されるのに対し、後者は企業における付加価値に占める人件費の割合で示される。

選択肢

① V字	② 三角形	③ 労務費率
④ 台形	⑤ 稼働率	⑥ 完全失業率
⑦ 菱形	⑧ 充足率	⑨ 労働分配率
⑩ Y字	⑪ 国民所得	⑫ 可処分所得
⑬ M字	⑭ 労働集約	⑮ 雇用者所得
⑯ U字	⑰ 企業所得	⑱ 労働能力指数
⑲ 長方形	⑳ 労働力（人口比）率	

解答2

A：⑳ 労働力（人口比）率
B：④ 台形
C：⑬ M字
D：⑨ 労働分配率
E：⑪ 国民所得

💡 **Point**　令和4年の女性の労働力率を年齢階級別にみると、「25〜29歳」（87.7%）と「45〜49歳」（81.9%）を左右のピークとし、「35〜39歳」（78.9%）を底とするM字型カーブを描いている。M字型の底の値は前年に比べ1.2ポイント上昇し、グラフ全体の形はM字型から台形に近づきつつある。

（「令和4年版働く女性の実情（厚生労働省）」）

📖 **参考**　一般に、労働分配率は不況期には高く、好況期には低くなる傾向があり、また、労働集約型産業では高く、資本集約型産業では低い傾向にあるといわれている。

問題3 労働統計用語等 選択 Bランク

労働統計に関する用語等には、次のようなものがある。

A	職業、地域、年齢などについて労働需要と供給の質的不適合があることをいう。
B	労働投入量に対する産出量（高）の比率をいい、例えば、労働時間1時間当たり幾何トンあるいは何円、1人1箇月当たり幾何トンあるいは何円などと示される。
Cデータ	同一の標本について、複数の項目を継続的に調べたデータをいい、項目間の関係を時系列に沿って分析することができる。
D調査	雇用、給与及び労働時間の変動を明らかにすることを目的に、統計法に基づき基幹統計調査として、常用労働者5人以上（特別調査は常用労働者1〜4人）の事業所を対象に実施される調査をいう。
E調査	主要産業における企業の労働時間制度及び賃金制度等について総合的に調査し、我が国の民間企業における就労条件の現状を明らかにすることを目的に、統計法に基づき一般統計調査として実施される調査をいう。

― 選択肢 ―
① パネル　　② 労務費率　　③ ミスマッチ
④ 充足数　　⑤ メリット　　⑥ 労働生産性
⑦ 雇用動向　⑧ サンプル　　⑨ ベースダウン
⑩ 労働分配　⑪ コーホート　⑫ 毎月勤労統計
⑬ 企業物価指数　　⑭ クロスセクション
⑮ 雇用均等基本　　⑯ 就業構造基本統計
⑰ 国民生活基礎　　⑱ 賃金構造基本統計
⑲ 就労条件総合　　⑳ ジョブホッピング

これだけは！一般常識演習問題

解答3

A：③ ミスマッチ
B：⑥ 労働生産性
C：① パネル
D：⑫ 毎月勤労統計
E：⑲ 就労条件総合

Point 統計調査は、行政機関等が統計の作成を目的として、個人や法人などに対し事実の報告を求める調査である。国の行政機関が行う統計調査は、公的統計の中核となる「基幹統計」を作成するために行われる「基幹統計調査」と、それ以外の「一般統計調査」とに分けられる。

社労士試験に関連する主な統計調査を、基幹統計と一般統計に分けると以下の通りである。

	調査名
基幹統計調査	・労働力調査（総務省） ・就業構造基本調査（総務省） ・毎月勤労統計調査（厚生労働省） ・賃金構造基本統計調査（厚生労働省）　など
一般統計調査	・就労条件総合調査（厚生労働省） ・雇用均等基本調査（厚生労働省） ・賃金引上げ等の実態に関する調査（厚生労働省） ・能力開発基本調査（厚生労働省） ・労使関係総合調査（厚生労働省）　など

参考

・ミスマッチの拡大の構造的要因としては、経済社会のグローバル化や知識集約型社会への移行による産業・職業別就業構造の変化、高齢化、勤労者の意識変化などがある。
・通常の調査では、調査時点ごとに標本が異なることがあるが、パネルデータは標本を入れ替えることなく、同一の標本を継続的に調査したデータを使用する。

この特集の見方

ランク表示
　問題にはA〜Cの3段階でランク表示をしています。Aランクのものから優先的に確認するようにしてください。
- Aランク：絶対に押さえておきたい超重要問題
- Bランク：Aランクよりも出題頻度は低いが、法改正等で重要度が上がっている問題
- Cランク：試験範囲であるが出題が稀。とれなくても点差があまりつかない、いわゆる難問

解説の要素
- Point：本試験で問われる重要事項をコンパクトにまとめています。
- 要点：基本的事項や横断的事項など、知識整理に役立つ内容をまとめています。
- 参考：補足知識として知っておきたい内容をまとめています。細かい内容も含んでいますので、余裕のある人は目を通しておきましょう。
- プラスα：問題文の内容に関連する事項で、知っておきたい内容をまとめています。

問題4　労働力調査　択一　Aランク

次の記述のうち、正しいものはどれか。

A　「労働力調査（基本集計）2023年（令和5年）平均結果（総務省）」（以下本問において「同調査」という。）によれば、労働力人口（15歳以上人口のうち、就業者と完全失業者を合わせた人口）は、2023年平均で6915万人と、前年に比べ23万人減少し、2年ぶりの減少となった。

B　同調査によれば、就業者数は、2023年平均で6747万人と、前年に比べ24万人の増加（3年連続の増加）となった。これを男女別にみると、男女ともそれぞれ3万人、19万人の増加となった。

C　同調査によれば、正規の職員・従業員数は、2023年平均で3615万人と、前年に比べ18万人の減少（9年連続の減少）となった。一方、非正規の職員・従業員数は、2124万人と23万人の増加（2年連続の増加）となった。

D　同調査によれば、2023年平均の完全失業率は2.6％と、前年と同率となり、完全失業者数は178万人と、前年に比べ1万人の減少（2年連続の減少）となった。

E　同調査によれば、非労働力人口は、前年に比べ44万人増加し、3年連続の増加となった。

参考　労働力調査（詳細集計）

非正規の職員・従業員についた主な理由をみると、2023年平均で「自分の都合のよい時間に働きたいから」が34.7％と最も多く、次いで「家計の補助・学費等を得たいから」が18.3％などとなっている。また、これを男女別にみると、男女とも「自分の都合のよい時間に働きたいから」が最も多く、次いで、男性は「正規の職員・従業員の仕事がないから」など、女性は「家計の補助・学費等を得たいから」などとなっている。

解答4

A ×　「労働力調査（基本集計）2023年（令和5年）平均結果（総務省）」。2023年平均の労働力人口は6925万人と、前年に比べ23万人「増加」し、2年ぶりの「増加」となった。

プラスα　労働力人口比率（15歳以上人口に占める労働力人口の割合）は、2023年平均で62.9％と、前年に比べ0.4ポイントの上昇（3年連続の上昇）となった。男女別にみると、男性は71.4％と前年と同率、女性は54.8％と0.6ポイントの上昇となった。

B ×　「労働力調査（基本集計）2023年（令和5年）平均結果（総務省）」。就業者数については設問の通りであるが、これを男女別にみると、男性は3万人の「減少」、女性は「27万人」の増加となった。

プラスα　2023年平均の就業者のうち、前年に比べ最も増加した産業は「宿泊業, 飲食サービス業」（17万人の増加）である。

C ×　「労働力調査（基本集計）2023年（令和5年）平均結果（総務省）」。非正規の職員・従業員数については設問の通りであるが、正規の職員・従業員数は、18万人の「増加」（9年連続の「増加」）となった。

D ○　「労働力調査（基本集計）2023年（令和5年）平均結果（総務省）」。設問の通り正しい。

プラスα　完全失業者を求職理由別にみると、「勤め先や事業の都合による離職」は25万人と4万人の減少、「自発的な離職（自己都合）」は75万人と3万人の増加、「新たに求職」は47万人と前年と同数となった。

E ×　「労働力調査（基本集計）2023年（令和5年）平均結果（総務省）」。2023年平均の非労働力人口は4084万人と、前年に比べ44万人の「減少」（3年連続の「減少」）となった。なお、非労働力人口のうち65歳以上は7万人の減少となった。

正解　D

Point　労働力調査（総務省）における就業状態の区分

15歳以上人口
- 労働力人口
  - 就業者
    - 従業者
    - 休業者
  - 完全失業者
- 非労働力人口

これだけは！一般常識演習問題

問題5 就労条件総合調査（1） 択一 Aランク

次の記述のうち、正しいものはどれか。

A 「令和5年就労条件総合調査（厚生労働省）」（以下本問において「同調査」という。）によれば、週所定労働時間は、1企業平均39時間20分となっており、これを産業別にみると、「電気・ガス・熱供給・水道業」が最も短く、「宿泊業，飲食サービス業」が最も長くなっている。

B 同調査によれば、「完全週休2日制」を採用している企業割合は、50％を超えている。

C 同調査によれば、令和4年（又は令和3会計年度）の年間休日総数の1企業平均は110.7日となっており、これを企業規模別にみると、企業規模が小さいほど高くなっている。

D 同調査により、令和4年（又は令和3会計年度）の年次有給休暇の取得率は60％を超えており、これを産業別にみると、「電気・ガス・熱供給・水道業」が最も高く、「宿泊業，飲食サービス業」が最も低くなっている。

E 同調査によれば、夏季休暇、病気休暇等の特別休暇制度がある企業割合は55.0％となっており、これを特別休暇制度の種類（複数回答）別にみると、「病気休暇」が最も多く、次いで「夏季休暇」、「リフレッシュ休暇」、「ボランティア休暇」などとなっている。

解答5

A × 「令和5年就労条件総合調査（厚生労働省）」。週所定労働時間を産業別にみると、「金融業，保険業」が38時間02分で最も短く、「宿泊業，飲食サービス業」及び「生活関連サービス業，娯楽業」が39時間35分で最も長くなっている。

⬆**プラスα** なお、労働者1人平均の週所定労働時間は39時間04分となっている。また、1日の所定労働時間は、1企業平均7時間48分、労働者1人平均7時間47分となっている。

B ○ 「令和5年就労条件総合調査（厚生労働省）」。設問の通り正しい。「完全週休2日制」を採用している企業割合は「53.3％」となっている。

⬆**プラスα** 「完全週休2日制」が適用されている労働者割合は61.2％となっている。また、「何らかの週休2日制」を採用している企業割合は85.4％、「何らかの週休2日制」が適用されている労働者割合は86.2％となっている。

C × 「令和5年就労条件総合調査（厚生労働省）」。年間休日総数は、企業規模が「大きい」ほど高くなっている。

D × 「令和5年就労条件総合調査（厚生労働省）」。取得率を産業別にみると、「複合サービス事業」が74.8％と最も高く、「宿泊業，飲食サービス業」が49.1％と最も低くなっている。

⬆**プラスα** 令和4年（又は令和3会計年度）1年間に企業が付与した年次有給休暇日数（繰越日数を除く。）労働者1人平均は17.6日、このうち労働者が取得した日数は10.9日、取得率は62.1％となっており、昭和59年以降過去最高となっている。

E × 「令和5年就労条件総合調査（厚生労働省）」。企業割合を特別休暇制度の種類（複数回答）別にみると、「夏季休暇」が37.8％と最も多く、次いで「病気休暇」21.9％、「リフレッシュ休暇」12.9％、「ボランティア休暇」4.4％、「教育訓練休暇」3.4％、「左記以外の1週間以上の長期の休暇」14.2％となっている。

正解 B

問題6　就労条件総合調査（２）　択一　Aランク

次の記述のうち、誤っているものはどれか。

A 「令和5年就労条件総合調査（厚生労働省）」（以下本問において「同調査」という。）によれば、変形労働時間制を採用している企業割合は59.3％となっており、これを変形労働時間制の種類（複数回答）別にみると、「1年単位の変形労働時間制」が31.5％、「1か月単位の変形労働時間制」が24.0％、「フレックスタイム制」が6.8％となっている。

B 同調査によれば、みなし労働時間制を採用している企業割合は14.3％となっており、これを企業規模別にみると、企業規模が大きいほど高くなっている。

C 同調査によれば、勤務間インターバル制度の導入状況別の企業割合をみると、「導入している」企業割合は50％を超えている。

D 同調査によれば、時間外労働の割増賃金率を「一律に定めている」企業割合は86.4％となっており、このうち時間外労働の割増賃金率を「25％」とする企業割合は9割を超えているが、「26％以上」とする企業割合は1割に満たない。

E 同調査によれば、時間外労働の割増賃金率を定めている企業のうち、1か月60時間を超える時間外労働に係る割増賃金率を定めている企業割合を中小企業該当区分別にみると、「中小企業」が29.6％、「中小企業以外」が56.6％となっている。

解答6

A ○ 「令和5年就労条件総合調査（厚生労働省）」。設問の通り正しい。

B ○ 「令和5年就労条件総合調査（厚生労働省）」。設問の通り正しい。

プラスα みなし労働時間制を採用している企業割合をみなし労働時間制の種類（複数回答）別にみると、「事業場外みなし労働時間制」が12.4％、「専門業務型裁量労働制」が2.1％、「企画業務型裁量労働制」が0.4％となっている。

C × 「令和5年就労条件総合調査（厚生労働省）」。「導入している」企業割合は「6.0％」となっている。なお、「導入を予定又は検討している」企業割合は11.8％、「導入予定はなく、検討もしていない」企業割合は81.5％となっている。

プラスα 勤務間インターバル制度の導入予定はなく、検討もしていない企業について、導入予定はなく、検討もしていない理由（複数回答）別の企業割合をみると、「超過勤務の機会が少なく、当該制度を導入する必要性を感じないため」が51.9％と最も高くなっている。また、「当該制度を知らなかったため」の全企業に対する企業割合は19.2％となっている。

D ○ 「令和5年就労条件総合調査（厚生労働省）」。設問の通り正しい。時間外労働の割増賃金率を「25％」とする企業割合は94.3％、「26％以上」とする企業割合は4.6％となっている。

プラスα 時間外労働の割増賃金率を「26％以上」とする企業割合を企業規模別にみると、規模が大きいほど割合が高い。

E ○ 「令和5年就労条件総合調査（厚生労働省）」。設問の通り正しい。

プラスα 1か月60時間を超える時間外労働に係る割増賃金率を定めている企業割合は33.4％となっており、このうち時間外労働の割増賃金率を「25～49％」とする企業割合は33.3％、「50％以上」とする企業割合は64.5％となっている。

正解　C

一般常識演習問題

問題7 就労条件総合調査(3) 択一 Bランク

次の記述のうち、誤っているものはどれか。

A 「令和5年就労条件総合調査(厚生労働省)」(以下本問において「同調査」という。)によれば、退職給付(一時金・年金)制度がある企業割合は74.9％となっており、これを企業規模別にみると、規模が大きいほど高くなっている。

B 同調査によれば、退職給付制度がある企業について、制度の形態別の企業割合をみると、「退職一時金制度のみ」が69.0％、「退職年金制度のみ」が9.6％、「両制度併用」が21.4％となっている。

C 同調査によれば、退職一時金制度がある企業について、支払準備形態(複数回答)別の企業割合をみると、「社内準備」が56.5％、「中小企業退職金共済制度」が42.0％、「特定退職金共済制度」が9.9％となっている。

D 同調査によれば、退職年金制度がある企業について、支払準備形態(複数回答)別の企業割合をみると、「厚生年金基金(上乗せ給付)」が50.3％、「確定給付企業年金(CBPを含む)」が44.3％、「確定拠出年金(企業型)」が19.3％となっている。

E 同調査によれば、退職給付(一時金・年金)制度がある勤続20年以上かつ45歳以上の退職者がいた企業について、退職事由別の退職者割合をみると、「定年」が56.5％、「定年以外」では「会社都合」が6.1％、「自己都合」が31.7％、「早期優遇」が5.7％となっている。

解答7

A ○ 「令和5年就労条件総合調査(厚生労働省)」。設問の通り正しい。「1,000人以上」が90.1％、「300～999人」が88.8％、「100～299人」が84.7％、「30～99人」が70.1％となっている。

プラスα 退職給付(一時金・年金)制度がある企業割合を産業別にみると、「複合サービス事業」が97.9％と最も高く、次いで「鉱業, 採石業, 砂利採取業」が97.6％、「電気・ガス・熱供給・水道業」が96.4％となっている。

B ○ 「令和5年就労条件総合調査(厚生労働省)」。設問の通り正しい。

C ○ 「令和5年就労条件総合調査(厚生労働省)」。設問の通り正しい。

プラスα 退職一時金制度について、過去3年間に見直しを行った企業割合は7.9％となっている。過去3年間に見直しを行った企業について、退職一時金制度の見直し内容(複数回答)別の企業割合をみると、「新たに導入又は既存のものの他に設置」が30.0％と最も高くなっている。

D × 「令和5年就労条件総合調査(厚生労働省)」。退職年金制度がある企業について、支払準備形態(複数回答)別の企業割合をみると、「厚生年金基金(上乗せ給付)」が19.3％、「確定給付企業年金(CBPを含む)」が44.3％、「確定拠出年金(企業型)」が50.3％となっている。

プラスα 退職年金制度について、過去3年間に見直しを行った企業割合は4.0％となっている。過去3年間に見直しを行った企業について、退職年金制度の見直し内容(複数回答)別の企業割合をみると、「新たに導入又は既存のものの他に設置」が37.6％と最も高くなっている。

E ○ 「令和5年就労条件総合調査(厚生労働省)」。設問の通り正しい。

正解 D

問題8 毎月勤労統計調査・賃金引上げ等の実態に関する調査 択一 Bランク

次の記述のうち、正しいものはどれか。

A 「毎月勤労統計調査 令和5年分結果確報(厚生労働省)」(事業所規模5人以上。以下本問において「同調査」という。)によれば、1人平均現金給与総額は329,778円となり、前年に比べ1.2%減少となった。

B 同調査によれば、決まって支給する給与のうち、一般労働者の所定内給与、パートタイム労働者の時間当たり給与ともに、前年に比べ減少した。

C 同調査によれば、令和5年の1人平均月間総実労働時間のうち、所定内労働時間は前年に比べ減少したが、所定外労働時間は前年に比べ増加した。

D 「令和5年賃金引上げ等の実態に関する調査(厚生労働省)」により、令和5年中における賃金の改定の実施状況(9～12月予定を含む。)をみると、「1人平均賃金を引き上げた・引き上げる」企業割合は約7割となっている。

E 「令和5年賃金引上げ等の実態に関する調査(厚生労働省)」によれば、令和5年中に賃金の改定を実施した又は予定していて額も決定している企業について、賃金の改定の決定に当たり最も重視した要素をみると、「企業の業績」が最も多い。

参考 定期昇給制度、ベースアップ等の実施状況

令和5年中に賃金の改定を実施した又は予定している企業及び賃金の改定を実施しない企業について、定期昇給(以下「定昇」という。)制度の有無をみると、管理職では「定昇制度あり」の企業割合は77.7%となっており、「定昇制度あり」の定昇の実施状況をみると、「行った・行う」は71.8%となっている。

一般職では「定昇制度あり」の企業割合は83.4%となっており、「定昇制度あり」の定昇の実施状況をみると、「行った・行う」は79.5%となっている。
(「令和5年賃金引上げ等の実態に関する調査(厚生労働省)」)

解答8

A × 「毎月勤労統計調査 令和5年分結果確報(厚生労働省)」。1人平均現金給与総額は329,778円となり、前年に比べ1.2%「増加」となった。

プラスα 就業形態別にみると一般労働者が436,806円(1.8%増)、パートタイム労働者が104,567円(2.4%増)となっている。

B × 「毎月勤労統計調査 令和5年分結果確報(厚生労働省)」。一般労働者の所定内給与は323,807円(1.6%増)、パートタイム労働者の時間当たり給与は1,279円(3.0%増)と、ともに前年に比べ「増加」した。

C × 「毎月勤労統計調査 令和5年分結果確報(厚生労働省)」。所定内労働時間は0.2%「増加」し、所定外労働時間は0.9%「減少」した。

D × 「令和5年賃金引上げ等の実態に関する調査(厚生労働省)」「1人平均賃金を引き上げた・引き上げる」企業割合は89.1%(約9割)となっている。なお、「1人平均賃金を引き下げた・引き下げる」は0.2%、「賃金の改定を実施しない」は5.4%となっている。

プラスα 「1人平均賃金の改定額」、「1人平均賃金の改定率」ともに、平成23年調査以降増加傾向で推移し、令和2年、3年調査では低下したが、令和4年、5年調査では上昇した。

E ○ 「令和5年賃金引上げ等の実態に関する調査(厚生労働省)」。設問の通り正しい。賃金の改定の決定に当たり最も重視した要素をみると、「企業の業績」が36.0%と最も多く、次いで「労働力の確保・定着」が16.1%、「雇用の維持」が11.6%となっている。

プラスα 企業規模別にみると、すべての規模で「企業の業績」が最も多くなっている。

正解 E

Point 「毎月勤労統計調査 令和5年分結果確報(厚生労働省)」によれば、月間現金給与総額(就業形態計)の内訳は、下表のようになっている。

現金給与総額(329,778円　前年比1.2%増)		
きまって支給する給与 (270,229円　同1.1%増)		特別に 支払われた給与 (59,549円 同1.9%増)
所定内給与 (251,257円 同1.2%増)	所定外給与 (18,972円 同0.2%増)	

問題9 賃金構造基本統計調査 択一 Bランク

次の記述のうち、誤っているものはどれか。

A 「令和5年賃金構造基本統計調査(厚生労働省)」(以下本問において「同調査」という。)によれば、賃金は、男女計318.3千円、男性350.9千円、女性262.6千円となっており、男女間賃金格差(男＝100)は、74.8となっている。

B 同調査により、男女別に賃金カーブをみると、男性では、年齢階級が高いほど賃金も高く、55〜59歳で賃金がピークとなり、その後下降している。女性では、50〜54歳がピークとなっているが、男性に比べ賃金の上昇が緩やかとなっている。

C 同調査により、産業別に賃金をみると、男女計では、「電気・ガス・熱供給・水道業」が最も高く、次いで「学術研究, 専門・技術サービス業」となっており、「宿泊業, 飲食サービス業」が最も低くなっている。

D 同調査により、雇用形態間賃金格差(正社員・正職員＝100)を男女計でみると賃金格差が最も大きいのは、企業規模別では大企業で、産業別では「卸売業,小売業」となっている。

E 同調査により、短時間労働者の1時間当たり賃金を男女別、年齢階級別にみると、1時間当たり賃金が最も高い年齢階級は、男性では50〜54歳で2,506円、女性では、35〜39歳で1,488円となっている。

参考 外国人労働者の賃金

・一般労働者のうち外国人労働者の賃金を在留資格区分別にみると、以下の通りである。

専門的・技術的分野(特定技能を除く)	29万6,700円
特定技能	19万8,000円
身分に基づくもの	26万4,800円
技能実習	18万1,700円
その他(特定活動及び留学以外の資格外活動)	23万1,300円

(「令和5年賃金構造基本統計調査(厚生労働省)」)

解答9

A ○ 「令和5年賃金構造基本統計調査(厚生労働省)」。設問の通り正しい。

プラスα 賃金は前年と比べると、男女計、男性及び女性のいずれも増加している。

B ○ 「令和5年賃金構造基本統計調査(厚生労働省)」。設問の通り正しい。

C ○ 「令和5年賃金構造基本統計調査(厚生労働省)」。設問の通り正しい。

D ○ 「令和5年賃金構造基本統計調査(厚生労働省)」。設問の通り正しい。

プラスα 雇用形態間賃金格差(正社員・正職員＝100)は、男女計67.4、男性70.1、女性72.2となっている。

E × 「令和5年賃金構造基本統計調査(厚生労働省)」。1時間当たり賃金が最も高い年齢階級は、男性では「40〜44歳」で2,506円、女性では、「30〜34歳」で1,488円となっている。

プラスα 短時間労働者の1時間当たり賃金は、男女計1,412円、男性1,657円、女性1,312円となっている。

正解 E

参考 学歴別にみた賃金

	男女計	男性	女性
大学院	47万6,700円	49万1,100円	40万7,800円
大学	36万9,400円	39万9,900円	29万9,200円
高専・短大	29万7,400円	35万4,900円	27万3,500円
専門学校	30万0,200円	32万5,600円	27万1,800円
高校	28万1,900円	30万6,100円	23万0,500円

(「令和5年賃金構造基本統計調査(厚生労働省)」)

問題10　雇用均等基本調査　択一　Bランク

次の記述のうち、正しいものはどれか。

A　「令和4年度雇用均等基本調査（厚生労働省）」（以下本問において「同調査」という。）によれば、女性の正社員・正職員に占める各職種の割合は、一般職が最も高く、次いで総合職、限定総合職の順となっている。一方、男性の正社員・正職員に占める各職種の割合は、総合職が最も高く、次いで一般職、限定総合職の順となっている。

B　同調査によれば、令和4年春卒業の新規学卒者を採用した企業割合は21.1％であり、採用した企業について採用区分ごとにみると、一般職については「男女とも採用」した企業の割合が最も高く、次いで「男性のみ採用」、「女性のみ採用」の順となっている。

C　同調査によれば、課長相当職以上（役員を含む。）の女性管理職を有する企業割合は3割を超え、係長相当職以上（役員を含む。）の女性管理職等を有する企業割合は4割を占めている。

D　同調査によれば、男性の育児休業取得率は24.2％で、前回調査（令和3年度）より5.3ポイント上昇した。

E　同調査によれば、多様な正社員制度の実施状況は、「勤務できる（制度が就業規則等で明文化されている）」が24.1％となっており、制度ごとの状況（複数回答）をみると、「勤務地限定正社員制度」が最も多く、次いで「短時間正社員制度」、「職種・職務限定正社員制度」の順となっている。

解答10

A　○　「令和4年度雇用均等基本調査（企業調査）（厚生労働省）」。設問の通り正しい。

プラスα　正社員・正職員に占める女性の割合は26.9％となり、これを職種別にみると、総合職21.3％、限定総合職33.3％、一般職33.4％、その他20.4％となっている。

B　×　「令和4年度雇用均等基本調査（企業調査）（厚生労働省）」。一般職については「女性のみ採用」した企業割合が38.4％と最も高く、次いで「男性のみ採用」36.0％、「男女とも採用」25.6％となっている。

プラスα　採用した企業について採用区分ごとにみると、総合職については「男女とも採用」した企業の割合が最も高く、次いで「男性のみ採用」となっている。限定総合職では「女性のみ採用」が最も高く、次いで「男性のみ採用」となっている。その他では「男性のみ採用」が最も高く、次いで「女性のみ採用」となっている。

C　×　「令和4年度雇用均等基本調査（企業調査）（厚生労働省）」。課長相当職以上（役員を含む。）の女性管理職を有する企業割合は52.1％、係長相当職以上（役員を含む。）の女性管理職等を有する企業割合は60.5％となっている。

プラスα　それぞれの役職に占める女性の割合は、役員では21.1％、部長相当職では8.0％、課長相当職では11.6％、係長相当職では18.7％となっている。

D　×　「令和4年度雇用均等基本調査（事業所調査）（厚生労働省）」。男性の育児休業取得率は「17.13％」で、前回調査（令和3年度）より「3.16」ポイント上昇した。

プラスα　女性の育児休業取得率は80.2％と、前回調査（令和3年度）より4.9ポイント低下した。

E　×　「令和4年度雇用均等基本調査（事業所調査）（厚生労働省）」。制度ごとの状況（複数回答）をみると、「短時間正社員制度」が16.8％と最も多く、次いで「勤務地限定正社員制度」が15.4％、「職種・職務限定正社員制度」が12.4％となっている。

正解　A

問題11　労使関係総合調査　択一　Aランク

次の記述のうち、正しいものはどれか。

A 「令和5年労働組合基礎調査(厚生労働省)」によれば、推定組織率は26.3％で、前年より大幅に上昇している。

B 「令和5年労働組合基礎調査(厚生労働省)」によれば、労働組合員数(単位労働組合)のうち、パートタイム労働者は141万人と、前年に比べて6千人増加し、全労働組合員数に占める割合は3割を超えている。

C 「令和4年労使間の交渉等に関する実態調査(厚生労働省)」((以下本問において「同調査」という。))により、使用者側との労使関係の維持について労働組合の認識をみると、安定的(「安定的に維持されている」と「おおむね安定的に維持されている」の合計)だとする労働組合の割合は約7割となっている。

D 同調査により、過去3年間(令和元年7月1日から令和4年6月30日の期間)において、「何らかの労使間の交渉があった」事項をみると、「賃金・退職給付に関する事項」、「労働時間・休日・休暇に関する事項」、「雇用・人事に関する事項」が上位3つを占めている。

E 同調査により、労働組合と使用者(又は使用者団体)の間で締結される労働協約の締結状況をみると、労働協約を「締結している」労働組合は約8割となっている。

📖 **参考**　推定組織率とは、雇用者数に占める労働組合員数の割合をいい、本調査で得られた労働組合員数を、総務省統計局が実施している「労働力調査」の雇用者数(6月分の原数値)で除して計算している。

解答11

A ×　「令和5年労働組合基礎調査(厚生労働省)」。推定組織率は「16.3％」で、前年より0.2ポイント「低下」している。

⬆️**プラスα**　令和5年6月30日現在における単一労働組合の労働組合数は22,789組合、労働組合員数は993万8千人で、前年に比べて労働組合数は257組合(1.1％)減、労働組合員数は5万5千人(0.5％)減少している。

B ×　「令和5年労働組合基礎調査(厚生労働省)」。パートタイム労働者の全労働組合員数に占める割合は「14.3％」となっている(3割を超えていない。)。なお、その他の記述は正しい。

⬆️**プラスα**　パートタイム労働者の推定組織率は、前年より0.1ポイント低下し、8.4％となっている。

C ×　「令和4年労使間の交渉等に関する実態調査(厚生労働省)」。安定的(「安定的に維持されている(51.9％)」と「おおむね安定的に維持されている(37.6％)」の合計)だとする労働組合の割合は「89.5％」となっている。

D ○　「令和4年労使間の交渉等に関する実態調査(厚生労働省)」。設問の通り正しい。

⬆️**プラスα**　過去3年間(令和元年7月1日から令和4年6月30日の期間)において、使用者側との間で行われた団体交渉の状況をみると、「団体交渉を行った」68.2％、「団体交渉を行わなかった」30.7％となっている。

E ×　「令和4年労使間の交渉等に関する実態調査(厚生労働省)」。労働協約を「締結している」労働組合は94.5％と、9割を超えている。

⬆️**プラスα**　「労働協約を締結している」労働組合について、その締結主体をみると、「当該労働組合において締結」が61.0％と最も高く、次いで「上部組織において締結」26.6％、「当該労働組合及び上部組織双方において締結」8.1％となっている。

正解　D

問題12 能力開発基本調査 択一 [Bランク]

次の記述のうち、誤っているものはどれか。

A 「令和4年度能力開発基本調査（厚生労働省）」（以下本問において「同調査」という。）によれば、企業の発展にとって最も重要と考える労働者の能力・スキルについて、管理職を除く正社員では、50歳未満では、「チームワーク、協調性・周囲との協働力」、「職種に特有の実践的スキル」の順で、50歳以上では、「マネジメント能力・リーダーシップ」、「チームワーク、協調性・周囲との協働力」の順となっている。

B 同調査によれば、約8割の事業所で、能力開発や人材育成に関して何らかの問題があるとしており、能力開発や人材育成に関して何らかの問題があるとする事業所のうち、問題点の内訳（複数回答）は、「指導する人材が不足している」（58.5％）が最も高く、「人材を育成しても辞めてしまう」、「人材育成を行う時間がない」と続いている。

C 同調査によれば、正社員を雇用する事業所のうち、正社員に対してキャリアコンサルティングを行うしくみがある事業所は、45.2％であった。一方で、正社員以外を雇用する事業所のうち、正社員以外に対してキャリアコンサルティングを行うしくみがある事業所は、39.6％と、正社員に比べると若干低い水準となっている。

D 同調査によれば、労働者の自己啓発に対する支援を行っている事業所の割合は約8割であり、自己啓発に対する支援の内容としては、「受講料などの金銭的援助」が最多となっており、「教育訓練休暇（有給、無給の両方を含む）の付与」は少なくなっている。

E 同調査によれば、令和3年度にOFF−JTを受講した「労働者全体」の割合は約3割であり、正社員以外の受講率は正社員を大きく下回っている。

解答12

A ○ 「令和4年度能力開発基本調査（企業調査）（厚生労働省）」。設問の通り正しい。なお、正社員以外では、「チームワーク、協調性・周囲との協働力」、「職種に特有の実践的スキル」の順となっている。

B ○ 「令和4年度能力開発基本調査（事業所調査）（厚生労働省）」。設問の通り正しい。

C × 「令和4年度能力開発基本調査（事業所調査）（厚生労働省）」。正社員以外を雇用する事業所のうち、正社員以外に対してキャリアコンサルティングを行うしくみがある事業所は「29.6％」であり、正社員に比べると低い水準となっている。

プラスα キャリアコンサルティングを行う上で問題があるとする事業所における問題点の内訳（複数回答）をみると、正社員では、「キャリアに関する相談を行っても、その効果が見えにくい」、「労働者からのキャリアに関する相談件数が少ない」が多く、正社員以外では、「労働者からのキャリアに関する相談件数が少ない」、「労働者がキャリアに関する相談をする時間を確保することが難しい」が多くなっている。

D ○ 「令和4年度能力開発基本調査（事業所調査）（厚生労働省）」。設問の通り正しい。

プラスα 自己啓発の実施方法は、正社員・正社員以外の者ともに、「eラーニング（インターネット）による学習」を挙げる者の割合が最も高く、次いで、「ラジオ、テレビ、専門書等による自学、自習」、「社内の自主的な勉強会、研究会への参加」などとなっている。

E ○ 「令和4年度能力開発基本調査（個人調査）（厚生労働省）」。設問の通り正しい。令和3年度にOFF−JTを受講した「労働者全体」の割合は33.3％であり、「正社員」では42.3％、「正社員以外」では17.1％となっている。

プラスα 企業規模別の受講率をみると、正社員では、規模が大きい企業での受講率が高い。一方で、正社員以外では、企業規模による大きな差はみられない。

正解 C

問題13 その他統計・資料(1) 択一　Bランク

次の記述のうち、正しいものはどれか。

A 「令和5年障害者雇用状況の集計結果(厚生労働省)」によれば、民間企業(43.5人以上規模の企業：法定雇用率2.3％)に雇用されている障害者の数は約64万2千人で、前年より4.6％減少し、20年ぶりに減少に転じた。

B 「令和5年障害者雇用状況の集計結果(厚生労働省)」によれば、法定雇用率未達成企業のうち、障害者を1人も雇用していない企業(0人雇用企業)が占める割合は、2割に満たない。

C 「令和5年『高年齢者雇用状況等報告』の集計結果(厚生労働省)」によれば、高年齢者雇用確保措置(以下本問において「雇用確保措置」という。)を実施済みの企業の割合は、99.9％となっている。雇用確保措置の内訳をみると、継続雇用制度の導入よりも、「定年制度の見直し」(定年の廃止、定年の引上げ)を行うことで雇用確保措置を講じている企業が多かった。

D 「『外国人雇用状況』の届出状況まとめ(令和5年10月末現在)(厚生労働省)」によれば、外国人を雇用する事業所数及び外国人労働者数ともに、届出が義務化された平成19年以降、過去最高を更新し、対前年増加率についても、事業所数及び外国人労働者数のいずれも上昇している。

E 「令和4年度個別労働紛争解決制度の施行状況(厚生労働省)」によれば、総合労働相談件数は15年連続で100万件を超え、高止まりとなっており、民事上の個別労働紛争における相談件数、助言・指導の申出件数、あっせんの申請件数の全項目で、「解雇」の件数が引き続き最多となっている。

一般常識演習問題

解答13

A × 「令和5年障害者雇用状況の集計結果(厚生労働省)」。雇用されている障害者の数は642,178.0人で、前年より28,220.0人(4.6％)増加し、20年連続で過去最高となった。

プラスα　実雇用率は、12年連続で過去最高の2.33％、法定雇用率達成企業の割合は50.1％であった。また、企業規模別では、500～1,000人未満、1,000人以上規模企業が法定雇用率を上回っている。

B × 「令和5年障害者雇用状況の集計結果(厚生労働省)」。法定雇用率未達成企業のうち、障害者を1人も雇用していない企業(0人雇用企業)が占める割合は、「58.6％」となっている。

C × 「令和5年『高年齢者雇用状況等報告』の集計結果(厚生労働省)」。「継続雇用制度の導入」は69.2％、「定年の引上げ」は26.9％、「定年制の廃止」は3.9％となっており、「定年制度の見直し」(定年の廃止、定年の引上げ)よりも、継続雇用制度の導入を行うことで雇用確保措置を講じている企業が多かった。

D ○ 「『外国人雇用状況』の届出状況まとめ(令和5年10月末現在)(厚生労働省)」。設問の通り正しい。

プラスα　産業別外国人労働者数をみると、「製造業」が最も多く、全体の27.0％を占める。対前年増加率をみると、「建設業」が24.1％と最も高くなっている。また、国籍別にみると、ベトナムが最も多く外国人労働者数全体の25.3％を占めており、次いで、中国(同19.4％)、フィリピン(同11.1％)の順となっている。

E × 「令和4年度個別労働紛争解決制度の施行状況(厚生労働省)」。民事上の個別労働紛争における相談件数、助言・指導の申出件数、あっせんの申請件数の全項目で、「いじめ・嫌がらせ」の件数が引き続き最多となっている。

プラスα　民事上の個別労働紛争相談の内訳(上位3つ)は、下表のようになっている。

いじめ・嫌がらせ	22.1％
自己都合退職	13.5％
解雇	10.1％

正解　D

問題14　その他統計・資料（2）　択一　Bランク

次の記述のうち、誤っているものはどれか。

A　「令和4年労働安全衛生調査（実態調査）（厚生労働省）」（以下本問において「同調査」という。）によれば、メンタルヘルス対策に取り組んでいる事業所の割合は63.4％であり、前回調査（令和3年調査）より4.2ポイント上昇した。

B　同調査によれば、労働安全衛生法第57条の2に該当する化学物質を使用している事業所のうち、リスクアセスメントをすべて実施している事業所の割合は8割を超えている。

C　同調査によれば、傷病（がん、糖尿病等の私傷病）を抱えた何らかの配慮を必要とする労働者に対して、治療と仕事を両立することができるような取り組みをしている事業所の割合は58.8％となっている。

D　同調査によれば、現在の仕事や職業生活に関することで、強い不安、悩み、ストレス（以下「ストレス」という。）となっていると感じる事柄がある労働者について、その内容（主なもの3つ以内）をみると、「仕事の量」が最も多く、次いで「仕事の失敗、責任の発生等」、「仕事の質」となっている。

E　同調査によれば、現在の自分の仕事や職業生活でのストレスについて相談できる人がいる労働者の割合は9割を超えている。

解答14

A　○　「令和4年労働安全衛生調査（実態調査・事業所調査）（厚生労働省）」。設問の通り正しい。

プラスα　メンタルヘルス対策に取り組んでいる事業所について、取組内容（複数回答）をみると、「ストレスチェックの実施」が63.1％と最も多く、次いで「メンタルヘルス不調の労働者に対する必要な配慮の実施」が53.6％となっている。

B　×　「令和4年労働安全衛生調査（実態調査・事業所調査）（厚生労働省）」。リスクアセスメントをすべて実施している事業所の割合は69.6％である（8割を超えていない。）。

プラスα　同条の事業所には該当しないが、危険有害性がある化学物質（労働安全衛生法第28条の2第1項の規定に基づいてリスクアセスメントを行うことが努力義務とされている化学物質）を使用している事業所のうち、リスクアセスメントをすべて実施している事業所の割合は63.8％となっている。

C　○　「令和4年労働安全衛生調査（実態調査・事業所調査）（厚生労働省）」。設問の通り正しい。

プラスα　取組内容（複数回答）をみると、「通院や体調等の状況に合わせた配慮、措置の検討（柔軟な労働時間の設定、仕事内容の調整）」が86.4％と最も多く、次いで「両立支援に関する制度の整備（年次有給休暇以外の休暇制度、勤務制度等）」が35.9％となっている。

D　○　「令和4年労働安全衛生調査（実態調査・個人調査）（厚生労働省）」。設問の通り正しい。ストレスとなっていると感じる事柄の内容（主なもの3つ以内）をみると、「仕事の量」が36.3％、「仕事の失敗、責任の発生等」が35.9％、「仕事の質」が27.1％となっている。

E　○　「令和4年労働安全衛生調査（実態調査・個人調査）（厚生労働省）」。設問の通り正しい。ストレスについて相談できる人がいる労働者の割合は91.4％となっている。

プラスα　ストレスを相談できる人がいる労働者について、相談できる相手（複数回答）をみると、「家族・友人」が68.4％と最も多く、次いで「同僚」が68.0％となっている。

正解　B

問題15 その他統計・資料（3） 択一 Cランク

次の記述のうち、誤っているものはどれか。

A 「一般職業紹介状況（令和5年分）（厚生労働省）」によれば、令和5年平均の有効求人倍率及び新規求人倍率ともに、前年に比べて低下した。

B 「令和4年派遣労働者実態調査（厚生労働省）」（以下本問において「同調査」という。）によれば、令和4年10月1日現在の事業所について、派遣労働者が就業している割合は12.3％となっており、事業所規模別にみると、規模が大きいほど派遣労働者が就業している事業所の割合が高くなっている。

C 同調査により、派遣労働者が就業している事業所について、派遣労働者の待遇決定方式（複数回答）をみると、労使協定方式の対象となる派遣労働者を受け入れている事業所の方が派遣先等・均衡方式の対象となる派遣労働者を受け入れている事業所よりも多くなっている。

D 同調査により、派遣労働者の割合を性別、年齢階級別にみると、男は「35～39歳」が最も高くなっている。女は「50～54歳」が最も高くなっており、次いで「45～49歳」となっている。

E 同調査により、派遣元への要望がある派遣労働者について、要望の内容（複数回答3つまで）をみると、「賃金制度を改善してほしい」が58.6％と最も高く、次いで「継続した仕事を確保してほしい」、「派遣先に対して、派遣先での直接雇用に切り替えるよう依頼してほしい」となっている。

解答15

A ✕ 「一般職業紹介状況（令和5年分）（厚生労働省）」。令和5年平均の有効求人倍率は1.31倍、新規求人倍率は2.29倍で、それぞれ前年に比べて0.03ポイント「上昇」した。

B ○ 「令和4年派遣労働者実態調査（厚生労働省）」。設問の通り正しい。

プラスα 産業別にみると、「製造業」が23.6％と最も高く、次いで「情報通信業」23.1％、「金融業，保険業」21.0％となっている。

C ○ 「令和4年派遣労働者実態調査（厚生労働省）」。設問の通り正しい。労使協定方式の対象となる派遣労働者を受け入れている事業所が37.0％、派遣先均等・均衡方式の対象となる派遣労働者を受け入れている事業所が29.4％となっている。

D ○ 「令和4年派遣労働者実態調査（厚生労働省）」。設問の通り正しい。

プラスα 派遣労働者として働いている理由（複数回答）をみると、「自分の都合のよい時間に働きたいから」が30.8％、「正規の職員・従業員の仕事がないから」30.4％の割合が高くなっている。これを性別にみると上位2つは女は全体と同様となっているが、男は「正規の職員・従業員の仕事がないから」31.0％、「専門的な技能等をいかせるから」23.3％となっている。

E ○ 「令和4年派遣労働者実態調査（厚生労働省）」。設問の通り正しい。

プラスα 派遣先への要望がある派遣労働者について、要望の内容（複数回答3つまで）をみると、「派遣契約期間を長くしてほしい」が25.6％と最も高く、次いで「指揮命令系統を明確にしてほしい」17.8％となっている。

正解　A

問題16　厚生労働白書　択一　Cランク

次の記述のうち、誤っているものはどれか。

※本問は「令和5年版厚生労働白書（厚生労働省）」を参照としている。

A　2021（令和3）年度に雇用環境・均等部（室）に寄せられた男女雇用機会均等法に関する相談件数は24,215件である。その内容を見ると、母性健康管理や職場におけるセクシュアルハラスメントに関する相談が多くなっている。

B　「女性の職業生活における活躍の推進に関する法律」に基づき、一般事業主行動計画の策定等が義務付けられている常用労働者数101人以上の事業主や男女の賃金の差異の情報公表が義務付けられている常用労働者数301人以上の事業主に対し、必要な助言を行うこと等により、同法に基づく取組みの実効性確保や更なる女性活躍推進を図るとともに、多くの事業主が同法に基づく「えるぼし」認定を目指すよう認定のメリットも含め広く周知し、認定申請に向けた取組み促進を図っている。

C　生涯現役社会の実現に向けた環境を整備するため、65歳以降の定年延長や継続雇用制度の導入等、高年齢者の雇用管理制度の整備等や高年齢の有期契約労働者の無期雇用労働者への転換を行う事業主に対して、「高年齢労働者処遇改善促進助成金」を支給している。

D　2019（令和元）年に取りまとめられた「経済財政運営と改革の基本方針2019」における「就職氷河期世代支援プログラム」では、就職氷河期世代の抱える固有の課題や今後の人材ニーズを踏まえつつ、個々人の状況に応じた支援により、就職氷河期世代の活躍の場を更に広げられるよう、2020年度からの3年間で集中的に取り組むという政府全体の方針が示された。さらに、当該3年間の集中取組期間に加え、2023年度からの2年間を「第二ステージ」と位置付け、これまでの施策の効果も検証の上、効果的・効率的な支援に取り組み、成果を積み上げるという政府全体の方針が示された。

E　障害者雇用ゼロ企業等に対して、企業支援向けの就職支援コーディネーター（2023年度126人）を配置し、地域の関係機関と連携して、募集の準備段階から採用後の職場定着までの一貫した支援を行う「企業向けチーム支援」を実施している。

解答16

A　○　「令和5年版厚生労働白書（厚生労働省）」P216。設問の通り正しい。

B　○　「令和5年版厚生労働白書（厚生労働省）」P217。設問の通り正しい。

C　×　「令和5年版厚生労働白書（厚生労働省）」P219。設問の事業に対して、「高年齢労働者処遇改善促進助成金」ではなく、「65歳超雇用推進助成金」を支給している。

プラスα　また、（公財）産業雇用安定センターにおいて高年齢退職予定者の情報を登録して、その能力の活用を希望する事業者に対してこれを紹介する高年齢退職予定者キャリア人材バンク事業を実施している。

D　○　「令和5年版厚生労働白書（厚生労働省）」P224。設問の通り正しい。なお、いわゆる就職氷河期世代とは、おおむね1993（平成5）年から2004（平成16）年に学校卒業期を迎えた世代をいい、雇用環境が厳しい時期に就職活動を行った世代であり、現在も、不本意ながら不安定な仕事に就いている、無業の状態にある、社会参加に向けた支援を必要としているなど、様々な課題に直面している者がいる。

E　○　「令和5年版厚生労働白書（厚生労働省）」P229。設問の通り正しい。

プラスα　就職を希望する障害者に対しては、障害者支援向けの就職支援コーディネーター（2023年度280人）を配置し、地域の就労支援機関等と連携して、就職から職場定着まで一貫した支援を行う「障害者向けチーム支援」を実施している。

正解　C

2 労働法規

問題1　労働組合法（1）　選択

1. 労働組合法は、労働者が使用者との交渉において　A　に立つことを促進することにより労働者の地位を向上させること、労働者がその労働条件について交渉するために自ら代表者を選出することその他の団体行動を行うために　B　に労働組合を組織し、団結することを擁護すること並びに使用者と労働者との関係を規制する労働協約を締結するための　C　をすること及びその手続を助成することを目的とする。

2. 「法令又は　D　行為は、罰しない」という刑法第35条の規定は、労働組合の　C　その他の行為であって上記1に掲げる目的を達成するためにした正当なものについて適用があるものとする。但し、いかなる場合においても、　E　の行使は、労働組合の正当な行為と解釈されてはならない。

選択肢
① 相手の立場　② 相当の理由による
③ 対等の立場　④ 暴力　⑤ 労働三権
⑥ やむを得ずした　⑦ 署名及び押印
⑧ 罪を犯す意思がない　⑨ 相互　⑩ 争議行為
⑪ 優位又は対等の立場　⑫ 正当な業務による
⑬ 労働争議　⑭ 公民権　⑮ 優位　⑯ 自主的
⑰ 団体交渉　⑱ 強制的　⑲ 権力　⑳ 継続的

解答1

労働組合法1条、刑法35条

A：③　対等の立場
B：⑯　自主的
C：⑰　団体交渉
D：⑫　正当な業務による
E：④　暴力

Point　憲法28条において、勤労者の団結する権利及び団体交渉その他の団体行動をする権利は、これを保障するとされており、労働組合法は、団結権・団体交渉権・団体行動権（争議権）を保障することを目的としている。

問題2　労働契約法（1）　選択

1. 労働契約法は、労働者及び使用者の　A　交渉の下で、労働契約が　B　により成立し、又は変更されるという　B　の原則その他労働契約に関する基本的事項を定めることにより、　C　労働条件の決定又は変更が円滑に行われるようにすることを通じて、労働者の保護を図りつつ、個別の労働関係の安定に資することを目的とする。

2. 使用者は、労働契約に伴い、労働者がその生命、身体等の　D　を確保しつつ労働することができるよう、必要な配慮をするものとする。

3. 使用者が労働者を懲戒することができる場合において、当該懲戒が、当該懲戒に係る労働者の　E　その他の事情に照らして、客観的に　C　理由を欠き、社会通念上相当であると認められない場合は、その権利を濫用したものとして、当該懲戒は、無効とする。

選択肢
① 対等な　② 団体　③ あっせん　④ 協議
⑤ 承認　⑥ 自由　⑦ 合意　⑧ 調整
⑨ 正常な　⑩ 正当な　⑪ 自主的な　⑫ 希望
⑬ やむを得ない　⑭ 合理的な　⑮ 安全
⑯ 積極的な　⑰ 安全及び衛生　⑱ 健康
⑲ 労働能力　⑳ 行為の性質及び態様

解答2

労働契約法1条、法5条、法15条

A：⑪　自主的な
B：⑦　合意
C：⑭　合理的な
D：⑮　安全
E：⑳　行為の性質及び態様

Point　労働契約法は、就業形態の多様化、個別労働関係紛争の増加等に対し、個別の労働者及び使用者の労働関係が良好なものとなるようにルールを整えるべく、平成19年に制定され、平成20年3月1日より施行された。

問題3　障害者雇用促進法　選択　Bランク

1. 民間企業（特殊法人を除く。以下同じ。）の事業主が常用労働者を雇い入れ又は解雇しようとするときは、その雇用する対象障害者である労働者の数が、その雇用する労働者の数に　A　％※を乗じて得た数以上であるようにしなければならない。
2. 労働者を常時　B　人以上※雇用する民間企業の事業主は、毎年1回、対象障害者である労働者の雇用に関する状況を、管轄公共職業安定所の長に報告しなければならない。※令和8年6月30日まで
3. 独立行政法人高齢・障害・求職者雇用支援機構は、法定雇用率を達成していない事業主からは、不足数1人につき、原則として、月額　C　円の障害者雇用納付金を徴収し、達成している事業主には、その超える数1人につき月額　D　円の障害者雇用調整金を支給する。
   なお、障害者雇用納付金及び障害者雇用調整金の制度については、当分の間、労働者の数が常時　E　人以下である事業主については適用しない。

選択肢
① 2.0　　② 10,000　　③ 21,000　　④ 23,000
⑤ 2.3　　⑥ 25,000　　⑦ 29,000　　⑧ 30,000
⑨ 2.5　　⑩ 50,000　　⑪ 70,000　　⑫ 2.6
⑬ 36　　⑭ 38.5　　⑮ 43.5　　⑯ 40
⑰ 50　　⑱ 100　　⑲ 300　　⑳ 500

解答3

障害者雇用促進法43条1項、2項、7項、法50条1項、2項、法54条1項、2項、法附則4条1項、令9条、令15条、令17条、則5条、則7条、則8条

A：⑨　2.5
B：⑯　40
C：⑩　50,000
D：⑦　29,000
E：⑱　100

 Point　障害者法定雇用率（R 8.6.30まで）

	法定雇用率
民間事業主	2.5%
国、地方公共団体、特殊法人	2.8%
都道府県等の教育委員会等	2.7%

問題4　育児介護休業法　選択　Cランク

1. 労働者（　A　を除く。2において同じ。）は、その養育する1歳6か月から　B　に達するまでの子について、次の①、②等に該当する場合に限り、事業主に申し出ることにより、育児休業をすることができる。
   ① 当該申出に係る子について、当該労働者又はその配偶者が、当該子の1歳6か月到達日において育児休業をしている場合
   ② 当該子の1歳6か月到達日後の期間について休業することが　C　のために特に必要と認められる場合として厚生労働省令で定める場合に該当する場合
2. 要介護状態にある対象家族を介護する労働者は、事業主に申し出ることにより、介護休業をすることができるが、当該介護休業に係る対象家族について　D　の介護休業をした場合又は当該対象家族について介護休業日数が　E　に達している場合には、当該対象家族については、介護休業の申出をすることができない。

選択肢
① 雇用の継続　　② 3回　　③ 3歳
④ 期間雇用者　　⑤ 4回　　⑥ 4歳
⑦ 短時間労働者　⑧ 60日　　⑨ 5歳
⑩ 高年齢労働者　⑪ 90日　　⑫ 1回
⑬ 日々雇用される者　⑭ 93日　　⑮ 2回
⑯ 就業環境の改善　⑰ 180日　　⑱ 2歳
⑲ 仕事と子育ての両立　⑳ 仕事と生活の調和

解答4

育児介護休業法2条1号、法5条4項、法11条1項、2項

A：⑬　日々雇用される者
B：⑱　2歳
C：①　雇用の継続
D：②　3回
E：⑭　93日

 Point　育児休業は、原則として子が1歳（パパ・ママ育休プラスの場合は1歳2か月）までとされているが、保育所等に入れない等の場合には、1歳6か月まで延長することができる。ただし、保育所への入所は一般的に年度初めであることから、子が1歳6か月に達してから年度初めまでの期間については、保育所に預けられず、かつ育児休業も取得できない期間となる。そこで、最長で子が2歳に達するまで育児休業を取得することができることとされている。

これだけは！一般常識演習問題

問題5　労働組合法（2）　択一　ランク A

次の記述のうち、誤っているものはどれか。

A　役員、雇入解雇昇進又は異動に関して直接の権限を持つ監督的地位にある労働者等使用者の利益を代表する者の参加を許すものは、労働組合法における労働組合とは認められないが、秘書及びその他の人事、労働関係についての機密の事務を取り扱う者は当該使用者の利益を代表する者に含まれる。

B　労働組合法で「労働者」とは、職業の種類を問わず、賃金、給料その他これに準ずる収入によって生活する者をいい、失業者も含まれるものとされている。

C　労働組合は、使用者又はその団体と労働協約の締結その他の事項に関して交渉する権限をその組合員でない者に委任することができる。

D　労働協約は、書面に作成されていない場合には、その内容について締結当事者が合意しているときであっても、労働組合法第16条に定めるいわゆる規範的効力は生じない。

E　使用者は、労働組合法第7条の規定により不当労働行為を行うことが禁止されているが、これに違反し、不当労働行為を行った場合には、同法第28条の規定により、1年以下の禁錮若しくは100万円以下の罰金に処せられ、又はこれを併科される。

Point　労働者が労働組合の組合員であること、労働組合に加入し、若しくはこれを結成しようとしたこと若しくは労働組合の正当な行為をしたことの故をもって、その労働者を解雇し、その他これに対して不利益な取扱いをすることは不当労働行為とされる。

解答5

A　○　労働組合法2条1号、昭和24.2.2発労4号。設問の通り正しい。なお、使用者の利益を代表する者には労務部の上級職員も含まれるものとされている。

B　○　労働組合法3条、昭和23.6.5労発262号。設問の通り正しい。労働基準法とは異なることに留意のこと。

プラスα　労働基準法で「労働者」とは、職業の種類を問わず、事業又は事務所に使用される者で、賃金を支払われる者をいう。

C　○　労働組合法6条。設問の通り正しい。労働組合の委任を受けた者も労働組合又は組合員のために使用者又はその団体と団体交渉する権限を有するため、団体交渉する者が組合員やその会社の従業員である必要はない。

D　○　労働組合法14条。設問の通り正しい。労働協約は、書面に作成し、両当事者が署名し、又は記名押印することによって、その効力が発生する。

E　×　労働組合法28条。法28条の罰則規定は、不当労働行為を行ったことを構成要件としているのではなく、労働委員会の救済命令等の全部又は一部が確定判決によって支持された場合（不当労働行為に対する労働委員会の救済命令等を支持する判決が確定した場合）において、その違反があったときに適用される。

正解　E

要点　A関連

おおまかにいうと、以下のいずれかに該当した場合、労働組合法の労働組合とはされない。

① 使用者の利益を代表する者の参加を許すもの
② 団体の運営のための経費の支出につき使用者の経理上の援助を受けるもの（最小限の広さの事務所の供与等一定のものは経理上の援助から除外される）
③ 共済事業その他福利事業のみを目的とするもの
④ 主として政治運動又は社会運動を目的とするもの

問題6　労働契約法(2)　択一　Aランク

次の記述のうち、正しいものはどれか。

A 労働契約法において「労働者」とは、使用者に使用されて労働し、賃金を支払われる者をいい、「使用者」とは、その使用する労働者に対して賃金を支払う者をいうが、「使用者」については、労働基準法第10条の「事業主」に相当するものであり、同条の「使用者」より広い概念であるとされている。

B 労働契約法違反については、罰則は設けられていないが、行政指導の対象にはなるものとされている。

C 使用者は、いかなる場合においても、労働者と合意することなく、就業規則を変更することにより、労働者の不利益に労働契約の内容である労働条件を変更することはできないとされている。

D 労働契約は、労働者及び使用者が仕事と生活の調和にも配慮しつつ締結し、又は変更すべきものとされている。

E 使用者は、期間の定めのある労働契約について、いかなる場合であっても、その契約期間が満了するまでの間において、労働者を解雇することができない。

Point　労働契約の5原則

労使対等の原則	労働契約は、労働者及び使用者が対等の立場における合意に基づいて締結し、又は変更すべきものとする。
均衡考慮の原則	労働契約は、労働者及び使用者が、就業の実態に応じて、均衡を考慮しつつ締結し、又は変更すべきものとする。
仕事と生活の調和への配慮の原則	労働契約は、労働者及び使用者が仕事と生活の調和にも配慮しつつ締結し、又は変更すべきものとする。
信義誠実の原則	労働者及び使用者は、労働契約を遵守するとともに、信義に従い誠実に、権利を行使し、及び義務を履行しなければならない。
権利濫用の禁止の原則	労働者及び使用者は、労働契約に基づく権利の行使に当たっては、それを濫用することがあってはならない。

解答6

A ×　労働契約法2条、平成24.8.10基発0810第2号。労働契約法における使用者とは、個人企業の場合はその企業主個人を、会社その他の法人組織の場合はその法人そのものをいう。これは、労働基準法10条の「事業主」に相当するものであり、同条の「使用者」より「狭い」概念であるとされている。

B ×　平成24.8.10基発0810第2号。労働契約法違反については、罰則は設けられておらず、行政指導の対象ともされていない。

C ×　労働契約法9条、法10条。使用者が就業規則の変更により労働条件を変更する場合において、変更後の就業規則を労働者に周知させ、かつ、就業規則の変更が下記の①から④の事項その他の就業規則の変更に係る事情に照らして合理的なものであるときは、労働契約の内容である労働条件は、当該変更後の就業規則に定めるところによるとされているため、いかなる場合であっても不利益変更ができないわけではない。

① 労働者の受ける不利益の程度
② 労働条件の変更の必要性
③ 変更後の就業規則の内容の相当性
④ 労働組合等との交渉の状況

なお、労働契約において、労働者及び使用者が就業規則の内容と異なる労働条件を合意していた部分については、法12条(就業規則違反の労働契約)に該当する場合を除き、この限りでないとされている(その合意が優先することとなる。)。

D ○　労働契約法3条3項。設問の通り正しい。

E ×　労働契約法17条1項。使用者は、期間の定めのある労働契約について、「やむを得ない事由がある場合でなければ」、その契約期間が満了するまでの間において、労働者を解雇することができないものとされている。

正解　D

これだけは！一般常識演習問題

問題7　労働法規　択一　Bランク

次の記述のうち、誤っているものはいくつあるか。

ア　パートタイム・有期雇用労働法第8条では、事業主は、基本給、賞与その他の待遇のそれぞれについて、短時間・有期雇用労働者と通常の労働者との間に、不合理と認められる相違を設けてはならない旨定めている。

イ　労働者の昇進に当たって、労働者の住居の移転を伴う配置転換に応じることができることを要件とすることは、男女雇用機会均等法が禁止する間接差別に該当しない。

ウ　最低賃金法によれば、最低賃金額は、月、週又は時間によって定めるものとされている。

エ　労働者派遣法によれば、コンピューターのシステムの設計、保守の業務について、労働者派遣事業を行ってはならないとされている。

オ　定年（65歳以上70歳未満のものに限る。）の定めをしている事業主又は継続雇用制度（高年齢者を70歳以上まで引き続いて雇用する制度を除く。）を導入している事業主は、その雇用する高年齢者（当該事業主と当該契約を締結した特殊関係事業主に現に雇用されている者を含み、厚生労働省令で定める者を除く。）について、「当該定年の引上げ」「65歳以上継続雇用制度の導入」「当該定年の定めの廃止」の措置を講ずることにより、65歳から70歳までの安定した雇用を確保しなければならない。

A　一つ
B　二つ
C　三つ
D　四つ
E　五つ

解答7

ア　○　パートタイム・有期雇用労働法8条。設問の通り正しい。

イ　×　男女雇用機会均等法7条、則2条2号。合理的な理由がないにもかかわらず、「労働者の昇進に当たって、労働者の住居の移転を伴う配置転換に応じることができることを要件とすること」は、間接差別として禁止されている。

ウ　×　最低賃金法3条。最低賃金額は、「時間」によって定めるものとされている。

プラスα　最低賃金の対象となる賃金に算入しない賃金には、臨時に支払われる賃金、1月をこえる期間ごとに支払われる賃金、所定労働時間をこえる時間の労働及び所定労働日以外の日の労働に対して支払われる賃金、深夜労働に対して支払われる賃金のうち通常の労働時間の賃金の計算額をこえる部分の賃金がある。

エ　×　労働者派遣法4条1項。設問の業務について労働者派遣事業を行うことは禁止されていない。労働者派遣事業を行うことが禁止されているのは、①港湾運送業務、②建設業務、③警備業務、④医療関連業務（一定のものを除く。）である。

オ　×　高年齢者雇用安定法10条の2。65歳から70歳までの安定した雇用を「確保しなければならない」のではなく、「確保するよう努めなければならない」とされている。

正解　D（四つ）

問題8 判例 択一

次の記述のうち、誤っているものはどれか。

A　Y社の労働協約及び就業規則には、業務上の都合により従業員に転勤を命ずることのできる旨の定めがあり、現に全国十数か所の営業所間において特に営業担当者の転勤を頻繁に行っている場合、営業担当者として入社したXに対して、労使間で労働契約が成立した際にも勤務地を限定する旨の合意はなされなかったという事情の下においては、Y社は個別的同意なしにXの勤務場所を決定し、これに転勤を命じて労務の提供を求める権限を有するものというべきである、とするのが最高裁判所の判例である。

B　新たな就業規則の作成又は変更によって、既得の権利を奪い、労働者に不利益な労働条件を一方的に課することは、原則として許されないが、当該規則条項が合理的なものである限り、個々の労働者においてこれに同意しないことを理由としてその適用を拒否することは許されないと解すべきである、とするのが最高裁判所の判例である。

C　使用者が労働者を懲戒するには、あらかじめ就業規則において懲戒の種別及び事由を定めておくことを要する。そして、就業規則が法的規範としての性質を有するものとして、拘束力を生ずるためには、その内容を適用を受ける事業場の労働者に周知させる手続が採られていることを要するものというべきである、とするのが最高裁判所の判例である。

D　賃金の引上げの条件として前年の稼働率80%以下の者を除くことにし、年次有給休暇、生理休暇、産前産後休業、育児時間等が稼働率算定の基礎となる不就労に当たるとされた結果、当該生理休暇等を取得した女性従業員らが、稼働率が80%以下であるとして賃上げ対象者から除外され、賃金引上げ相当額及びそれに対応する夏季冬季一時金、退職金を得ることができなかったのは、経済的合理性を有しており有効である、とするのが最高裁判所の判例である。

E　チェック・オフ協定が、労働協約の形式により締結された場合であっても、当然に使用者がチェック・オフを行う権限を取得するものではないことはもとより、組合員はチェック・オフを受忍すべき義務を負うものではない、とするのが最高裁判所の判例である。

解答8

A　○　最二小昭和61.7.14東亜ペイント事件。設問の通り正しい。

B　○　最大昭和43.12.25秋北バス事件。設問の通り正しい。

C　○　最二小平成15.10.10フジ興産事件。設問の通り正しい。

D　×　最一小平元.12.14日本シェーリング事件。賃金の引上げの条件として前年の稼働率80%以下の者を除くことにし、年次有給休暇、生理休暇、産前産後休業、育児時間等が稼働率算定の基礎となる不就労に当たるとされた結果、当該生理休暇等を取得した女性従業員らが、稼働率が80%以下であるとして賃上げ対象者から除外され、賃金引上げ相当額及びそれに対応する夏季冬季一時金、退職金を得ることができなかったのは、法律上の権利行使を抑制し、法が労働者に各権利を保障した趣旨を実質的に失わせるものというべきであるから、公序に反し無効であるといわなければならない、とするのが最高裁判所の判例である。

E　○　最一小平成5.3.25エッソ石油事件。設問の通り正しい。

正解　D

要点　E関連

使用者と労働組合との間にチェック・オフ協定（労働協約）が締結されている場合であっても、使用者が有効なチェック・オフを行うためには、労働協約の外に、使用者が個々の組合員から、賃金から控除した組合費相当分を労働組合に支払うことにつき委任を受けることが必要であって、当該委任が存しないときには、使用者は当該組合員の賃金からチェック・オフをすることはできないものと解するのが相当である、とするのが最高裁判所の判例である。

3 社会保障概論

問題1 社会保障制度　選択　Bランク

※本問1は「平成29年版厚生労働白書(厚生労働省)」を、本問2は「平成22年版厚生労働白書(厚生労働省)」を参照している。

1．我が国において「社会保障」という言葉は、1946(昭和21)年11月に公布された日本国憲法第25条に用いられたことを契機に一般化したといわれている。日本国憲法第25条では「すべて国民は、　A　最低限度の生活を営む権利を有する」、「国は、すべての生活部面について、社会福祉、　B　及び公衆衛生の向上及び増進に努めなければならない」という、いわゆる「生存権」が規定されている。

2．国民生活は国民一人一人が自らの　C　によって営むこと(「自助」)が基本であるが、往々にして、病気やけが、老齢や障害、失業などにより、自分の努力だけでは解決できず、自立した生活を維持できない場合も生じてくる。このように個人の責任や自助努力のみでは対応できないリスクに対して、国民が　D　して支え合うことによって安心した生活を保障することが「共助」であり、年金、医療保険、介護保険、雇用保険などの社会保険制度は、基本的にこの共助を体現した制度である。さらに、自助や共助によってもなお生活に困窮する場合などもある。このような自助や共助によっても対応できない困窮などの状況に対し、所得や生活水準・家庭状況などの受給要件を定めた上で必要な生活保障を行うのが「　E　」であり、公的扶助(生活保護)や社会福祉などがこれに当たる。

【選択肢】
① 公助　② 災害援助　③ 秩序ある
④ 率先　⑤ 公的救済　⑥ 公的責任
⑦ 共同　⑧ 社会保険　⑨ 責任と努力
⑩ 自立　⑪ 持てる力　⑫ 意思と能力
⑬ 公共　⑭ 社会保障　⑮ 相互に連帯
⑯ 自主性　⑰ 財政援助　⑱ 人たるに値する
⑲ 健やかで安心な　⑳ 健康で文化的な

解答1

「平成29年版厚生労働白書(厚生労働省)」P4、「平成22年版厚生労働白書(厚生労働省)」P163

A：⑳　健康で文化的な
B：⑭　社会保障
C：⑨　責任と努力
D：⑮　相互に連帯
E：①　公助

Point　日本の社会保障制度は、自助・共助・公助のバランスを考慮して構築することとされており、「自助」の実現を「共助」や「公助」がサポートすることで、自助・共助・公助の好循環を生み出すことを目指している。

Point　一般に社会保障制度の仕組みは、社会保険方式と社会扶助方式(税方式)に大別できる。社会保険方式の典型的な例は医療保険制度や年金保険制度である。また、社会扶助方式(税方式)の典型的な例は生活保護制度であり、そのほか、児童福祉、障害者福祉といった社会福祉制度や児童手当なども含まれる。

社会保険の特徴
① 相互扶助が基盤…被保険者同士の相互扶助の精神を社会的に制度化したものである。
② 運営は国の責任…国が法律を制定し、給付費用の一部を負担して、責任をもって制度の運営に当たっている。
③ 強制加入…事業主や被用者あるいは地域住民の自由意思による加入ではなく、法律をもって加入が強制されている。
④ 所得に対する保険料負担と必要に応じた保険給付…保険料は各自の所得に対応した保険料を負担し、保険給付は保険料にかかわらず必要に応じた給付をすることが原則となっている。ただし、この原則は医療保険及び介護保険に対してであり、年金保険に関しては多少異なる仕組みになっている。

問題2　医療制度　選択　Bランク

※本問は「令和5年版厚生労働白書（厚生労働省）」を参照としている。

1. 我が国は、　A　制度の下で世界最高レベルの平均寿命と保健医療水準を実現してきた。一方で、今後を展望すると、いわゆる団塊の世代が2025（令和7）年までに全て75歳以上となりまた、　B　の減少が加速するなど、本格的な「少子高齢化・人口減少時代」を迎える中で、人口動態の変化や経済社会の変容を見据えつつ、全ての世代が公平に支え合い、持続可能な社会保障制度を構築することが重要である。

2. 出産に要する経済的負担の軽減を目的とする出産育児一時金については、出産費用が年々上昇する中で、平均的な標準費用が全て賄えるよう、2023（令和5）年4月より、42万円から　C　に大幅に増額した。この出産育児一時金に要する費用は、原則として現役世代の被保険者が自ら支払う保険料で負担することとされているが、今般、子育てを社会全体で支援する観点から、　D　制度が出産育児一時金に要する費用の一部を支援する仕組みを2024（令和6）年度から導入することとしている。

3. 都道府県医療費適正化計画の実効性の確保に向けて、都道府県ごとに　E　を必置として計画の策定・評価に関与する仕組みを導入するとともに、医療費適正化における都道府県の役割・責務を明確化し、計画に記載すべき事項を充実させることとしている。

選択肢

① 国民皆年金　　② 60万円　　③ 52万円
④ 国民皆保険　　⑤ 50万円　　⑥ 48万円
⑦ 一人一保険　　⑧ 就業人口　　⑨ 有業人口
⑩ 国民皆保障　　⑪ 生活保護　　⑫ 介護保険
⑬ 国民健康保険　⑭ 後期高齢者医療
⑮ 生産年齢人口　⑯ 都道府県協議会
⑰ 保険者協議会　⑱ 高齢者医療協議会
⑲ 社会保険医療協議会
⑳ 40歳以上65歳未満の医療保険加入者

解答2

「令和5年版厚生労働白書（厚生労働省）」P308、310

A：④　国民皆保険
B：⑮　生産年齢人口
C：⑤　50万円
D：⑭　後期高齢者医療
E：⑰　保険者協議会

Point　我が国の医療保険は大きく被用者保険と国民健康保険に分類される。被用者保険は、協会管掌健康保険、組合管掌健康保険、共済組合に分かれ、国民健康保険は、都道府県等が行う国民健康保険と国民健康保険組合が行う国民健康保険に分かれる。

参考　診療報酬の請求と支払

保険者が医療サービスの対価として医療機関に支払う費用を診療報酬といい、その算定は診療行為ごとに厚生労働大臣が定める基準によって行われるいわゆる出来高払方式がとられている。保険者は、保険医療機関から、医療の給付に要した費用の請求があったときは、これを審査した上で支払うものとされているが、通例は、この審査及び支払を審査支払機関に委託して行っている。

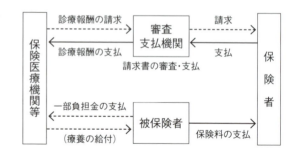

問題3　年金制度　選択　Bランク

※本問は「令和5年版厚生労働白書（厚生労働省）」等を参照している。

1. 年金制度では、少なくとも　A　に一度、将来の人口や経済の前提を設定した上で、長期的な年金財政の見通しやスライド調整期間の見通しを作成し、年金財政の健全性を検証する「財政検証」を行っている。2019（令和元）年財政検証の結果、経済成長と労働参加が進むケースでは、今の年金制度の下で、将来的に所得代替率　B　の給付水準が確保できることが確認された。

2. 2020（令和2）年5月に成立した「2020年改正法」（「年金制度の機能強化のための国民年金法等の一部を改正する法律」）においては、短時間労働者に対する被用者保険の適用について、2022（令和4）年10月に　C　超規模、2024（令和6）年10月に50人超規模の企業まで適用範囲を拡大し、また、5人以上の個人事業所の適用業種に弁護士・税理士等の士業を追加した。

3. 海外在留邦人等が日本と外国の年金制度等に加入し　D　することを防ぎ、また、両国での年金制度の加入期間を通算できるようにすることを目的として、外国との間で社会保障協定の締結を進めている。2000（平成12）年2月に　E　との間で協定が発効して以来、2024（令和6）年4月のイタリアとの間の協定に至るまで、23か国との間で協定が発効している。

選択肢
① 2年　② 3年　③ 5年　④ 6年
⑤ 30%　⑥ 40%　⑦ 100人　⑧ 200人
⑨ 50%　⑩ 60%　⑪ 300人　⑫ 500人
⑬ 保険料を滞納　⑭ ドイツ
⑮ 二重に年金を受給　⑯ スペイン
⑰ 時効によって消滅　⑱ フランス
⑲ 保険料を二重に負担　⑳ イギリス

これだけは！一般常識演習問題

解答3

「令和5年版厚生労働白書（厚生労働省）」P257、258、265、266他

A：③　5年
B：⑨　50%
C：⑦　100人
D：⑲　保険料を二重に負担
E：⑭　ドイツ

Point　我が国の公的年金制度の特長

公的年金制度は、現役世代の保険料負担により、その時々の高齢世代の年金給付をまかなう世代間扶養の仕組みにより運営されており、賃金や物価の伸びなどに応じてスライドした年金を終身にわたって受けることができるという特長を有している。

プラスα　社会保障協定の締結状況

発効済み	ドイツ	2000年2月	ブラジル	2012年3月
	英国	2001年2月	スイス	2012年3月
	大韓民国	2005年4月	ハンガリー	2014年1月
	アメリカ	2005年10月	インド	2016年10月
	ベルギー	2007年1月	ルクセンブルク	2017年8月
	フランス	2007年6月	フィリピン	2018年8月
	カナダ	2008年3月	スロバキア	2019年7月
	オーストラリア	2009年1月	中国	2019年9月
	オランダ	2009年3月	フィンランド	2022年2月
	チェコ	2009年6月	スウェーデン	2022年6月
	スペイン	2010年12月	イタリア	2024年4月
	アイルランド	2010年12月		

（令和6年4月現在）

参考　ねんきん定期便

2009（平成21）年4月から、国民年金・厚生年金保険の全ての現役加入者に対し、毎年誕生月に送付されている「ねんきん定期便」では、年金加入期間、年金見込額、保険料納付額のほか、最近の月別状況として直近1年間の国民年金の納付状況や厚生年金保険の標準報酬月額等を知らせており、更に35歳、45歳、59歳といった節目年齢の者には全ての加入記録を知らせている。

問題4　介護保険制度　選択　Bランク

※本問は「令和5年版厚生労働白書(厚生労働省)」を参照している。

介護保険制度は着実に社会に定着してきており、介護サービスの利用者は当該制度開始時の　A　年4月の149万人から2022(令和4)年4月には517万人と約3.5倍になっている。あわせて介護費用も増大しており、2000年度の約3.6兆円から、2021(令和3)年度には11.3兆円となり、高齢化が更に進行する2040(令和22)年には約25.8兆円になると推計されている。

「団塊の世代」の全員が75歳以上となる2025(令和7)年には、高齢化は更に進行し、およそ　B　人に1人が75歳以上高齢者となり、認知症の高齢者の割合や、世帯主が高齢者の単独世帯・夫婦のみの世帯の割合が増加していくと推計されている。このような社会構造の変化や高齢者のニーズに応えるために、2025年を目途に「　C　」の構築を目指している。

「　C　」とは、地域の事情に応じて高齢者が、可能な限り、　D　でその有する能力に応じ自立した日常生活を営むことができるよう、医療、介護、介護予防、住まい及び自立した日常生活の支援が　E　に確保される体制のことをいう。高齢化の進展のスピードや地域資源の状況などは地域によって異なるため、それぞれの地域の実情に応じた　C　の構築を可能とすることが重要である。

─ 選択肢 ─
① 2000(平成12)年　② 個別　③ 10
④ 2002(平成14)年　⑤ 豊か　⑥ 5.6
⑦ 1997(平成9)年　⑧ 包括的　⑨ 3.5
⑩ 1985(昭和60)年　⑪ 一体的　⑫ 2
⑬ 住み慣れた地域　⑭ 先進的
⑮ 少ない経済的負担　⑯ 地域支援事業
⑰ 地域包括ケアシステム　⑱ 高い生活水準
⑲ 包括的ケアマネジメント
⑳ 地域密着型日常生活支援事業

解答4

「令和5年版厚生労働白書(厚生労働省)」P313
A：① 2000(平成12)年
B：⑥ 5.6
C：⑰ 地域包括ケアシステム
D：⑬ 住み慣れた地域
E：⑧ 包括的

参考　認知症施策の推進

2019(令和元)年6月18日に取りまとめられた「認知症施策推進大綱」〔対象期間2025(令和7)年まで〕では、認知症の発症を遅らせ、認知症になっても希望を持って日常生活を過ごせる社会を目指し、認知症の人や家族の視点を重視しながら、「共生」と「予防」を車の両輪とした施策を推進していくことを基本的な考え方としている。なお、大綱上の「予防」とは、「認知症にならない」という意味ではなく、「認知症になるのを遅らせる」、「認知症になっても進行を緩やかにする」という意味である。

こうした考え方のもと、①普及啓発・本人発信支援、②予防、③医療・ケア・介護サービス・介護者への支援、④認知症バリアフリーの推進・若年性認知症の人への支援・社会参加支援、⑤研究開発・産業促進・国際展開、の5つの柱に沿って施策を推進している。

(「令和5年版厚生労働白書(厚生労働省)」P316)

これだけは！一般常識演習問題

問題5　社会保険の沿革（1）　択一　Aランク

次の記述のうち、誤っているものはどれか。

A　公的年金制度は、昭和14年に年金制度を有していた船員保険法がまず創設され、次いで昭和16年に厚生年金保険制度の前身である労働者年金保険法が創設された。同法が厚生年金保険法となったのは昭和19年のことである。

B　国民年金法は、昭和34年に自営業者等の一般地域住民を対象とする無拠出年金として創設されたが、昭和36年4月から拠出制年金となり、同年11月の通算年金通則法の制定とあわせて、ここに国民皆年金体制が実現した。

C　20歳以上の昼間学生については、平成元年4月から国民年金の強制適用の対象となり、平成3年4月には保険料の学生納付特例制度が導入された。

D　平成6年の公的年金制度の改革で、特別支給の老齢厚生年金を、男子については平成13年度から平成25年度にかけて、女子については平成18年度から平成30年度にかけて、3年ごとに1歳ずつ、報酬比例部分相当の老齢厚生年金に段階的に切り替えることとされた。

E　平成12年の公的年金制度の改革では、基礎年金及び厚生年金の額について、65歳以降は、賃金スライド（賃金再評価）等を行わず、物価上昇率のみで改正することとされたほか、老齢厚生年金の報酬比例部分については、年金額を5％適正化することとされた。

解答5

A　○　設問の通り正しい。
B　○　設問の通り正しい。
C　×　20歳以上の昼間学生については、「平成3年」4月から国民年金の強制適用の対象となり、「平成12年」4月に保険料の学生納付特例制度が導入された。
D　○　設問の通り正しい。
E　○　設問の通り正しい。

正解　C

参考　国民年金基金制度

国民年金基金の制度は、当初昭和44年の法改正で創設されたが、設立の要件が厳しく、実際には基金は設立されなかった。その後、平成元年の法改正で地域型国民年金基金制度及び新基準による職能型国民年金基金制度が創設され、平成3年4月から実施されている。

参考　納付猶予制度

平成17年4月から10年間の時限措置として、30歳未満の者を対象とする国民年金保険料の納付猶予制度が導入された。その後、平成28年7月から対象者が50歳未満の者に拡大されるとともに、令和7年6月まで延長されることとなった（その後さらに令和12年6月まで延長）。

問題6　社会保険の沿革（2）　択一　Aランク

次の記述のうち、正しいものはどれか。

A 国民健康保険法は、農山漁村民を対象とし、国民健康保険組合を保険者とする任意加入の医療保険として昭和2年に制定・施行された。その後、市町村に国民健康保険事業の実施を義務付ける等の法改正が昭和33年に行われ、国民皆保険計画の実施が進められた結果、昭和36年には全市町村において国民健康保険事業が実施されるに至り、ここに国民皆保険制度が実現した。

B 船員保険法は、医療保険、労災保険、年金保険等を包含する総合的社会保険制度として制定されたが、職務外の年金部門が昭和61年4月に厚生年金保険に統合され、さらに平成22年1月には職務上疾病・年金部門のうち労災保険に相当する部分が労災保険に、失業部門が雇用保険に統合された。

C 高齢化の進展に伴う要介護高齢者の増加や、核家族化の進行など要介護者を支えてきた家族をめぐる状況の変化に対応するため、社会全体で高齢者介護を支える仕組みとして、平成12年に介護保険法が制定・施行された。

D 我が国の老人保健医療対策は、昭和38年に制定された老人福祉法により実施されてきたが、老人医療費の急激な増加を背景として、昭和48年に現在の「高齢者の医療の確保に関する法律」の前身である老人保健法が制定・施行された。

E 健康保険法は、世界初の社会保険であるドイツの医療保険制度を参考に、大正11年に制定・施行された。

解答6

A ×　国民健康保険法は、農山漁村民を対象とし、国民健康保険組合を保険者とする任意加入の医療保険として「昭和13年」に制定・施行された。

B 〇　設問の通り正しい。

C ×　介護保険法は、「平成9年」に制定され、平成12年から施行された。

D ×　老人保健法は、「昭和57年」に制定され、翌「昭和58年2月」に施行された。

E ×　健康保険法は、大正11年に制定されたが、施行されたのは「昭和2年」である。

正解　B

参考

（1）全ての世代で広く安心を支えていく「全世代対応型の社会保障制度」を構築するため、所要の改正が随時行われている。

＜令和5年4月施行＞
・政令で、出産育児一時金及び家族出産育児一時金の額が40万8,000円から48万8,000円に改定された。

＜令和6年1月施行＞
・出産する被保険者に係る産前産後期間相当分（4か月間）の国民健康保険料（国民健康保険税）を公費により免除する措置を講じることとされた。

＜令和6年4月施行＞
① 子育てを社会全体で支援する観点から、後期高齢者医療制度が出産育児一時金等に要する費用の一部を支援する仕組みが導入された。
② 退職者医療制度の廃止

（2）流行初期医療確保拠出金等の納付義務
　新型インフルエンザ等感染症等に係る流行初期医療確保措置の業務及び当該業務に関する事務の処理に要する費用に充てるため、社会保険診療報酬支払基金は、保険者等から流行初期医療確保拠出金等を徴収するものとし、保険者等は流行初期医療確保拠出金等を納付する義務を負うものとされた。

（令和6年4月施行）

これだけは！一般常識演習問題

問題7　社会保障に関する統計資料(1)　択一　Bランク

次の記述のうち、正しいものはどれか。

A 「令和3年度国民医療費の概況（厚生労働省）」によれば、医療機関等における保険診療の対象となり得る傷病の治療に要した費用の推計である令和3年度の国民医療費は全体で50兆円を超え、人口一人当たりでは40万円を超えている。

B 「令和3年度国民医療費の概況（厚生労働省）」によれば、国民医療費は、「公費負担医療給付分」、「医療保険等給付分」、「後期高齢者医療給付分」、「患者等負担分」等に区分されるが、令和3年度の「後期高齢者医療給付分」の割合は全体の45％となっている。

C 「令和3年度国民医療費の概況（厚生労働省）」により、令和3年度の国民医療費を年齢階級別にみると、45〜64歳が最も高く全体の約6割を占めており、次いで、65歳以上、15〜44歳、0〜14歳となっている。

D 「令和3(2021)年度社会保障費用統計の概要（国立社会保障・人口問題研究所）」によれば、2021年度の社会保障給付費の総額は138兆7,433億円であり、部門別にみると、「年金」が55兆8,151億円で総額の40.2％を占めている。次いで、「医療」が47兆4,205億円で総額の34.2％、「福祉その他」が35兆5,076億円で総額の25.6％となっている。

E 生活保護制度の被保護者数は1995（平成7）年を底に増加し、2015（平成27）年3月に過去最高を記録した後減少に転じたが、2023（令和5）年2月には約202.2万人となり、再び増加に転じた。

解答7

A ✕ 「令和3年度国民医療費の概況（厚生労働省）」。令和3年度の国民医療費は45兆359億円、人口一人当たりの国民医療費は35万8,800円で、50兆円、40万円のいずれも超えていない。

プラスα　前年度に比べて、国民医療費は4.8％の増加、人口一人当たりの国民医療費は5.3％の増加となっている。

B ✕ 「令和3年度国民医療費の概況（厚生労働省）」。「後期高齢者医療給付分」は全体の「34.9％」となっている。その他、「公費負担医療給付分」は全体の7.4％、「医療保険等給付分」は全体の45.7％、「患者等負担分」は全体の12.1％となっている。

C ✕ 「令和3年度国民医療費の概況（厚生労働省）」。年齢階級別では、65歳以上が27兆3,036億円で、全体の60.6％を占めており最も高く、次いで、45〜64歳が9兆9,421億円（全体の22.1％）、15〜44歳が5兆3,725億円（同11.9％）、0〜14歳が2兆4,178億円（同5.4％）となっている。

D ○ 「令和3(2021)年度社会保障費用統計の概要（国立社会保障・人口問題研究所）」。設問の通り正しい。

プラスα　前年度からの増加額は、「医療」が4兆7,013億円（11.0％増）、「年金」が1,816億円（0.3％増）、「福祉その他」が1兆6,455億円（4.9％増）である。「医療」は新型コロナウイルスワクチン接種関連費用、医療保険給付の増加、「福祉その他」は子育て世帯等臨時特別支援事業費補助金による増加が大きかった。

E ✕ 「令和5年厚生労働白書」P245。被保護者数は1995（平成7）年を底に増加し、2015（平成27）年3月に過去最高を記録したが、以降減少に転じ、2023（令和5）年2月には約202.2万人となり、前年よりも「減少」し、ピーク時から約15万人減少している。

正解　D

参考　生活保護制度

生活保護制度は、その利用し得る資産や能力その他あらゆるものを活用してもなお生活に困窮する者に対して、その困窮の程度に応じた必要な保護を行うことにより、健康で文化的な最低限度の生活を保障するとともに、その自立を助長する制度であり、社会保障の最後のセーフティネットと言われている。

保護の種類には、生活扶助、住宅扶助、医療扶助等の8種類があり、それぞれ日常生活を送る上で必要となる食費や住居費、病気の治療費などについて、必要な限度で支給されている。

問題8 社会保障に関する統計資料(2) 択一 Cランク

次の記述のうち、誤っているのはどれか。

A 「令和4年度厚生年金保険・国民年金事業の概況（厚生労働省）」によれば、国民年金の第1号被保険者数（任意加入被保険者を含む。）及び第3号被保険者数は、前年に比べ減少しているが、厚生年金被保険者数は増加している。

B 「令和4年度厚生年金保険・国民年金事業の概況（厚生労働省）」によれば、令和4年度末現在における公的年金受給者数（延人数）及び公的年金受給者の年金総額は、ともに前年度末に比べて減少している。

C 「令和4年度の国民年金の加入・保険料納付状況（厚生労働省）」によれば、令和4年度の最終納付率（令和2年度分保険料）は80.7％となり、前年度から2.7ポイント増加している。

D 「令和4年度の国民年金の加入・保険料納付状況（厚生労働省）」によれば、令和4年度末の未納者（国民年金第1号被保険者であって24か月（令和3年4月～令和5年3月）の保険料が未納となっている者）は89万人であり、前年度より17万人減少している。

E 「令和4年公的年金加入状況等調査（厚生労働省）」によれば、20～59歳の者のうち、「老齢基礎年金を受け取るためには、保険料を納めた期間と免除されていた期間等の合計が10年以上必要であること」について知っていると回答した者の割合は、第1号被保険者では5割に満たない。

📖 参考 保険料は過去2年分の納付が可能であり、最終納付率とは、過年度に納付されたものを加えた納付率である。

解答8

A ○ 「令和4年度厚生年金保険・国民年金事業の概況（厚生労働省）」。設問の通り正しい。

B × 「令和4年度厚生年金保険・国民年金事業の概況（厚生労働省）」。令和4年度末現在における公的年金受給者の年金総額は前年度末に比べて3,463億円(0.6％)減少しているが、公的年金受給者数（延人数）については前年度末に比べて11万人(0.1％)「増加」している。

C ○ 「令和4年度の国民年金の加入・保険料納付状況（厚生労働省）」。設問の通り正しい。なお、令和4年度の最終納付率（令和2年度分保険料）は、統計を取り始めた平成16年度の最終納付率（平成14年度分保険料）以降、最高値となっている。

D ○ 「令和4年度の国民年金の加入・保険料納付状況（厚生労働省）」。設問の通り正しい。

⬆ プラスα 厚生年金保険被保険者（第1号厚生年金被保険者の収納率は98.5％）、国民年金第3号被保険者等も含めた公的年金加入対象者全体でみると、未納者は約1％となっている。

E ○ 「令和4年公的年金加入状況等調査（厚生労働省）」。設問の通り正しい。「老齢基礎年金を受け取るためには、保険料を納めた期間と免除されていた期間等の合計が10年以上必要であること」について知っていると回答した者の割合は、第1号被保険者で47.7％となっている。なお、第2号被保険者で53.2％、第3号被保険者で51.4％、第1号未加入者で16.5％となっている。

正解 B

4 社会保険法規

問題1 社会保険労務士法(1) 選択

1. 社会保険労務士法は、社会保険労務士の制度を定めて、その業務の適正を図り、もって労働及び社会保険に関する法令の円滑な実施に寄与するとともに、 A と労働者等の B に資することを目的とする。
2. 紛争解決手続代理業務には、次に掲げる事務が含まれる。
   ① 紛争解決手続について相談に応ずること。
   ② 紛争解決手続の開始から終了に至るまでの間に C を行うこと。
   ③ 紛争解決手続により成立した和解における合意を内容とする契約を締結すること。
3. 社会保険労務士は、事業における労務管理その他の労働に関する事項及び労働社会保険諸法令に基づく社会保険に関する事項について、裁判所において、 D として、弁護士である訴訟代理人とともに出頭し、 E をすることができる。

<選択肢>
① 事業の健全な発達　② 告訴　③ 保護
④ 経済的地位の向上　⑤ 陳述　⑥ 原告
⑦ 事務代理人　⑧ 仲裁　⑨ 調停
⑩ 完全雇用の達成　⑪ 後見人　⑫ 弁明
⑬ 経済と産業の発展　⑭ 主張又は陳述
⑮ 企業の成長　⑯ 福祉の向上　⑰ 補佐人
⑱ 和解の交渉　⑲ 経済の興隆　⑳ あっせん

解答1

社会保険労務士法1条、法2条3項、法2条の2,1項

A：① 事業の健全な発達
B：⑯ 福祉の向上
C：⑱ 和解の交渉
D：⑰ 補佐人
E：⑤ 陳述

Point 紛争解決手続代理業務は、特定社会保険労務士(紛争解決手続代理業務試験に合格し、かつ、その登録に当該試験に合格した旨の付記を受けた社会保険労務士)に限り、行うことができる。

問題2 介護保険法(1) 選択

1. 介護保険法は、 A に伴って生ずる心身の変化に起因する疾病等により要介護状態となり、入浴、排せつ、食事等の介護、機能訓練並びに看護及び療養上の管理その他の医療を要する者等について、これらの者が B し、その有する能力に応じ自立した日常生活を営むことができるよう、必要な保健医療サービス及び福祉サービスに係る給付を行うため、 C の理念に基づき介護保険制度を設け、その行う保険給付等に関して必要な事項を定め、もって国民の保健医療の向上及び福祉の増進を図ることを目的とする。
2. 次の①又は②のいずれかに該当する者は、市町村が行う介護保険の被保険者とする。
   ① 市町村の区域内に住所を有する65歳以上の者
   ② 市町村の区域内に住所を有する D 歳以上65歳未満の E 者

<選択肢>
① 50　② 55　③ 自助と連帯　④ 加齢
⑤ 45　⑥ 障害　⑦ 尊厳を保持　⑧ ストレス
⑨ 40　⑩ 回復　⑪ 威厳を維持　⑫ 被扶養
⑬ 医療保険加入　⑭ 環境の変化
⑮ 労働保険加入　⑯ 国民の共同連帯
⑰ 世代間扶養　⑱ 日本国憲法第25条
⑲ 年金給付受給　⑳ 心身の変化を自覚

解答2

介護保険法1条、法9条

A：④ 加齢
B：⑦ 尊厳を保持
C：⑯ 国民の共同連帯
D：⑨ 40
E：⑬ 医療保険加入

プラスα 市町村の区域内に住所を有している65歳以上の者は、生活保護法による保護を受けている世帯に属する者であっても、介護保険の被保険者となる。

問題3　国民健康保険法(1)・船員保険法　選択　Aランク

1. 国民健康保険法第1条では、「この法律は、国民健康保険事業の健全な運営を確保し、もって　A　の向上に寄与することを目的とする。」と規定しており、同法第2条では、「国民健康保険は、被保険者の　B　に関して必要な保険給付を行うものとする。」と規定している。

2. 国民健康保険法によれば、都道府県は、　C　、市町村（特別区を含む。以下本問において同じ。）の国民健康保険事業の効率的な実施の確保その他の都道府県及び当該都道府県内の市町村の国民健康保険事業の健全な運営について中心的な役割を果たすものとする。

3. 船員保険は、健康保険法による　D　が管掌するものとされているが、当該　D　が管掌する船員保険の事業に関する業務のうち、被保険者の資格の取得及び喪失の確認、標準報酬月額及び標準賞与額の決定並びに　E　（疾病任意継続被保険者に係るものを除く。）並びにこれらに附帯する業務は、厚生労働大臣が行う。

【選択肢】
① 医療の質　　　　　　② 健全な国民生活
③ 保険料の徴収　　　　④ 全国健康保険協会
⑤ 日本年金機構　　　　⑥ 安定的な財政運営
⑦ 健康保険組合　　　　⑧ 健康保険組合連合会
⑨ 医療費の適正化　　　⑩ 老齢、障害又は死亡
⑪ 国民保健と福祉　　　⑫ 社会保障及び国民保健
⑬ 適切な給付事務の実施
⑭ 保険給付に関する業務
⑮ 速やかな保険給付の支給
⑯ 疾病、負傷、障害又は死亡
⑰ 疾病、負傷、出産又は死亡
⑱ 疾病、負傷、老齢又は死亡
⑲ 保健事業及び福祉事業に関する業務
⑳ 保険料の徴収及び保険給付に関する業務

解答3

国民健康保険法1条、法2条、法4条2項、船員保険法4条

A：⑫　社会保障及び国民保健
B：⑰　疾病、負傷、出産又は死亡
C：⑥　安定的な財政運営
D：④　全国健康保険協会
E：③　保険料の徴収

⬆プラスα　国及び市町村の責務（設問文2関連）

・国は、国民健康保険事業の運営が健全に行われるよう必要な各般の措置を講ずるとともに、国民健康保険法第1条に規定する目的の達成に資するため、保健、医療及び福祉に関する施策その他の関連施策を積極的に推進するものとする。

・市町村は、被保険者の資格の取得及び喪失に関する事項、国民健康保険の保険料（地方税法の規定による国民健康保険税を含む。）の徴収、保健事業の実施その他の国民健康事業を適切に実施するものとする。

⬆プラスα　船員保険法の目的

船員保険法は、船員又はその被扶養者の職務外の事由による疾病、負傷若しくは死亡又は出産に関して保険給付を行うとともに、労働者災害補償保険による保険給付と併せて船員の職務上の事由又は通勤による疾病、負傷、障害又は死亡に関して保険給付を行うこと等により、船員の生活の安定と福祉の向上に寄与することを目的とする。

問題4　児童手当法　選択　Aランク

1. 児童手当法は、子ども・子育て支援法に規定する子ども・子育て支援の適切な実施を図るため、 A が子育てについての第一義的責任を有するという基本的認識の下に、児童を養育している者に児童手当を支給することにより、家庭等における B に寄与するとともに、次代の社会を担う児童の C に資することを目的とする。

2. 支給要件児童（施設入所等児童に該当する者はいないものとする。）が３歳に満たない児童及び３歳以上小学校修了前の児童のみで構成されている場合であって、当該３歳以上小学校修了前の児童が１人又は２人いるときは、 D 円に当該３歳に満たない児童の数を乗じて得た額と、 E 円に当該３歳以上小学校修了前の児童の数を乗じて得た額とを合算した額が児童手当の月額となる。

選択肢
① ６万	② 健全な育成	③ 血縁者
④ ５万	⑤ 精神の安定	⑥ １万２千
⑦ ３万	⑧ 生活の安定	⑨ １万５千
⑩ ２万	⑪ 能力の開発	⑫ ２万１千
⑬ １万	⑭ 資質の向上	⑮ 健やかな成長
⑯ 父母	⑰ 学力の向上	⑱ 未成年後見人
⑲ 父母その他の保護者		⑳ 育成環境の整備

Point　児童

児童手当法において「児童」とは、18歳に達する日以後の最初の３月31日までの間にある者であって、日本国内に住所を有するもの又は留学その他の内閣府令で定める理由により日本国内に住所を有しないものをいう。

解答4

児童手当法1条、法6条1項1号

A：⑲　父母その他の保護者
B：⑧　生活の安定
C：⑮　健やかな成長
D：⑨　１万５千
E：⑬　１万

Point　児童手当の支給額

児童手当は、月を単位として支給するものとされ、その額は、１月につき、次の(1)(2)の児童手当の区分に応じ、それぞれの表中の「児童の年齢」の区分ごとに定められた１人当たりの月額にそれぞれの区分における人数を乗じて得た額を合算した額となる。

(1)　中学校修了前の児童に係る児童手当

児童の年齢	１人当たりの月額
3歳未満	15,000円（一律）
3歳以上小学校修了前	10,000円（当該子が第３子以降の子に該当する場合は15,000円）
小学校修了後中学校修了前	10,000円（一律）

(2)　中学校修了前の施設入所等児童に係る児童手当

児童の年齢	１人当たりの月額
3歳未満	15,000円（一律）
3歳以上小学校修了前及び小学校修了後中学校修了前	10,000円（一律）

問題5　高齢者医療確保法(1)・確定拠出年金法(1)　選択　Aランク

1. 高齢者の医療の確保に関する法律は、国民の高齢期における適切な医療の確保を図るため、　A　を推進するための計画の作成及び保険者による健康診査等の実施に関する措置を講ずるとともに、高齢者の医療について、　B　の理念等に基づき、前期高齢者に係る保険者間の費用負担の調整、後期高齢者に対する適切な医療の給付等を行うために必要な制度を設け、もって国民保健の向上及び高齢者の福祉の増進を図ることを目的とする。

2. 確定拠出年金法によれば、当分の間、個人型年金の給付として、次の(1)～(7)のいずれにも該当する者は、個人型年金運用指図者にあっては個人型記録関連運営管理機関に、個人型年金運用指図者以外の者にあっては　C　に、それぞれ脱退一時金の支給を請求することができる。

    (1)　60歳未満であること。
    (2)　企業型年金加入者でないこと。
    (3)　個人型年金加入者になることができる者に該当しないこと。
    (4)　国民年金の任意加入被保険者となることができる日本国籍を有する海外居住者に該当しないこと。
    (5)　障害給付金の受給権者でないこと。
    (6)　その者の通算拠出期間が政令で定める期間内であること又は請求した日における個人別管理資産の額として政令で定めるところにより計算した額が政令で定める額以下であること。
    (7)　最後に企業型年金加入者又は個人型年金加入者の資格を喪失した日から起算して　D　を経過していないこと。

    なお、上記(6)の政令で定める期間は　E　以下で、政令で定める額は25万円とされている。

選択肢
① 3年　② 2年　③ 1年　④ 6月
⑤ 社会扶助　⑥ 社会保障の充実
⑦ 世代間扶養　⑧ 医療費の適正化
⑨ 1年以上5年　⑩ 社会保険の整備
⑪ 1月以上5年　⑫ 資産管理運用機関
⑬ 1年以上3年　⑭ 医療の質の向上
⑮ 1月以上3年　⑯ 国民年金基金連合会
⑰ 国民の共同連帯　⑱ 保険者間の相互連帯
⑲ 運用関連運営管理機関
⑳ 企業型記録関連運営管理機関等

解答5

高齢者医療確保法1条、確定拠出年金法附則3条1項、令60条1項、3項

A：⑧　医療費の適正化
B：⑰　国民の共同連帯
C：⑯　国民年金基金連合会
D：②　2年
E：⑪　1月以上5年

プラスα

当分の間、次の(1)～(3)のいずれにも該当する企業型年金加入者であった者又は次の(1)及び(3)並びに問題文2の(1)～(6)のいずれにも該当する企業型年金加入者であった者は、当該企業型年金の企業型記録関連運営管理機関等に、脱退一時金の支給を請求することができる。

(1)　企業型年金加入者、企業型年金運用指図者、個人型年金加入者又は個人型年金運用指図者でないこと。
(2)　当該請求した日における個人別管理資産の額として政令で定めるところにより計算した額が1万5千円以下であること。
(3)　最後に当該企業型年金加入者の資格を喪失した日が属する月の翌月から起算して6月を経過していないこと。

なお、上記の請求があったときは、当該企業型年金の資産管理機関は、当該企業型記録関連運営管理機関等の裁定に基づき、その請求をした者に脱退一時金を支給する。

問題6 社会保険労務士法(2) 択一 Aランク

次のアからオの記述のうち、正しいものの組合せは、後記AからEまでのうちどれか。なお、問題文中の「開業社会保険労務士等」とは「開業社会保険労務士若しくは開業社会保険労務士の使用人である社会保険労務士又は社会保険労務士法人の社員若しくは使用人である社会保険労務士」をいう。

ア　厚生労働大臣は、社会保険労務士が、故意に、真正の事実に反して申請書等の作成をしたときは、戒告、1年以内の開業社会保険労務士等の業務の停止又は失格処分の処分をすることができる。

イ　厚生労働大臣は、社会保険労務士が、相当の注意を怠り、真正の事実に反して事務代理又は紛争解決手続代理業務を行ったときは、戒告、1年以内の開業社会保険労務士等の業務の停止又は失格処分の処分をすることができる。

ウ　厚生労働大臣は、社会保険労務士に社会保険労務士たるにふさわしくない重大な非行があったときは、戒告、1年以内の開業社会保険労務士等の業務の停止又は失格処分の処分をすることができる。

エ　懲戒処分により社会保険労務士の失格処分を受けた者で、その処分を受けた日から5年を経過しないものは、社会保険労務士試験に合格した者であっても社会保険労務士となる資格を有しない。

オ　厚生労働大臣は、社会保険労務士に対して懲戒処分をしたときは、遅滞なく、その旨を、その理由を付記した書面により当該社会保険労務士に通知するとともに、官報をもって公告しなければならない。

A（アとイ）　　B（アとウ）　　C（イとエ）
D（ウとオ）　　E（エとオ）

Point　厚生労働大臣は、懲戒処分の処分をしようとするときは、聴聞を行わなければならない。

これだけは！一般常識演習問題

解答6

ア　×　社会保険労務士法25条の2,1項。社会保険労務士が、「故意に」真正の事実に反して申請書等を作成したときは、重大な懲戒事由であるため、「戒告」による処分は規定されていない。

イ　×　社会保険労務士法25条の2,2項。社会保険労務士が、「相当の注意を怠り」真正の事実に反して事務代理又は紛争解決手続代理業務を行ったときは、戒告又は1年以内の開業社会保険労務士等の業務の停止の処分をすることはできるが、失格処分の処分をすることはできない。

ウ　○　社会保険労務士法25条の3。設問の通り正しい。なお、申請書等の添付書面・付記の虚偽記載、法令違反の場合も同様である。

エ　×　社会保険労務士法5条4号。懲戒処分により社会保険労務士の失格処分を受けた者で、その処分を受けた日から「3年」を経過しないものは、社会保険労務士試験に合格した者であっても社会保険労務士となる資格を有しない。

オ　○　社会保険労務士法25条の5。設問の通り正しい。

正解　D（ウとオ）

Point　懲戒処分のまとめ
① 故意に真正の事実に反し申請書等を作成したとき
② 故意に真正の事実に反し事務代理・紛争解決手続代理業務を行ったとき
③ 不正行為の指示等を行ったとき
　⇒　1年以内の業務停止又は失格処分
④ 相当の注意を怠り①～③の行為をしたとき
　⇒　戒告又は1年以内の業務停止
⑤ ①～④以外の申請書等の添付書面・付記の虚偽記載、法令違反、重大な非行を行ったとき
　⇒　戒告、1年以内の業務停止又は失格処分

101

問題7　介護保険法(2)　択一　Aランク

次の記述のうち、正しいものはどれか。

A 介護保険法において「要介護状態」とは、身体上又は精神上の障害があるために、入浴、排せつ、食事等の日常生活における基本的な動作の全部又は一部について、原則として2週間にわたり継続して、常時介護を要すると見込まれる状態であって、要介護状態区分のいずれかに該当するもの（要支援状態に該当するものを除く。）をいう。

B 介護給付を受けようとする被保険者は、要介護者に該当すること及びその該当する要介護状態区分について、市町村（特別区を含む。以下本問において同じ。）の認定を受けなければならない。

C 介護給付は、要介護状態にある65歳以上の者のみを対象としている。

D 介護保険法によれば、市町村は、要介護認定を受けた被保険者のうち居宅において介護を受けるもの（以下「居宅要介護被保険者」という。）が、指定居宅介護支援事業者から指定居宅介護支援を受けたときは、当該居宅要介護被保険者に対し、当該指定居宅介護支援に要した費用について居宅介護サービス計画費を支給するが、その給付割合は9割である。

E 介護保険法によれば、指定介護予防サービス事業者の指定は、厚生労働省令で定めるところにより、介護予防サービス事業を行う者の申請により、介護予防サービスの種類及び当該介護予防サービスの種類に係る介護予防サービスを行う事業所ごとに市町村長が行う。

解答7

A ✕　介護保険法7条1項、則2条。設問の「2週間」は正しくは「6月間」である。

⬆️プラスα　介護保険法において「要支援状態」とは、身体上若しくは精神上の障害があるために入浴、排せつ、食事等の日常生活における基本的な動作の全部若しくは一部について、原則として6月間にわたり継続して常時介護を要する状態の軽減若しくは悪化の防止に特に資する支援を要すると見込まれ、又は身体上若しくは精神上の障害があるために原則として6月間にわたり継続して日常生活を営むのに支障があると見込まれる状態であって、要支援状態区分のいずれかに該当するものをいう。

B ◯　介護保険法19条1項。設問の通り正しい。なお、要介護認定を受けようとする被保険者は、申請書に被保険者証を添付して市町村に申請をしなければならない。

⬆️プラスα　要介護認定を受けようとする被保険者は、指定居宅介護支援事業者等又は地域包括支援センターに、申請に関する手続を代わって行わせることができる。

C ✕　介護保険法2条1項、法7条3項、法9条、法18条。介護給付は、要介護状態にある40歳以上65歳未満の者であって、その要介護状態の原因である身体上又は精神上の障害が特定疾病（加齢に伴って生ずる心身の変化に起因する疾病であって政令で定めるもの）によって生じたものであるものも対象とされている（予防給付も同様である。）。

D ✕　介護保険法46条1項、2項。居宅介護サービス計画費の給付割合は、「9割」ではなく、「10割」とされている（1割の自己負担はない。）。

E ✕　介護保険法53条1項、法115条の2,1項。介護予防サービス事業者の指定は、「市町村長」ではなく「都道府県知事」が行う。

正解　B

これだけは！一般常識演習問題

問題8 国民健康保険法(2) 択一

次の記述のうち、誤っているものはどれか。なお、本問において「市町村」には特別区を含むものとし、また、「都道府県等が行う国民健康保険」とは、都道府県が当該都道府県内の市町村とともに行う国民健康保険のことである。

A 国民健康保険組合を設立しようとするときは、15人以上の発起人が規約を作成し、組合員となるべき者300人以上の同意を得て、主たる事務所の所在地の都道府県知事の認可を受けなければならない。

B 生活保護法による保護を受けている世帯（その保護を停止されている世帯を除く。）に属する者は、都道府県等が行う国民健康保険の被保険者にならない。

C 都道府県等が行う国民健康保険の被保険者は、都道府県の区域内に住所を有するに至った日又は国民健康保険法に定められた適用除外のいずれにも該当しなくなった日から、その資格を取得する。

D 市町村及び国民健康保険組合は、被保険者の死亡に関しては、葬祭費の支給又は葬祭の給付を行わなければならない。

E 市町村及び国民健康保険組合は、世帯主又は組合員がその世帯に属する被保険者に係る被保険者資格証明書の交付を受けている場合において、当該被保険者が保険医療機関等又は指定訪問看護事業者について療養を受けたときは、当該世帯主又は組合員に対し、その療養に要した費用について、特別療養費を支給する。

解答8

A ○ 国民健康保険法17条1項、2項。設問の通り正しい。

B ○ 国民健康保険法6条9号。設問の通り正しい。

C ○ 国民健康保険法7条。設問の通り正しい。なお、都道府県等が行う国民健康保険の被保険者は、都道府県の区域内に住所を有しなくなった日の翌日又は国民健康保険法6条（9号及び10号を除く。）に規定される都道府県等が行う国民健康保険の被保険者の適用除外事由のいずれかに該当するに至った日の翌日から、その資格を喪失する。

↑プラスα 都道府県の区域内に住所を有しなくなった日に他の都道府県の区域内に住所を有するに至ったとき、又は生活保護世帯に属する者若しくは国民健康保険組合の被保険者に該当するに至ったときは、その日から、その資格を喪失する。

D × 国民健康保険法58条1項。市町村及び国民健康保険組合は、被保険者の死亡に関しては、条例又は規約の定めるところにより、葬祭費の支給又は葬祭の給付を行うものとされているが、特別の理由があるときは、その全部又は一部を行わないことができるものとされている（相対的必要給付）。なお、被保険者の出産に関する出産育児一時金の支給についても同様である。

E ○ 国民健康保険法54条の3,1項。設問の通り正しい。

正解 D

要点 E関連

市町村は、保険料を滞納している世帯主が、当該保険料の納期限から1年間が経過するまでの間に当該保険料を納付しない場合においては、当該保険料の滞納につき災害その他の政令で定める特別の事情があると認められる場合を除き、当該世帯主に対し被保険者証の返還を求めるものとする。

被保険者証の返還を求められた世帯主が被保険者証を返還したときは、市町村は、当該世帯主に対し、その世帯に属する被保険者（一定の者を除く。）に係る被保険者資格証明書（18歳に達する日以後の最初の3月31日までの間にある者にあっては、有効期間を6月とする被保険者証）を交付する。

103

問題9　高齢者医療確保法(2)

次の記述のうち、正しいものはどれか。

A　都道府県は、医療費適正化基本方針に即して、都道府県医療費適正化計画を定めるものとされている。この計画を定め、又はこれを変更したときは、遅滞なく、これを公表しなければならず、同時に厚生労働大臣に提出するものとされている。

B　都道府県は、特定健康診査等基本指針に即して、6年ごとに、6年を1期として、特定健康診査等の実施に関する計画（特定健康診査等実施計画）を定めるものとされている。

C　75歳未満の者であっても、後期高齢者医療広域連合の区域内に住所を有するものは、後期高齢者医療広域連合が行う後期高齢者医療の被保険者となることがある。

D　後期高齢者医療制度の運営主体は、都道府県の区域ごとに当該区域内のすべての市町村（特別区を含む。）が加入する後期高齢者医療広域連合とされており、保険料の徴収事務や各種申請、届出の受付等の事務について、当該後期高齢者医療広域連合が行う。

E　都道府県は、年度ごとに、後期高齢者医療広域連合から出産育児支援金を徴収し、保険者から出産育児関係事務費拠出金を徴収する。

プラスα
都道府県医療費適正化計画においては、次に掲げる事項等を定めるものとする。
① 住民の健康の保持の推進に関し、当該都道府県における医療費適正化の推進のために達成すべき目標に関する事項
② 医療の効率的な提供の推進に関し、当該都道府県における医療費適正化の推進のために達成すべき目標に関する事項
③ 当該都道府県の医療計画に基づく事業の実施を踏まえ、計画の期間において見込まれる病床の機能の分化及び連携の推進の成果に関する事項

解答9

A　×　高齢者医療確保法9条8項。都道府県医療費適正化計画の公表については、義務規定ではなく、努力義務規定となっている。当該計画を定め、又は変更したときは、遅滞なく、これを公表するよう努めるとともに、厚生労働大臣に提出するものとされている。

プラスα
都道府県医療費適正化計画を定め、又はこれを変更しようとするときは、あらかじめ、関係市町村及び保険者協議会に協議しなければならない。

B　×　高齢者医療確保法18条1項、法19条1項。特定健康診査等実施計画は、「都道府県」ではなく「保険者〔国民健康保険法の定めるところにより都道府県が当該都道府県内の市町村（特別区を含む。以下同じ。）とともに行う国民健康保険にあっては、市町村〕」が定めるものとされている。

C　○　高齢者医療確保法50条2号。設問の通り正しい。75歳未満の者であっても、後期高齢者医療広域連合の区域内に住所を有する65歳以上75歳未満の者であって、一定の障害の状態にある旨の当該後期高齢者医療広域連合の認定を受けたものについては、後期高齢者医療広域連合が行う後期高齢者医療の被保険者となる。

D　×　高齢者医療確保法48条、令2条。後期高齢者医療制度の運営主体は、都道府県の区域ごとに当該区域内のすべての市町村が加入する後期高齢者医療広域連合とされているが、保険料の徴収事務や各種申請、届出の受付等被保険者の便益の増進に資する一定の事務については、「市町村」が行うものとされている。

Point
後期高齢者医療は、高齢者の疾病、負傷又は死亡に関して必要な給付を行うものとする。

E　×　高齢者医療確保法124条の2,1項、法124条の4,1項、法124条の5,1項、法139条1項3号。年度ごとに、後期高齢者医療広域連合から出産育児支援金を徴収し、保険者（国民健康保険法の定めるところにより都道府県が当該都道府県内の市町村とともに行う国民健康保険にあっては、都道府県）から出産育児関係事務費拠出金を徴収するのは、「社会保険診療報酬支払基金」である。

プラスα
社会保険診療報酬支払基金は、出産育児一時金等の支給に要する費用の一部に充てるため、保険者に対して、出産育児交付金を交付する。出産育児交付金は、後期高齢者医療広域連合から徴収する出産育児支援金をもって充てる。

正解　C

問題10 確定拠出年金法(2) 択一 [Bランク]

次の記述のうち、正しいものはいくつあるか。

ア　国民年金の第1号被保険者であって、障害基礎年金の受給権者であることにより、国民年金保険料の法定免除の適用を受けているものは、確定拠出年金の個人型年金の加入者になることができる。

イ　確定拠出年金の給付は、老齢給付金、障害給付金及び死亡一時金とされているが、当分の間、一定の要件に該当する者は、脱退一時金の支給を請求することができる。

ウ　確定拠出年金の企業型年金加入者は、自ら掛金を拠出することはできない。

エ　個人型年金に係る中小事業主掛金を拠出することができる中小事業主とは、企業型年金及び確定給付企業年金を実施していない厚生年金適用事業所の事業主であって、その使用する第1号厚生年金被保険者の数が500人以下のものをいう。

オ　障害給付金は、企業型年金又は個人型年金の加入者又は加入者であった者が、原則として、傷病について障害認定日から65歳に達する日の前日までの間において一定の障害の状態に該当するに至ったときに請求することができるとされている。

A　一つ
B　二つ
C　三つ
D　四つ
E　五つ

これだけは！一般常識演習問題

解答10

ア　○　確定拠出年金法62条1項1号。設問の通り正しい。国民年金の第1号被保険者であっても保険料免除者は、確定拠出年金の個人型年金の加入者になることはできないが、設問のように障害基礎年金等の受給権者であること又は厚生労働省令で定める施設に入所していることにより法定免除を受けている者は、当該保険料免除者から除かれている。

Point　次に掲げる者は、連合会に申し出て、個人型年金加入者となることができる。
① 国民年金の第1号被保険者（保険料免除者を除く。）…第1号加入者
② 国民年金の第2号被保険者（企業型掛金拠出者等を除く。）…第2号加入者
③ 国民年金の第3号被保険者…第3号加入者
④ 国民年金の65歳未満の任意加入被保険者（60歳未満で厚生年金保険法に基づく老齢給付等を受けることができるものを除く。）…第4号加入者

イ　○　確定拠出年金法28条、法73条、法附則2条の2,1項、法附則3条1項。設問の通り正しい。

プラスα　確定給付企業年金法においては、事業主等は、老齢給付金及び脱退一時金を支給するものとし、規約で定めるところにより、障害給付金又は遺族給付金を支給することができるとされている。

ウ　×　確定拠出年金法19条1項、3項。企業型年金における掛金は事業主が拠出することが原則であるが、企業型年金加入者自身も、政令で定める基準に従い規約で定めるところにより、年1回以上、定期的に掛金を拠出することができるものとされている。

エ　×　確定拠出年金法55条2項4号の2、法68条の2,1項。中小事業主掛金を拠出することができる中小事業主とは、企業型年金及び確定給付企業年金を実施していない厚生年金適用事業所の事業主であって、その使用する第1号厚生年金被保険者の数が「300人以下」のものをいう。

オ　×　確定拠出年金法37条1項、法73条、令37条。確定拠出年金法に規定する障害給付金は、原則として、傷病についての障害認定日から「75歳」に達する日の前日までの間において一定の障害の状態に該当するに至ったときに請求することができるとされている。

正解　B（二つ）

問題11 確定給付企業年金法 Bランク

次の記述のうち、誤っているものはどれか。

A 確定給付企業年金とは、事業主が従業員と給付の内容を約し、高齢期において従業員がその内容に基づいた給付を受けることができるようにするものである。

B 加入者である期間を計算する場合には、原則として月によるものとし、加入者の資格を取得した月から加入者の資格を喪失した月の前月までをこれに算入する。ただし、規約で別段の定めをすることができる。

C 事業主(基金型企業年金を実施する場合にあっては基金。以下「事業主等」という。)は、老齢給付金、障害給付金及び死亡一時金の給付を行うものとされるほか、規約で定めるところにより、所定の要件に該当する者の請求に基づき、脱退一時金の給付を行うことができる。

D 年金給付の支給期間及び支払期月は、政令で定める基準に従い規約で定めるところによる。ただし、終身又は5年以上にわたり、毎年1回以上定期的に支給するものでなければならない。

E 老齢給付金の受給権は、①老齢給付金の受給権者が死亡したとき、②老齢給付金の支給期間が終了したとき、③老齢給付金の全部を一時金として支給されたときのいずれかに該当することとなったときは、消滅する。

解答11

A ○ 確定給付企業年金法1条。設問の通り正しい。

プラスα 確定拠出年金は、個人又は事業主が拠出した掛金を個人が自己の責任において運用の指図を行い、高齢期においてその結果に基づいた給付を受けることを目的とするものである。

B ○ 確定給付企業年金法28条1項。設問の通り正しい。

C × 確定給付企業年金法29条。事業主等は、「老齢給付金及び脱退一時金」の給付を行うものとされている。また、規約で定めるところにより、「障害給付金」や「遺族給付金」の給付を行うことができるものとされている。

D ○ 確定給付企業年金法33条。設問の通り正しい。

プラスα 老齢給付金は、年金として支給することが原則とされているが、規約でその全部又は一部を一時金として支給することができることを定めた場合には、政令で定める基準に従い規約に定めるところにより、その全部又は一部を一時金として支給することができる。また、障害給付金や遺族給付金は、規約で定めるところにより、年金又は一時金として支給する。

E ○ 確定給付企業年金法40条。設問の通り正しい。なお、障害給付金及び遺族給付金の受給権についても次の場合に消滅する。
① 受給権者が死亡したとき。
② 支給期間が終了したとき。
③ 給付金の全部を一時金として支給されたとき。

正解 C

これだけは！一般常識演習問題

問題12 費用の負担 択一　Bランク

次のアからオの記述のうち、誤っているものの組合せは、後記AからEまでのうちどれか。

ア　国民健康保険法によれば、国は、国民健康保険組合が行う国民健康保険の財政の安定化を図るため、国民健康保険組合に対し、療養の給付等に要する費用並びに前期高齢者納付金及び後期高齢者支援金、介護納付金並びに流行初期医療確保拠出金の納付に要する費用について、一定の方法により算定した額の100分の32を負担する。

イ　介護保険法によれば、国は、政令で定めるところにより、市町村に対し、介護給付及び予防給付に要する費用の額の100分の20（介護保険施設及び特定施設入居者生活介護に係る介護給付並びに介護予防特定施設入居者生活介護に係る予防給付に要する費用にあっては、100分の25）に相当する額を負担する。

ウ　介護保険法によれば、都道府県は、政令で定めるところにより、市町村に対し、介護予防・日常生活支援総合事業に要する費用の額の100分の12.5に相当する額を交付する。

エ　児童手当法によれば、被用者に対する児童手当の支給に要する費用のうち、3歳未満の児童に係る児童手当の額に係る部分については、その15分の7に相当する額を一般事業主からの拠出金をもって充て、その45分の16に相当する額を国庫が負担し、その45分の4に相当する額を都道府県及び市町村がそれぞれ負担する。

オ　児童手当法によれば、被用者に対する児童手当の支給に要する費用のうち、3歳以上中学校修了前の児童に係る児童手当の額に係る部分については、その3分の2に相当する額を国庫が負担し、その6分の1に相当する額を都道府県及び市町村がそれぞれ負担する。

A（アとイ）　B（アとウ）　C（イとエ）
D（ウとオ）　E（エとオ）

解答12

ア　×　国民健康保険法70条1項。設問の国の負担は、「国民健康保険組合」ではなく「都道府県」に対し行われる。

プラスα　国は、国保組合に対して国民健康保険の事務（前期高齢者納付金等及び後期高齢者支援金等、介護納付金並びに流行初期医療確保拠出金の納付に関する事務を含む。）の執行に要する費用を負担する。

イ　×　介護保険法121条1項、法122条1項、2項。国は、介護給付及び予防給付に要する費用の額の100分の25（介護保険施設及び特定施設入居者生活介護に係る介護給付並びに介護予防特定施設入居者生活介護に係る予防給付に要する費用にあっては、100分の20）に相当する額を負担する。なお、上記の負担割合のうち、100分の5に相当する額は、調整交付金として市町村に交付する。

ウ　〇　介護保険法123条3項。設問の通り正しい。介護予防・日常生活支援総合事業に要する費用については、国はその100分の25（調整交付金として100分の5）に相当する額を、都道府県及び市町村はそれぞれその100分の12.5に相当する額を負担する。

エ　〇　児童手当法18条1項。設問の通り正しい。

オ　〇　児童手当法18条2項。設問の通り正しい。

正解　A（アとイ）

問題13　不服申立て　択一　Aランク

次の記述のうち、誤っているものはいくつあるか。

ア　国民健康保険の保険給付に関する処分（被保険者証の交付の請求又は返還に関する処分を含む。）又は保険料その他国民健康保険法の規定による徴収金に関する処分に不服がある者は、社会保険審査会に審査請求をすることができる。

イ　船員保険の保険給付に関する処分又は保険料等の賦課若しくは徴収の処分に不服がある者は、社会保険審査会に対して審査請求をすることができる。

ウ　後期高齢者医療給付に関する処分（被保険者証の交付の請求又は返還に関する処分を含む。）又は保険料その他後期高齢者医療に係る徴収金（市町村及び後期高齢者医療広域連合が徴収するものに限る。）に関する処分に不服がある者は、後期高齢者医療広域連合に審査請求をすることができる。

エ　介護保険法によれば、要介護認定又は要支援認定に関する処分に不服がある者は、当該認定を行った市町村に審査請求をすることができる。

オ　社会保険労務士名簿への登録の申請をした者は、申請を行った日から2月を経過してもなんらの処分がなされない場合には、当該登録を拒否されたものとして、厚生労働大臣に対して審査請求をすることができる。

A　一つ
B　二つ
C　三つ
D　四つ
E　五つ

解答13

ア　×　国民健康保険法91条1項。設問の場合は、「社会保険審査会」ではなく、「国民健康保険審査会」（各都道府県に設置）に審査請求をすることができる。

イ　×　船員保険法138条1項、法139条。保険給付に関する処分に不服がある者は、「社会保険審査会」ではなく、「社会保険審査官」に対して審査請求をすることができる。なお、「保険料等の賦課若しくは徴収の処分」についての審査請求は、設問の通りである。

ウ　×　高齢者医療確法128条1項。設問の場合は、「後期高齢者医療広域連合」ではなく、「後期高齢者医療審査会」（各都道府県に設置）に審査請求をすることができる。

エ　×　介護保険法183条1項。設問の場合は、「当該認定を行った市町村」ではなく、「介護保険審査会」（各都道府県に設置）に審査請求をすることができる。なお、設問のほか、保険給付に関する処分（被保険者証の交付の請求に関する処分を含む。）や保険料等に関する処分に不服がある者についても介護保険審査会に審査請求をすることができる。

オ　×　社会保険労務士法14条の8,2項。申請を行った日から「2月」ではなく「3月」を経過してもなんらの処分がなされない場合に、厚生労働大臣に対して審査請求をすることができる。なお、設問の場合においては、審査請求のあった日に、全国社会保険労務士会連合会が当該登録を拒否したものとみなされる。

正解　E（五つ）

要点　ア〜エ関連

不服審査制度

・健康保険法、国民年金法、厚生年金保険法※、船員保険法
　→二審制（健康保険法、厚生年金保険法、船員保険法の保険料等に関する処分、脱退一時金に関する処分については一審制）
　※第2号〜第4号厚生年金被保険者の不服申立てについては、一審制

・国民健康保険法、高齢者医療確法、介護保険法
　→一審制

無敵の社労士
③ 完全無欠の直前対策
試験に出るとこ ファイナルチェック！

Part 3

CONTENTS

重要過去問100本ノック!!	110
重要判例 徹底解説 厳選10選！	136
岡根式 これならわかる！社労士 Final Edition －選択式問題 解き方実況中継－	152
TAC講師室特命課年金係 －事例問題について②－	170
書類に注目！雇用保険の受給手続き その3	186
比較認識法®で一発合格！プチ講義 選択対策編	192
チャレンジ！論点マスター	206

ファイナルチェック！試験当日まで使える！
重要過去問100本

TAC社会保険労務士講座　TAC教材開発講師　**如月 時子**

"ちょっと迷う、でも合格する人は必ず取ってくる"そんな過去問を100問集めました。
万が一できない問題があれば、取りこぼしのないように、しっかりと復習しましょう。
どんな角度で出題されてもしっかりとキャッチできるよう、確実な知識にしましょう!!

○労働基準法

No.001 R5-3A
年少者を坑内で労働させてはならないが、年少者でなくても、妊娠中の女性及び坑内で行われる業務に従事しない旨を使用者に申し出た女性については、坑内で行われるすべての業務に就かせてはならない。

No.002 R4-3B
小売業の事業場で経理業務のみに従事する労働者について、対象期間を令和4年1月1日から同年12月31日までの1年間とする労働基準法第36条第1項の協定をし、いわゆる特別条項により、1か月について95時間、1年について700時間の時間外労働を可能としている事業場においては、同年の1月に90時間、2月に70時間、3月に85時間、4月に75時間、5月に80時間の時間外労働をさせることができる。（改題）

No.003 R3-7E
労働基準法第91条にいう「一賃金支払期における賃金の総額」とは、「当該賃金支払期に対し現実に支払われる賃金の総額」をいい、一賃金支払期に支払われるべき賃金の総額が欠勤や遅刻等により少額となったときは、その少額となった賃金総額を基礎として10分の1を計算しなければならない。

No.004 R2-1D
下請負人が、その雇用する労働者の労働力を自ら直接利用するとともに、当該業務を自己の業務として相手方（注文主）から独立して処理するものである限り、注文主と請負関係にあると認められるから、自然人である下請負人が、たとえ作業に従事することがあっても、労働基準法第9条の労働者ではなく、同法第10条にいう事業主である。

No.005 R元-3オ
私有自動車を社用に提供する者に対し、社用に用いた場合のガソリン代は走行距離に応じて支給される旨が就業規則等に定められている場合、当該ガソリン代は、労働基準法第11条にいう「賃金」に当たる。

No.006 H30-1エ
使用者は、労働基準法第56条第1項に定める最低年齢を満たした者であっても、満18歳に満たない者には、労働基準法第36条の協定によって時間外労働を行わせることはできないが、同法第33条の定めに従い、災害等による臨時の必要がある場合に時間外労働を行わせることは禁止されていない。

110

<使いかた>
① 何も見ないで、100問解く
　➡ そのさい、ちょっとでも迷った問題には、問題番号下の□にチェック！

② 答え合わせをする
　➡ □にチェックがある問題は、手持ちの教材を確認し、知識を定着！

No.001 答　✕　法63条、法64条の2,1号。妊娠中の女性及び坑内で行われる業務に従事しない旨を使用者に申し出た産後1年を経過しない女性については、坑内で行われるすべての業務に就かせてはならない。

No.002 答　✕　法36条6項3号。設問の場合、1月～3月の3箇月間において、1箇月当たりの平均時間が80時間を超え、法36条6項3号〔実労働時間の上限規制〕に違反することになるので、このような時間外労働をさせることはできない。

No.003 答　○　法91条、昭和25.9.8基収1338号。設問の通り正しい。

No.004 答　○　法10条、昭和63.3.14基発150号。設問の通り正しい。

No.005 答　✕　法11条、昭和63.3.14基発150号。設問のガソリン代は実費弁償であり、労働基準法にいう「賃金」には該当しない。

No.006 答　○　法60条1項、平成11.3.31基発168号。設問の通り正しい。

No.007 H29-4B
坑内労働その他厚生労働省令で定める健康上特に有害な業務（以下本問において「坑内労働等」という。）の労働時間の延長は、1日について2時間を超えてはならないと規定されているが、坑内労働等とその他の労働が同一の日に行われる場合、例えば、坑内労働等に8時間従事した後にその他の労働に2時間を超えて従事させることは、労働基準法第36条による協定の限度内であっても本条に抵触する。（改題）

No.008 H28-7B
年次有給休暇の発生要件に係る全労働日と出勤率を計算するに当たり、法定休日を上回る所定の休日に労働させた場合におけるその日は、全労働日に含まれる。（改題）

No.009 H27-2D
賃金締切日が毎月月末と定められていた場合において、例えば7月31日に算定事由が発生したときは、なお直前の賃金締切日である6月30日から遡った3か月が平均賃金の算定期間となる。

No.010 H26-3エ
通勤手当は、労働とは直接関係のない個人的事情に基づいて支払われる賃金であるから、労働基準法第37条の割増賃金の基礎となる賃金には算入しないこととされている。

No.011 H21-7C
事業の附属寄宿舎に労働者を寄宿させる使用者は、起床、就寝、外出及び外泊に関する事項、行事に関する事項、食事に関する事項、安全及び衛生に関する事項並びに建設物及び設備の管理に関する事項について寄宿舎規則を作成し、所轄労働基準監督署長に届け出なければならない。

No.012 H19-6B
労働基準法第39条の年次有給休暇を労働者がどのように利用するかは、労働者の自由であるが、ある事業場の労働者が、同じ企業に属する他の事業場における争議行為に年次有給休暇を届け出て参加する場合は、年次有給休暇に名をかりた同盟罷業にほかならないから、それは年次有給休暇権の行使ではない。

○労働安全衛生法

No.013 R5-10E
労働者は、労働安全衛生法の規定により事業者が行う健康診断を受けなければならない。ただし、事業者の指定した医師又は歯科医師が行う健康診断を受けることを希望しない場合において、その旨を明らかにする書面を事業者に提出したときは、この限りでない。

No.007 答 × 法36条6項1号、平成31.4.1基発0401第43号。坑内労働等とその他の労働が同一日中に行われ、かつ、これら2種の労働の労働時間数の合計が1日についての法定労働時間を超えた場合においても、その日における坑内労働等の労働時間数が1日についての法定労働時間数に2時間を加えて得た時間数を超えないときは、法36条1項の手続きが取られている限り適法である。

No.008 答 × 法39条1項、平成25.7.10基発0710第3号。所定の休日に労働させた場合には、その日は、全労働日に含まれない。

No.009 答 ○ 法12条1項、2項、昭和24.7.13基収2044号。設問の通り正しい。平均賃金の算定期間である「これを算定すべき事由の発生した日以前3箇月間」とは、事由の発生した日の前日から遡る3か月間であって、事由の発生した日は含まれない。また、その算定期間は、賃金締切日がある場合には、直前の賃金締切日から起算するものとされている。設問の場合、平均賃金の算定期間は、毎月月末が賃金締切日とされているため、7月30日の直近の賃金締切日である6月30日から遡った3か月となる。

No.010 答 ○ 法37条5項。設問の通り正しい。なお、設問の通勤手当のほか、①家族手当、②別居手当、③子女教育手当、④住宅手当、⑤臨時に支払われた賃金、⑥1箇月を超える期間ごとに支払われる賃金も割増賃金の基礎となる賃金には算入しないこととされている。

No.011 答 ○ 法95条1項、寄宿舎規程1条の2,1項。設問の通り正しい。

No.012 答 × 法39条、最二小昭和48.3.2白石営林署事件、昭和48.3.6基発110号。「他の事業場」における争議行為に休暇中の労働者が参加したか否かは、当該年次有給休暇の成否に影響するところはないとされており、これを年次有給休暇権の行使でないとはいえない。

No.013 答 × 法66条5項。労働者は、労働安全衛生法の規定により事業者が行う健康診断を受けなければならないが、事業者の指定した医師又は歯科医師が行う健康診断を受けることを希望しない場合において、他の医師又は歯科医師の行う同法の規定による健康診断に相当する健康診断を受け、その結果を証明する書面を事業者に提出したときは、この限りでないとされている。

No.014 R4-9E 労働安全衛生法第14条において、作業主任者は、選任を必要とする作業について、経験、知識、技能を勘案し、適任と判断される者のうちから、事業者が選任することと規定されている。

No.015 R元-10C 期間の定めのない労働契約により使用される短時間労働者に対する一般健康診断の実施義務は、1週間の労働時間数が当該事業場において同種の業務に従事する通常の労働者の1週間の所定労働時間数の4分の3以上の場合に課せられているが、1週間の労働時間数が当該事業場において同種の業務に従事する通常の労働者の1週間の所定労働時間数のおおむね2分の1以上である者に対しても実施することが望ましいとされている。

No.016 H27-9A 事業者は、常時50人以上の労働者を使用する事業場ごとに衛生管理者を選任しなければならないが、この労働者数の算定に当たって、派遣就業のために派遣され就業している労働者については、当該労働者を派遣している派遣元事業場及び当該労働者を受け入れている派遣先事業場双方の労働者として算出する。

○労働者災害補償保険法

No.017 R5-6D 医師による傷病の治ゆ認定は、療養補償給付の支給に影響を与えることから、審査請求の対象となる。

No.018 R4-1B 「血管病変等を著しく増悪させる業務による脳血管疾患及び虚血性心疾患等の認定基準（令和3年9月14日付け基発0914第1号）」において、心理的負荷を伴う業務については、精神障害の業務起因性の判断に際して、負荷の程度を評価する視点により検討、評価がなされるが、脳・心臓疾患の業務起因性の判断に際しては、同視点による検討、評価の対象外とされている。（改題）

No.019 R3-2B 腰痛の治療のため、帰宅途中に病院に寄った労働者が転倒して負傷した。病院はいつも利用している駅から自宅とは反対方向にあり、負傷した場所はその病院から駅に向かう途中の路上であった。この場合は、通勤災害と認められない。

No.020 R2-4ア 事業主が、行政庁から厚生労働省令で定めるところにより労災保険法の施行に関し必要な報告を命じられたにもかかわらず、報告をしなかった場合、6月以下の懲役又は30万円以下の罰金に処される。

No.014 × 法14条。労働安全衛生法14条においては、作業主任者は、「都道府県労働局長の免許を受けた者又は都道府県労働局長の登録を受けた者が行う技能講習を修了した者」のうちから、事業者が選任することと規定されている。

No.015 ○ 法66条1項、平成26.7.24基発0724第2号他。設問の通り正しい。

No.016 ○ 法12条1項、令4条、労働者派遣法45条1項、同令6条3項。設問の通り正しい。なお、派遣労働者がいる場合の常時使用する労働者数の算定において、総括安全衛生管理者、衛生管理者、安全衛生推進者、衛生推進者、産業医については派遣元事業場及び派遣先事業場の双方の労働者とみなすため、それぞれの事業場において、派遣中の労働者を含めて算定し、安全管理者については派遣先事業場の労働者とみなすため、派遣先事業場において、派遣中の労働者を含めて算定する。

No.017 × 法38条1項。審査請求の対象となるのは「保険給付に関する決定」であるが、保険給付に関する決定とは、直接、受給権者の権利に法律的効果を及ぼす処分のことをいい、決定の前提にすぎない要件事実の認定(傷病の治ゆ日等の認定、業務上外の認定、給付基礎日額の認定等)は、審査請求の対象とならない。

No.018 × 令和3.9.14基発0914第1号。心理的負荷を伴う業務については、脳・心臓疾患の業務起因性の判断に際しても、設問の認定基準の別表1及び別表2に掲げられている日常的に心理的負荷を伴う業務又は心理的負荷を伴う具体的出来事等について、負荷の程度を評価する視点により検討し、評価することとされている。

No.019 ○ 法7条3項。設問の通り正しい。設問の負傷は、通勤に係る移動の経路を逸脱している間に生じたものであり、通勤災害と認められない。

No.020 ○ 法46条、法51条1号。設問の通り正しい。なお、設問の法46条に基づく命令(報告、文書の提出又は出頭の命令)は、所轄都道府県労働局長又は所轄労働基準監督署長が文書によって行うものとされている。

No.021 R元-5A
療養の給付は、社会復帰促進等事業として設置された病院若しくは診療所又は都道府県労働局長の指定する病院若しくは診療所、薬局若しくは訪問看護事業者（「指定病院等」という。以下本問において同じ。）において行われ、指定病院等に該当しないときは、厚生労働大臣が健康保険法に基づき指定する病院であっても、療養の給付は行われない。

No.022 H30-5D
会社の所定休日においては、労働契約上賃金請求権が生じないので、業務上の傷病による療養中であっても、当該所定休日分の休業補償給付は支給されない。

No.023 H29-2D
傷病補償年金を受ける労働者の障害の程度に変更があり、新たに他の傷病等級に該当するに至った場合には、所轄労働基準監督署長は、裁量により、新たに該当するに至った傷病等級に応ずる傷病補償年金を支給する決定ができる。

No.024 H28-7B
休業特別支給金の額は、1日につき算定基礎日額の100分の20に相当する額とされる。

No.025 H26-2ウ
日本に本社を有する企業であれば、その海外支店に直接採用された者についても、所轄都道府県労働局長に特別加入の申請をして承認を受けることによって、労災保険法が適用される。

No.026 H26-5D
派遣労働者が偽りその他不正の手段により保険給付を受けた理由が、派遣先事業主が不当に保険給付を受けさせることを意図して事実と異なる報告又は証明を行ったためである場合には、政府は、派遣先事業主から、保険給付を受けた者と連帯してその保険給付に要した費用に相当する金額の全部又は一部を徴収することができる。

No.027 H21-6B
既に業務災害による障害の障害等級に応じて障害補償年金を受ける者が新たな業務災害により障害の程度を加重された場合には、その加重された障害の該当する障害等級に応ずる新たな障害補償年金が支給され、その後は、既存の障害に係る従前の障害補償年金は支給されない。

No.028 H19-1D
業務との関連性がある疾病であっても、労働基準法施行規則別表第1の2第1号から第10号までに掲げる疾病その他「業務に起因することの明らかな疾病」に該当しなければ、業務上の疾病とは認められない。（改題）

No.021 答 ○ 則11条1項。設問の通り正しい。

No.022 答 × 法14条1項、最一小昭和58.10.13浜松労基署長(雪島鉄工所)事件。最高裁判所の判例では、「休業補償給付は、労働者が業務上の傷病により療養のため労働不能の状態にあって賃金を受けることができない場合に支給されるものであり、この条件を具備する限り、その者が休日又は出勤停止の懲戒処分を受けた等の理由で雇用契約上賃金請求権を有しない日についても、休業補償給付の支給がされると解するのが相当である。」としている。

No.023 答 × 法18条の2、則18条の3。則18条の3において、所轄労働基準監督署長は、傷病補償年金の受給権者の障害の程度に変更があり、新たに他の傷病等級に該当するに至った場合には、「当該労働者について傷病等級の変更による傷病補償年金の変更に関する決定をしなければならない」と定められている。したがって、「裁量により、新たに該当するに至った傷病等級に応ずる傷病補償年金を支給する決定ができる」ものではない。

No.024 答 × 特別支給金規則3条1項。休業特別支給金の額は、1日につき「休業給付基礎日額」の100分の20に相当する額である。

No.025 答 × 法33条、昭和52.3.30基発192号。日本に本社を有する企業であっても、その海外支店に直接採用(現地採用)された者は、特別加入することができない。

No.026 答 × 法12条の3,2項、昭和61.6.30基発383号。「派遣先」事業主については、不正受給者からの費用徴収に係る連帯納付命令の規定は適用されない。

No.027 答 × 則14条5項。設問の場合、加重された障害の該当する障害等級に応ずる障害補償年金の額から、既存の障害に係る障害等級に応ずる障害補償年金の額を差し引いた額の障害補償年金が支給され、その差額の年金とともに、既存の障害に係る従前の障害補償年金も引き続き支給される。

No.028 答 ○ 法7条1項1号、労基法75条2項、労基則35条、同則別表第1の2。設問の通り正しい。

○雇用保険法

No.029 R5-2A
基本手当に係る失業の認定日において、前回の認定日から今回の認定日の前日までの期間の日数が14日未満となる場合、求職活動を行った実績が1回以上確認できた場合には、当該期間に属する、他に不認定となる事由がある日以外の各日について、失業の認定が行われる。

No.030 R4-6ウ
産後6週間を経過した被保険者の請求により産後8週間を経過する前に産後休業を終了した場合、その後引き続き育児休業を取得したときには、当該産後休業終了の翌日から対象育児休業となる。

No.031 R3-4B
いわゆる登録型派遣労働者については、派遣就業に係る雇用契約が終了し、雇用契約の更新・延長についての合意形成がないが、派遣労働者が引き続き当該派遣元事業主のもとでの派遣就業を希望していたにもかかわらず、派遣元事業主から当該雇用契約期間の満了日までに派遣就業を指示されなかったことにより離職した者は、特定理由離職者に該当する。

No.032 R2-3C
厚生労働大臣は、その地域における基本手当の初回受給率が全国平均の初回受給率の1.5倍を超え、かつ、その状態が継続すると認められる場合、当該地域を広域延長給付の対象とすることができる。

No.033 R元-7E
国庫は、毎年度、予算の範囲内において、就職支援法事業に要する費用（雇用保険法第66条第1項第5号に規定する費用を除く。）及び雇用保険事業の事務の執行に要する経費を負担する。（改題）

No.034 H30-7ア
適用事業の事業主は、雇用保険の被保険者に関する届出を事業所ごとに行わなければならないが、複数の事業所をもつ本社において事業所ごとに書類を作成し、事業主自らの名をもって当該届出をすることができる。

No.035 H29-6D
育児休業給付金の支給対象となる男性が取得する育児休業は、配偶者（婚姻の届出をしていないが、事実上婚姻関係と同様の事情にある者を含む。）の出産日から8週間を経過した日を起算日とする。

No.036 H28-6E
受給資格者が基本手当の受給資格に係る離職後最初に公共職業安定所に求職の申込みをした日以後において、失業している日が通算して7日に満たない間であっても、他の要件を満たす限り、専門実践教育に係る教育訓練支援給付金が支給される。

No.037 H27-4オ
適用事業Aで一般被保険者として2年間雇用されていた者が、Aの離職後傷病手当を受給し、その後適用事業Bに2年間一般被保険者として雇用された場合、当該離職期間が1年以内であり過去に教育訓練給付金の支給を受けていないときには、当該一般被保険者は教育訓練給付金の対象となる。

○ 法15条5項、行政手引51254。設問の通り正しい。

× 法61条の7,1項、行政手引59503。設問の場合、産後8週間を経過するまでは、産後休業とみなされ、この間は対象育児休業とならない。

○ 法13条3項、則19条の2,1号、行政手引50305-2。設問の通り正しい。

× 法25条1項、令6条1項。広域延長給付の対象となるのは、その地域における基本手当の初回受給率が全国平均の初回受給率の「2倍以上」となり、かつ、その状態が継続すると認められる場合である。

○ 法66条6項。設問の通り正しい。

○ 則3条、行政手引22001。設問の通り正しい。

× 法61条の7,1項、行政手引59503。男性が育児休業給付金の支給対象となる育児休業を取得する場合は、配偶者の出産予定日又は当該育児休業の申出に係る子の出生日のいずれか早い日から対象育児休業とすることができる。

× 法附則11条の2,4項、行政手引58615。設問の待期の期間については、教育訓練支援給付金は支給されない。

○ 法60条の2,1項、2項、法附則11条、則101条の2の7、則附則24条。設問の通り正しい。過去に教育訓練給付金の支給を受けたことがない設問の者は、一般教育訓練及び特定一般教育訓練に係る教育訓練給付金の支給要件期間（1年以上）並びに専門実践教育訓練に係る教育訓練給付金の支給要件期間（2年以上）のどちらも満たすことができる。また、支給要件期間を算定する場合に、基本手当や傷病手当等の支給の有無は影響しないため、設問の場合（離職期間が1年以内）は、適用事業A及びBで被保険者として雇用された期間を通算することができる。

No.038 H26-1A
事業主が健康障害の生ずるおそれがある旨を行政機関から指摘されたにもかかわらず、事業所において健康障害を防止するために必要な措置を講じなかったことで健康障害の生ずるおそれがあるとして離職した者は、当該離職の日以前1年間に被保険者期間が通算して6か月以上あれば、他の要件を満たす限り、基本手当を受給することができる。

No.039 H25-5B
高年齢雇用継続給付受給資格確認票・(初回)高年齢雇用継続給付支給申請書に記載された事項については、事業主の証明を受けなければならない。

No.040 H24-6A
日雇労働求職者給付金のいわゆる特例給付の支給を受けるためには、少なくとも、雇用保険法第53条第1項第2号にいう基礎期間の最後の月の翌月以後4月間(当該特例給付について公共職業安定所長に申出をした日が当該4月の期間内にあるときは、同日までの間)に、日雇労働求職者給付金のいわゆる普通給付の支給を受けていないことが必要である。

◯労働保険徴収法

No.041 R5-災8E
中小事業主等が行う事業に係る労災保険率が1,000分の9であり、当該中小事業主等に雇用される者が労災保険法第36条第1項の規定により保険給付を受けることができることとされた者である場合、当該者に係る給付基礎日額が12,000円のとき、令和5年度の保険年度1年間における第3種特別加入保険料の額は39,420円となる。なお、保険年度の中途に特別加入者の事業の変更や異動等はないものとする。(改題)

No.042 R4-災10B
労災保険に係る保険関係が成立している造林の事業であって、労働保険徴収法第11条第1項、第2項に規定する賃金総額を正確に算定することが困難なものについては、所轄都道府県労働局長が定める素材1立方メートルを生産するために必要な労務費の額に、生産するすべての素材の材積を乗じて得た額を賃金総額とする。

No.043 R3-災8C
労災保険に加入する以前に労災保険暫定任意適用事業において発生した業務上の傷病に関して、当該事業が労災保険に加入した後に事業主の申請により特例として行う労災保険の保険給付が行われることとなった労働者を使用する事業である場合、当該保険関係が成立した後1年以上経過するまでの間は脱退が認められない。

No.044 R元-災9B
継続事業(一括有期事業を含む。)の事業主は、保険年度の中途に労災保険法第34条第1項の承認が取り消された事業に係る第1種特別加入保険料に関して、当該承認が取り消された日から50日以内に確定保険料申告書を提出しなければならない。

No.045 H26-雇10E
事業主が、行政庁の職員による実地調査等によって印紙保険料の納付を怠っていることが判明し、正当な理由によって納付することができなかったことが認められた場合には、所轄都道府県労働局歳入徴収官は調査を行い、印紙保険料の額を決定し、調査決定の上納入告知書を発することとされているが、当該決定された印紙保険料の納期限は、調査決定をした日から20日以内の休日でない日とされている。

No.038 ○ 法13条1項、2項、法23条2項2号、則36条5号ニ、行政手引50305。設問の通り正しい。設問の者は、倒産・解雇等離職者とされ、離職の日以前2年間（算定対象期間）に被保険者期間が通算して12か月以上ない場合でも、離職の日以前1年間に被保険者期間が通算して6か月以上あれば、他の要件を満たす限り、基本手当を受給することができる。

No.039 ○ 則101条の5,7項、則101条の7,2項。設問の通り正しい。

No.040 × 法53条1項3号。「4月」を「2月」とすると正しい記述になる。日雇労働求職者給付金のいわゆる特例給付の支給を受けるためには、少なくとも、基礎期間の最後の月の翌月以後2月間（申出をした日が当該2月の期間内にあるときは、同日までの間）に日雇労働求職者給付金のいわゆる普通給付の支給を受けていないことが必要である。

No.041 × 法14条の2,1項、則23条の2、則23条の3。第3種特別加入保険料率は、一律に1000分の3と定められているため、設問の場合の第3種特別加入保険料の額は、12,000円×365×3/1000＝「13,140円」である。

No.042 × 法11条3項、則12条3号、則15条。設問の事業については、その事業の労働者につき労働基準法12条8項の規定に基づき厚生労働大臣が定める平均賃金に相当する額に、それぞれの労働者の使用期間の総日数を乗じて得た額の合算額を賃金総額とする。

No.043 × 整備法8条2項3号。設問の事業については、特別保険料が徴収されるため、保険関係が成立した後1年以上を経過していても、特別保険料の徴収期間が経過していなければ脱退が認められないことになる。

No.044 ○ 法19条1項。設問の通り正しい。

No.045 ○ 法25条1項、則38条5項、平成15.3.31基発0331002号。設問の通り正しい。

No.046 H25-雇10B
所轄都道府県労働局歳入徴収官は、労働保険料その他労働保険徴収法の規定による徴収金を納付しない事業主に対して、期限を指定して督促を行うが、指定された期限までに納付しない事業主からは、指定した期限の翌日から完納の前日までの日数に応じ、所定の割合を乗じて計算した延滞金を徴収する。

○健康保険法

No.047 R5-1A
適用業種である事業の事業所であって、常時5人以上の従業員を使用する事業所は適用事業所とされるが、事業所における従業員の員数の算定においては、適用除外の規定によって被保険者とすることができない者であっても、当該事業所に常時使用されている者は含まれる。

No.048 R4-9B
被保険者が出産手当金の支給要件に該当すると認められれば、その者が介護休業期間中であっても当該被保険者に出産手当金が支給される。

No.049 R3-3E
公害健康被害の補償等に関する法律（以下本問において「公害補償法」という。）による療養の給付、障害補償費等の補償給付の支給がされた場合において、同一の事由について当該補償給付に相当する給付を支給すべき健康保険の保険者は、公害補償法により支給された補償給付の価額の限度で、当該補償給付に相当する健康保険による保険給付は行わないとされている。

No.050 R2-9C
育児休業取得中の被保険者について、給与の支払いが一切ない育児休業取得中の期間において昇給があり、固定的賃金に変動があった場合、実際に報酬の支払いがないため、育児休業取得中や育児休業を終了した際に当該固定的賃金の変動を契機とした標準報酬月額の随時改定が行われることはない。

No.051 R元-2D
標準報酬月額が28万円以上53万円未満である74歳の被保険者で高額療養費多数回該当に当たる者であって、健康保険の高額療養費算定基準額が44,400円である者が、月の初日以外の日において75歳に達し、後期高齢者医療制度の被保険者の資格を取得したことにより、健康保険の被保険者資格を喪失したとき、当該月における外来診療に係る個人単位の健康保険の高額療養費算定基準額は22,200円とされている。

No.052 H30-1エ
健康保険組合は、分割しようとするときは、当該健康保険組合に係る適用事業所に使用される被保険者の4分の3以上の多数により議決し、厚生労働大臣の認可を受けなければならない。

No.046 × 法28条1項。延滞金は、労働保険料の額について、「督促状に指定した期限の翌日」からではなく、「法定の納期限の翌日」から完納の前日（又は財産差押えの日の前日）までの日数に応じ、所定の割合を乗じて計算する。なお、設問前半は正しい。

No.047 ○ 法3条3項1号、昭和18.4.5保発905号。設問の通り正しい。

No.048 ○ 法102条、平成11.3.31保険発46号・庁保険発9号。設問の通り正しい。なお、同一期間内に事業主から介護休業手当等で報酬と認められるものが支給される場合には、出産手当金の支給額について調整が行われる。

No.049 ○ 法55条4項、公害補償法14条1項、公害補償令7条1項1号、昭和50.12.8保険発110号・庁保険発20号。設問の通り正しい。

No.050 × 法43条1項、令和5.6.27事務連絡。設問の場合、実際に変動後の報酬を受けた月を起算月として随時改定が行われる。

No.051 ○ 法115条、令41条4項、令42条3項4号、4項4号、平成20.12.12保険発1212003号。設問の通り正しい。月の途中（2日～末日）で75歳に達し、後期高齢者医療制度に移行する健康保険の被保険者及び被扶養者のその月の高額療養費算定基準額については、特例により通常の額の2分の1の額に設定されており、個人単位で適用される。

No.052 × 法24条1項。健康保険組合は、分割しようとするときは、「当該健康保険組合に係る適用事業所に使用される被保険者」ではなく、「組合会において組合会議員の定数」の4分の3以上の多数により議決し、厚生労働大臣の認可を受けなければならない。

No.053 H29-5B
従業員が3人の任意適用事業所で従業員と同じような仕事に従事している個人事業所の事業主は、健康保険の被保険者となることができる。

No.054 H28-4A
被保険者の被扶養者が第三者の行為により死亡し、被保険者が家族埋葬料の給付を受けるときは、保険者は、当該家族埋葬料の価額の限度において当該被保険者が当該第三者に対して有する損害賠償請求権を代位取得し、第三者に対して求償できる。

No.055 H28-6A
健康保険法第116条では、被保険者又は被保険者であった者が、自己の故意の犯罪行為により又は故意に給付事由を生じさせたときは、当該給付事由に係る保険給付は行われないと規定されているが、被扶養者に係る保険給付についてはこの規定が準用されない。

No.056 H27-1D
被保険者の配偶者で届出をしていないが事実上婚姻関係と同様の事情にあるものの祖父母は、日本国内に住所を有し、その被保険者と同一の世帯に属し、主としてその被保険者により生計を維持する場合であっても、被扶養者とはならない。（改題）

No.057 H26-9E
5月25日が出産予定日（多胎妊娠ではない。）である被保険者が、同年3月20日に勤務していた適用事業所を退職し、被保険者の資格を喪失した場合、資格喪失日の前日において引き続き1年以上の被保険者期間（任意継続被保険者期間、特例退職被保険者期間又は共済組合の組合員である期間を除く。）があれば、資格喪失後に出産手当金の継続給付を受けることができる。

No.058 H26-10B
被保険者が、業務外の事由による疾病で労務に服することができなくなり、6月4日から欠勤し、同年6月7日から傷病手当金が支給された。その後病状は快方に向かい、同年9月1日から職場復帰したが、同年12月1日から再び同一疾病により労務に服することができなくなり欠勤したため、傷病手当金の請求を行った。この傷病手当金の支給期間は、同年6月7日から通算して1年6か月間である。（改題）

No.059 H24-7A
被保険者（任意継続被保険者を除く。）が出産したときは、出産の日（出産の日が出産の予定日後であるときは、出産の予定日）以前42日（多胎妊娠の場合においては、98日）から出産の日後56日までの間において労務に服さなかった期間、出産手当金として、一日につき、原則として、出産手当金の支給を始める日の属する月以前の直近の継続した12月間の各月の標準報酬月額を平均した額の30分の1に相当する額の3分の2に相当する金額が支給される。（改題）

No.060 H22-9E
被保険者の疾病または負傷については、①診察、②薬剤または治療材料の支給、③処置、手術その他の治療、④居宅における療養上の管理及びその療養に伴う世話その他の看護、⑤病院または診療所への入院及びその療養に伴う世話その他の看護、以上の療養の給付を行う。

No.053 答　× 法3条1項。個人事業所の事業主は、使用される者に該当しないので健康保険の被保険者となることはない。

No.054 答　○ 法57条1項カッコ書、昭和48.9.26保発34号・庁保発16号。設問の通り正しい。

No.055 答　× 法116条、法122条。設問の規定は、被扶養者に係る保険給付について準用される。

No.056 答　○ 法3条7項3号。設問の通り正しい。被保険者の配偶者で届出をしていないが事実上婚姻関係と同様の事情にあるものの「父母及び子」については、国内居住等の要件を満たし、その被保険者と同一の世帯に属し、かつ、主としてその被保険者により生計を維持している場合に、原則として被扶養者として認められるが、当該配偶者の「祖父母」については、被扶養者として認められることはない。

No.057 答　× 法104条、法附則3条6項、平成18.8.18事務連絡。設問の場合は、出産手当金の継続給付を受けることはできない。出産手当金の継続給付は、出産予定日の42日（多胎妊娠の場合においては、98日）前の日が資格喪失日の前日以前であり、継続給付の要件を満たしている場合に受けることができる。

No.058 答　○ 法99条1項、4項。設問の通り正しい。

No.059 答　○ 法99条1項カッコ書、法102条。設問の通り正しい。なお、設問の金額に、50銭未満の端数があるときはこれを切り捨て、50銭以上1円未満の端数があるときはこれを1円に切り上げるものとされている。

No.060 答　○ 法63条1項。設問の通り正しい。労災保険の「療養の給付」の場合は、「移送」も含まれるので、混同しないよう注意しよう。

○国民年金法

4月に第1号被保険者としての保険料を納付した者が、同じ月に第2号被保険者への種別の変更があった場合には、4月は第2号被保険者であった月とみなし、第1号被保険者としての保険料の納付をもって第2号被保険者としての保険料を徴収したものとみなす。

被保険者又は被保険者であった者からの国民年金原簿の訂正請求の受理に関する厚生労働大臣の権限に係る事務は、日本年金機構に行わせるものとされている。

保険料納付済期間又は保険料免除期間（学生納付特例及び納付猶予の規定により納付することを要しないものとされた保険料に係るものを除く。）を合算した期間を23年有している者が、合算対象期間を3年有している場合、遺族基礎年金の支給要件の規定の適用については、「保険料納付済期間と保険料免除期間とを合算した期間が25年以上であるもの」とみなされる。

併給の調整に関し、国民年金法第20条第1項の規定により支給を停止されている年金給付の同条第2項による支給停止の解除の申請は、いつでも、将来に向かって撤回することができ、また、支給停止の解除の申請の回数について、制限は設けられていない。

保険料の一部の額につき納付することを要しないものとされた被保険者には、保険料の前納に関する規定は適用されない。

失踪の宣告を受けたことにより死亡したとみなされた者に係る遺族基礎年金の支給に関し、死亡とみなされた者についての保険料納付要件は、行方不明となった日において判断する。

死亡日の前日において死亡日の属する月の前月までの第1号被保険者としての被保険者期間に係る保険料納付済期間を5年と合算対象期間を5年有する夫が死亡した場合、所定の要件を満たす妻に寡婦年金が支給される。なお、当該夫は上記期間以外に第1号被保険者としての被保険者期間を有しないものとする。

寡婦年金は、夫の死亡について労働基準法の規定による遺族補償が行われるべきものであるときは、死亡日から6年間、その支給が停止される。

第1号被保険者として継続して保険料を納付してきた者が平成29年3月31日に死亡した場合、第1号被保険者としての被保険者期間は同年2月までとなり、保険料を納付することを要しないとされている場合を除き、保険料も2月分まで納付しなければならない。

No.061 × 法11条の2、法87条2項、法94条の6。設問後段のような規定はない。設問の場合、4月は第2号被保険者であった月とみなされるため、4月について、国民年金の保険料は徴収されない。なお、納付した4月分の保険料は、その者の請求により還付される。

 No.062 ○ 法109条の4,1項4号。設問の通り正しい。

 No.063 ○ 法附則9条1項、(16)法附則19条4項、(26)法附則14条3項。設問の通り正しい。保険料納付済期間又は保険料免除期間(学生納付特例及び納付猶予の規定により納付することを要しないものとされた保険料に係るものを除く。)を有する者のうち、保険料納付済期間と保険料免除期間とを合算した期間が25年に満たない者であって保険料納付済期間、保険料免除期間及び合算対象期間を合算した期間が25年以上であるものは、遺族基礎年金の支給要件の規定の適用については、「保険料納付済期間と保険料免除期間とを合算した期間が25年以上であるもの」とみなされる。

 No.064 ○ 法20条1項、2項、4項。設問の通り正しい。

 No.065 × 法93条1項。保険料4分の3免除期間、保険料半額免除期間又は保険料4分の1免除期間に係る納付すべき保険料についても、前納は可能である。

 No.066 × 法18条の4、法37条。失踪の宣告を受けたことにより死亡したとみなされた者に係る法37条(遺族基礎年金の支給要件)の規定については、「死亡日」を「行方不明となった日」と読み替えて適用されることとされているため、死亡日の前日において判断される保険料納付要件については、行方不明となった日の前日において判断されることとなる。

 No.067 × 法49条1項。設問の死亡した夫は、保険料納付済期間と保険料免除期間とを合算した期間を10年以上有さないため、妻に寡婦年金は支給されない。

 No.068 ○ 法52条。設問の通り正しい。

 No.069 × 法9条1号、法11条1項、法87条2項。設問の第1号被保険者の資格喪失日は平成29年4月1日であるため、同年3月までが第1号被保険者としての被保険者期間となり、保険料は3月分まで納付しなければならない。

No.070 H27-1E
厚生年金保険の在職老齢年金を受給する65歳以上70歳未満の被保険者の収入によって生計を維持する20歳以上60歳未満の配偶者は、第3号被保険者とはならない。

No.071 H27-4E
国民年金基金が支給する一時金については、給付として支給を受けた金銭を標準として、租税その他の公課を課することができる。

No.072 H26-8C
4月1日に被保険者の資格を取得した者について、同年4月30日にその資格を喪失した場合は1か月が被保険者期間に算入され、同年5月31日にその資格を喪失した場合にも同様に1か月が被保険者期間に算入される。なお、いずれの場合も資格を喪失した月にさらに被保険者の資格を取得していないものとする。

No.073 H26-10A
厚生年金保険の被保険者である40歳の女性が死亡し、子が遺族厚生年金を受給する場合は、その死亡した被保険者により生計を維持していた40歳の夫が、被保険者の死亡した当時、死亡した被保険者の子と生計を同じくしていたとしても、子が遺族厚生年金を受給している間は、夫の遺族基礎年金は支給停止される。

No.074 H25-6E
昭和36年5月1日以後、国籍法の規定により日本国籍を取得した者（20歳に達した日の翌日から65歳に達した日の前日までの間に日本国籍を取得した者に限る。）で日本に住所を有していなかった20歳以上60歳未満の期間のうち、昭和36年4月1日から日本国籍を取得した日の前日までの期間は、老齢基礎年金の合算対象期間に算入される。

○厚生年金保険法

No.075 R5-1A
厚生年金保険法第26条に規定する3歳に満たない子を養育する被保険者等の標準報酬月額の特例についての実施機関に対する申出は、第1号厚生年金被保険者又は第4号厚生年金被保険者はその使用される事業所の事業主を経由して行い、第2号厚生年金被保険者又は第3号厚生年金被保険者は事業主を経由せずに行う。（改題）

No.076 R5-3E
被保険者であった70歳以上の者で、日々雇い入れられる者として船舶所有者以外の適用事業所に臨時に使用されている場合（1か月を超えて引き続き使用されるに至っていないものとする。）、その者は、厚生年金保険法第27条で規定する「70歳以上の使用される者」には該当しない。

No.077 R4-5D
老齢厚生年金の支給繰下げの申出を行った場合でも、経過的加算として老齢厚生年金に加算された部分は、当該老齢厚生年金の支給繰下げの申出に応じた増額の対象とはならない。

重要過去問100本ノック!!

○ 法7条1項2号、3号、法附則3条。設問の通り正しい。65歳以上で在職老齢年金を受給する厚生年金保険の被保険者は第2号被保険者ではないので、その者によって生計を維持する20歳以上60歳未満の配偶者は、第3号被保険者とはならない。

× 法25条、法133条。国民年金基金が支給する一時金については、租税その他の公課を課することができない。

○ 法11条1項、2項。設問の通り正しい。4月1日に被保険者の資格を取得した者が同年4月30日にその資格を喪失した場合には、いわゆる同月得喪となり、その月は1か月として被保険者期間に算入される。また、この者が、同年5月31日にその資格を喪失した場合には、資格喪失日の属する月の前月までが被保険者期間に算入されるため、この場合も1か月が被保険者期間に算入されることになる。

× 法41条2項。設問の場合、子に対する遺族基礎年金が支給停止され、夫に対する遺族基礎年金は支給停止されない。

○ (60)法附則8条5項11号。設問の通り正しい。日本国籍を取得した者が、日本国内に住所を有していなかった期間についても、合算対象期間に算入することができる。

○ 法26条1項、4項。設問の通り正しい。

○ 法12条1号イ、法27条、則10条の4。設問の通り正しい。「70歳以上の使用される者」とは、被保険者であった70歳以上の者であって、適用事業所に使用され、かつ、法12条各号(適用除外)に定める者に該当しないものをいう。

× 令3条の5の2、1項。経過的加算として老齢厚生年金に加算された部分は、当該老齢厚生年金の支給繰下げの申出に応じた増額の対象となる。

129

No.078 R3-8E 老齢厚生年金に配偶者の加給年金額が加算されるためには、老齢厚生年金の年金額の計算の基礎となる被保険者期間の月数が240以上という要件があるが、当該被保険者期間には、離婚時みなし被保険者期間を含めることはできない。

No.079 R3-9B 昭和33年4月10日生まれの男性は、第1号厚生年金被保険者として4年、第2号厚生年金被保険者として40年加入してきた（これらの期間以外被保険者期間は有していないものとする。）。当該男性は、厚生年金保険の被保険者でなければ、63歳から定額部分と報酬比例部分の特別支給の老齢厚生年金が支給される。

No.080 R2-9B 第1号厚生年金被保険者に係る適用事業所の事業主は、被保険者が70歳に到達し、引き続き当該事業所に使用されることにより70歳以上の使用される者の要件（厚生年金保険法施行規則第10条の4の要件をいう。）に該当する場合であって、当該者の標準報酬月額に相当する額が70歳到達日の前日における標準報酬月額と同額である場合は、70歳以上被用者該当届及び70歳到達時の被保険者資格喪失届を省略することができる。

No.081 R2-8E 年金たる保険給付の受給権者が、正当な理由がなくて、実施機関が必要があると認めて行った受給権者の身分関係に係る事項に関する職員の質問に応じなかったときは、年金たる保険給付の額の全部又は一部につき、その支給を停止することができる。

No.082 R元-8B 月給制である給与を毎月末日に締め切り、翌月10日に支払っている場合、4月20日に育児休業から職場復帰した被保険者の育児休業等終了時改定は、5月10日に支払った給与、6月10日に支払った給与及び7月10日に支払った給与の平均により判断する。

No.083 R元-3A 傷病に係る初診日に厚生年金保険の被保険者であった者であって、かつ、当該初診日の属する月の前々月までに、国民年金の被保険者期間を有しない者が、障害認定日において障害等級に該当する程度の障害の状態になかったが、障害認定日後から65歳に達する日までの間に、その傷病により障害等級に該当する程度の障害の状態に該当するに至った場合、その期間内に、障害厚生年金の支給を請求することができる。

No.084 H30-9E 雇用保険法に基づく基本手当と60歳台前半の老齢厚生年金の調整は、当該老齢厚生年金の受給権者が、管轄公共職業安定所への求職の申込みを行うと、当該求職の申込みがあった月の翌月から当該老齢厚生年金が支給停止されるが、当該基本手当の受給期間中に失業の認定を受けなかったことにより、1日も当該基本手当の支給を受けなかった月が1か月あった場合は、受給期間経過後又は受給資格に係る所定給付日数分の当該基本手当の支給を受け終わった後に、事後精算の仕組みによって直近の1か月について当該老齢厚生年金の支給停止が解除される。

○ 法44条1項、法78条の11。設問の通り正しい。老齢厚生年金の額の計算の基礎となる被保険者期間の月数が240以上であることが、加給年金額の加算要件の一つとされているが、この場合、離婚時みなし被保険者期間を除いた(実際の)被保険者期間の月数が240以上であることを要する。

× 法附則8条の2,1項、法附則9条の3,1項、法附則20条2項。2以上の種別の被保険者であった期間を有する者に係る老齢厚生年金について、いわゆる長期加入者の特例の要件である「被保険者期間が44年以上であること。」の判定に当たっては、2以上の種別の被保険者であった期間に係る被保険者期間を合算せず、各号の厚生年金被保険者期間ごとに行う。

○ 則15条の2,1項、則22条1項4号。設問の通り正しい。

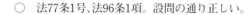

○ 法77条1号、法96条1項。設問の通り正しい。

× 法23条の2,1項。育児休業等終了時改定は、育児休業等を終了した日の翌日が属する月以後の3月間に受けた報酬(原則として、報酬支払の基礎となった日数が17日未満である月があるときは、その月を除く。)の平均により判断する。したがって、設問の場合は、4月10日、5月10日及び6月10日に支払った給与の平均により判断することとなる。なお、設問の者が、仮に育児休業をした日数分給与が差し引かれる場合には、4月は給与の支払いがなく、5月については、報酬支払基礎日数が17日未満であるため、6月10日に支払った給与により判断することとなる。

× 法47条1項ただし書、法47条の2,1項、2項。いわゆる事後重症による障害厚生年金は、障害認定日後から「65歳に達する日の前日」までの間において、障害等級に該当する程度の障害の状態に該当するに至った場合に、その期間内に請求することができるとされている。

× 法附則7条の4,1項、2項1号、3項、法附則11条の5、則34条の3。1日も基本手当の支給を受けなかった月(厳密には、基本手当の支給を受けた日とみなされる日がなかった月)が1か月あった場合は、その月の分の老齢厚生年金については、支給停止の調整は行わないこととされている。

131

No.085 H29-10A
遺族厚生年金及び当該遺族厚生年金と同一の支給事由に基づく遺族基礎年金の受給権を取得した妻について、当該受給権の取得から1年後に子の死亡により当該遺族基礎年金の受給権が消滅した場合であって、当該消滅した日において妻が30歳に到達する日前であった場合は、当該遺族厚生年金の受給権を取得した日から起算して5年を経過したときに当該遺族厚生年金の受給権は消滅する。

No.086 H28-10E
被保険者が死亡したことによる遺族厚生年金の額は、死亡した者の被保険者期間を基礎として同法第43条第1項の規定の例により計算された老齢厚生年金の額の4分の3に相当する額とする。この額が、遺族基礎年金の額に4分の3を乗じて得た額に満たないときは、当該4分の3を乗じて得た額を遺族厚生年金の額とする。

No.087 H27-9D
障害手当金は初診日において被保険者であった者が保険料納付要件を満たしていても、当該初診日から起算して5年を経過する日までの間において傷病が治っていなければ支給されない。

No.088 H25-8A
厚生年金保険法第23条に基づく改定（いわゆる随時改定）の取扱いは、昇給又は降給により、従前の標準報酬月額等級との間に原則として2等級以上の差が生じた場合に行われるべきものであるが、ここにいう昇給又は降給とは、固定的賃金の増額又は減額をいい、ベースアップ又はベースダウン及び賃金体系の変更による場合並びにこれらの遡及適用によって差額支給を受ける場合を含み、休職のため、一時的に通常の賃金より低額な休職給を受けた場合を含まないものとする。

○労務管理その他の労働及び社会保険に関する一般常識

No.089 R5-5D
社会保険労務士法人の社員が自己又は第三者のためにその社会保険労務士法人の業務の範囲に属する業務を行ったときは、当該業務によって当該社員又は第三者が得た利益の額は、社会保険労務士法人に生じた損害の額と推定する。

No.090 R4-4A
一の地域において従業する同種の労働者の大部分が一の労働協約の適用を受けるに至ったときは、当該労働協約の当事者の双方又は一方の申立てに基づき、労働委員会の決議により、都道府県労働局長又は都道府県知事は、当該地域において従業する他の同種の労働者及びその使用者も当該労働協約の適用を受けるべきことの決定をしなければならない。

No.091 R3-3A
労働契約法第7条は、「労働者及び使用者が労働契約を締結する場合において、使用者が合理的な労働条件が定められている就業規則を労働者に周知させていた場合には、労働契約の内容は、その就業規則で定める労働条件によるものとする。」と定めているが、同条は、労働契約の成立場面について適用されるものであり、既に労働者と使用者との間で労働契約が締結されているが就業規則は存在しない事業場において新たに就業規則を制定した場合については適用されない。

× 法63条1項5号ロ。設問の場合、「遺族基礎年金」の受給権が消滅した日から起算して５年を経過したときに遺族厚生年金の受給権は消滅する。

× 法60条1項。遺族厚生年金の額について、設問のような最低保障額の規定は設けられていない。

○ 法55条。設問の通り正しい。

○ 法23条1項、平成15.2.25保発0225004号・庁保発2号。設問の通り正しい。

○ 社労士法25条の18, 2項。設問の通り正しい。

× 労働組合法18条1項。一の地域において従業する同種の労働者の大部分が一の労働協約の適用を受けるに至ったときは、当該労働協約の当事者の双方又は一方の申立てに基づき、労働委員会の決議により、「厚生労働大臣又は都道府県知事」は、当該地域において従業する他の同種の労働者及びその使用者も当該労働協約の適用を受けるべきことの「決定をすることができる」とされている。

○ 労働契約法7条、平成24.8.10基発0810第2号。設問の通り正しい。なお、就業規則が存在する事業場で使用者が就業規則の変更を行った場合については、労働契約法10条の問題となる。

No.092 R元-4B
65歳未満の定年の定めをしている事業主が、その雇用する高年齢者の65歳までの安定した雇用を確保するため、新たに継続雇用制度（現に雇用している高年齢者が希望するときは、当該高年齢者をその定年後も引き続いて雇用する制度をいう。）を導入する場合、事業主は、継続雇用を希望する労働者について労使協定に定める基準に基づき、継続雇用をしないことができる。

No.093 H28-1ア
労働契約法第5条は労働者の安全への配慮を定めているが、その内容は、一律に定まるものではなく、使用者に特定の措置を求めるものではないが、労働者の職種、労務内容、労務提供場所等の具体的な状況に応じて、必要な配慮をすることが求められる。

No.094 H25-1D
使用者が社内の多数労働組合の同意を得て就業規則を変更し、55歳以降の賃金を54歳時よりも引き下げつつ、定年年齢を引き上げた事案について、本件就業規則の変更は、多数労働組合との交渉、合意を経て労働協約を締結した上で行われたものであるから、変更後の就業規則の内容は、労働者の受ける不利益の程度、労働条件の変更の必要性等にかかわらず、労使間の利益調整がされた結果として合理的なものとみなすことができるとするのが最高裁判所の判例である。

No.095 R5-9D
社会保険審査会（以下本問において「審査会」という。）は、審査会が定める場合を除き、委員長及び委員のうちから、審査会が指名する者3人をもって構成する合議体で、再審査請求又は審査請求の事件を取り扱う。審査会の合議は、公開しない。

No.096 R4-8C
介護保険の第2号被保険者（市町村（特別区を含む。以下本問において同じ。）の区域内に住所を有する40歳以上65歳未満の、介護保険法第7条第8項に規定する医療保険加入者）は、当該医療保険加入者でなくなった日の翌日から、その資格を喪失する。

No.097 R3-6A
確定拠出年金法において、企業型年金加入者の資格を取得した月にその資格を喪失した者は、その資格を取得した月のみ、企業型年金加入者となる。（改題）

No.098 R2-6D
老齢給付金の受給権者が、障害給付金を支給されたときは、確定給付企業年金法第36条第1項の規定にかかわらず、政令で定める基準に従い規約で定めるところにより、老齢給付金の額の全部又は一部につき、その支給を停止することができる。

No.099 R元-6A
国民健康保険法において、市町村（特別区を含む。）及び国民健康保険組合は、世帯主又は組合員がその世帯に属する被保険者に係る被保険者資格証明書の交付を受けている場合において、当該被保険者が保険医療機関又は指定訪問看護事業者について療養を受けたときは、当該世帯主又は組合員に対し、その療養に要した費用について、療養費を支給する。（改題）

No.100 H30-7B
高齢者医療確保法において、都道府県は、都道府県医療費適正化計画を定め、又はこれを変更したときは、遅滞なく、これを公表するよう努めるとともに、厚生労働大臣に提出するものとする。（改題）

× 高年齢者雇用安定法9条1項2号、(24)法附則3項。平成25年4月1日前は、継続雇用制度の対象となる高年齢者につき事業主が労使協定に定める基準により限定することができたが、改正により当該仕組みは廃止されたため、平成25年4月1日以後新たに継続雇用制度を導入する場合には、労使協定に定める基準により対象者を限定することはできない。

○ 労働契約法5条、平成24.8.10基発0810第2号。設問の通り正しい。

× 最二小平成9.2.28第四銀行事件。設問文中の「労働者の受ける不利益の程度、労働条件の変更の必要性等にかかわらず」が誤り。就業規則の不利益変更の合理性の有無は、「就業規則の変更によって労働者が被る不利益の程度、使用者側の変更の必要性の内容・程度、変更後の就業規則の内容自体の相当性、代償措置その他関連する他の労働条件の改善状況、労働組合等との交渉の経緯、他の労働組合又は他の従業員の対応、同種事項に関する我が国社会における一般的状況等を総合考慮して判断すべきである」とするのが最高裁判所の判例である。

○ 社審法27条、法42条。設問の通り正しい。

× 介保法9条2号、同法11条2項。設問の第2号被保険者は、当該医療保険加入者でなくなった「日」から、その資格を喪失する。

× 確拠法12条。企業型年金加入者の資格を取得した月にその資格を喪失した者は、その資格を取得した日にさかのぼって、企業型年金加入者でなかったものとみなされる。

○ 確給法39条。設問の通り正しい。

× 国保法54条の3,1項。市町村(特別区を含む。)及び国民健康保険組合は、世帯主又は組合員がその世帯に属する被保険者に係る被保険者資格証明書の交付を受けている場合において、当該被保険者が保険医療機関等又は指定訪問看護事業者について療養を受けたときは、当該世帯主又は組合員に対し、その療養に要した費用について、「療養費」ではなく、「特別療養費」が支給される。

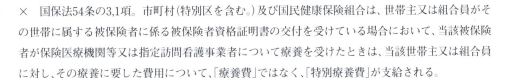

○ 高齢者医療確保法9条8項。設問の通り正しい。

最終チェック！
重要判例 徹底解説
厳選10選！

大事な判例をイッキに確認！

TAC社会保険労務士講座　専任講師　**貫場 恵子**

★なぜ、判例が重要なのか・・・

　近年の社労士試験の特徴として、判例からの出題が必ずあるという点が挙げられます。特に労働関係科目においては、毎年労働判例が出題されています。これは、労働法の分野では特に判例が重要であるとされているためです。労働法の基本となる労働基準法並びに労働者災害補償保険法は昭和22年、(旧)労働組合法は昭和20年(現行法は昭和24年)に制定された法律です。法改正は行われているものの、現在の労使関係に的確に対応できているかというと、やはり難しいケースも出てきます。そのギャップや解釈の疑義を埋めるのが判例なのです。

　このように、労働判例は労働法の解釈に重要な役割を担うとともに、実務にも大きな影響を及ぼします。したがって、社労士試験に出題されても不思議ではありません。むしろ、労務管理のプロを目指す社労士にとって労働判例を確認することは当然といえます。

　労働関係科目で確実に得点できるようにするためにも、判例対策をしっかりと行っていきましょう。

★具体的な対策方法とは・・・

　社労士試験に出題される判例は最高裁判例です。それは、最高裁が重要な法令解釈について統一的な見解を明らかにする役割を持っているためです。具体的には、ある論点についての学説や通達を踏襲して判示する場合もあれば、学説や下級審判決で意見の一致をみなかったものについて、最高裁が明確な判断(基準)を示すことによって、一応の解決を図る場合もあります。試験ではこの最高裁の判断(基準)を試験問題として出題してくるのです。

　それでは、ここからは判例に関して、どのような受験対策が効果的かをお話ししていきます。
まず、必ず実践してもらいたいのが過去問演習です。

> **ポイント** 判例を征するには、まず過去問の判例を攻略すること!!

具体的な方法

1. 判例に関係する条文をテキスト等で読み、論点を確認します。

2. その条文に関して出題された判例の問題文を繰り返し読んでいきます。
   その際に注意することは、正しい問題文であっても、簡単に「○」と考えるのではなく、繰り返し問題文を読むことが重要です。そうすることによって、判旨が必然的に頭に入ってきます。
   また、誤りの問題文の場合は、正しい言葉に置き換えて、やはり問題文を繰り返し読んでいってください。

3. 繰り返し読んでいくうちに、事件は異なっていても同じ言葉や言い回しが繰り返し出てくることに気づきます。そこが論点であり、押さえるべきポイントです。選択式の場合は、その言葉を試験に出してきます。

4. 判例が掲載されているテキストであれば、テキストでもう一度判例を確認してください。より明確に論点がつかめます。さらに、その条文に関連する通達にも目を通しておきます。

このように、判例に関する問題文を条文ごとに関連づけて読むことによって、最高裁が示したかった判断基準が見えてきます。そして、さらにその条文に関連する通達もテキストなどで確認しておけば、判例対策はより万全なものになります。

ポイントその1 判例問題は同じ判例が繰り返し出されることがある。過去に出題された判例の問題文を繰り返し読むことは、非常に有効である。

ポイントその2 条文や通達と合わせて学習すれば、より効果的である。

それでは、試験対策として押さえておかなければならない判例について見ていくことにしましょう。まずは、過去に出題された判例から確認していきます。

試験は、判旨の部分から出題されますので、判旨を中心に見ていきましょう。また、選択式に出る可能性の高い言葉は、ゴシック体にしています。選択式対策としても押さえておきましょう。

みんなが欲しかった！ 社労士の直前予想模試	直前対策書籍 2誌連動企画	無敵の社労士3 完全無欠の直前対策

超重要判例 解説講義

担当講師 **貫場 恵子**

「みんなが欲しかった！ 社労士の直前予想模試」の『試験に出る！ 重要判例20選！』と「無敵の社労士3 完全無欠の直前対策」の『最終チェック！ 重要判例 徹底解説 厳選10選！』を使用した、ここでしか聞けない特別講義です。どちらか片方のみお持ちの方もご利用いただけます！

配信日程	2024年6月中旬頃から

二次元バーコードからクイックアクセス！

アクセス用パスワード
240810790

1 熊本総合運輸事件（最二小判令和5年3月10日）

本判決は、賃金総額から基本給等を控除し、その残額を時間外手当と調整手当に振分け、割増賃金として支払うという給与体系の適否について争われた事件です。

＜概　要＞

本件は、トラック運転手が元勤務先に対して時間外労働等に対する賃金等の支払いを求めた事件です。会社は割増賃金として日々の業務内容などに応じて月ごとに決められた賃金総額から基本給、基本歩合給、勤続手当等（以下「基本給等」という）を控除した残額を時間外手当と調整手当として支給し、この2つの手当を合わせたものを割増賃金として支払っていました。それぞれの計算は、時間外手当は基本給等を通常の労働時間の賃金として労基法37条に定められた方法により算定し、調整手当は割増賃金の総額から時間外手当の額を差し引いた額で支給していました。

イメージ図

	賃金総額		
		割増賃金	
残業80時間	基本給等	時間外手当	調整手当
残業100時間	基本給等	時間外手当	調整手当

※賃金総額は業務内容等に応じて月ごとの額をあらかじめ決定し、割増賃金は賃金総額から基本給等を差し引いたものになります。

＜判　旨＞

新給与体系の下においては、時間外労働等の有無やその多寡と直接関係なく決定される本件割増賃金の総額のうち、基本給等を通常の労働時間の賃金として労働基準法37条等に定められた方法により算定された額が本件時間外手当の額となり、その余の額が調整手当の額となるから、本件時間外手当と調整手当とは、前者の額が定まることにより当然に後者の額が定まるという関係にあり、両者が区別されていることについては、本件割増賃金の内訳として計算上区別された数額に、それぞれ名称が付されているという以上の意味を見いだすことができない。

そうすると、本件時間外手当の支払により労働基準法37条の割増賃金が支払われたものといえるか否かを検討するに当たっては、本件時間外手当と調整手当から成る本件割増賃金が、**全体として時間外労働等に対する対価として支払われるものとされているか否か**を問題とすべきこととなる。

被上告人は、労働基準監督署から適正な労働時間の管理を行うよう指導を受けたことを契機として新給与体系を導入するに当たり、賃金総額の算定については従前の取扱いを継続する一方で、旧給与体系の下において自身が通常の労働時間の賃金と位置付けていた基本歩合給の相当部分を新たに調整手当として支給するものとしたということができる。

また、上告人については、1か月当たりの時間外労働等は平均80時間弱であるところ、これを前提として算定される本件時間外手当をも上回る水準の調整手当が支払われていることからすれば、本件割増賃金が時間外労働等に対する対価として支払われるものと仮定すると、実際の勤務状況に照らして想定し難い程度の長時間の時間外労働等を見込んだ過大な割増賃金が支払われる賃金体系が導入されたこととなる。

　新給与体系は、その実質において、時間外労働等の有無やその多寡と直接関係なく決定される賃金総額を超えて労働基準法37条の割増賃金が生じないようにすべく、旧給与体系の下においては通常の労働時間の賃金に当たる基本歩合給として支払われていた賃金の一部につき、名目のみを本件割増賃金に置き換えて支払うことを内容とする賃金体系であるというべきである。そうすると、本件割増賃金は、その一部に時間外労働等に対する対価として支払われているものを含むとしても、通常の労働時間の賃金として支払われるべき部分をも相当程度含んでいるものと解さざるを得ない。

　本件割増賃金のうちどの部分が時間外労働等に対する対価に当たるかが明確になっているといった事情もうかがわれない以上、本件割増賃金につき、通常の労働時間の賃金に当たる部分と労働基準法37条の割増賃金に当たる部分とを判別することはできない。

<解　説>

　本件は、労働基準監督署の指導を契機として、新賃金体系に基づく割増賃金の支払い方法(賃金総額から基本給等を控除し、その残額を割増賃金として支払う手法)が割増賃金を支払ったことになるか否かが争われた事件です。最高裁は時間外労働に応じて時間外手当は増えるものの調整手当が減る仕組みでは、歩合給の一部を名目のみ調整手当に置き換えたもので、通常の労働時間の賃金を相当程度含むため、通常の労働時間の賃金にあたる部分と割増賃金部分と判別できないとしました。

❷ トーコロ事件(最二小判平成13年6月22日)

役員を含めた全従業員により構成された親睦団体「友の会」の代表者Aが過半数代表者として締結した36協定の適否が争われた事件です。

<概　要>

　本件は、眼精疲労などを理由に時間外労働を拒否した労働者に対する解雇が争われた事件です。最大の争点は当該時間外労働の根拠となる36協定の労働者側の当事者が労働基準法にいう「労働者の過半数を代表する者」といえるかどうかであり、原審では過半数代表者として「民主的に選出されたことを認めるに足りる根拠はない」として36協定を無効と判断したため、会社側が上告しましたが、最高裁は上告を棄却したため、原審(東京高裁判平成9年11月17日)が確定しました。

＜判　旨＞

　36協定は、実体上、使用者と、労働者の過半数で組織する労働組合がある場合にはその労働組合、そのような労働組合がない場合には労働者の過半数を代表する者との間において締結されたものでなければならないことは当然である。

　「労働者の過半数を代表する者」は当該事業場の労働者により適法に選出されなければならないが、適法な選出といえるためには、当該事業場の労働者にとって、選出される者が労働者の過半数を代表して36協定を締結することの適否を判断する機会が与えられ、かつ、当該事業場の過半数の労働者がその候補者を支持していると認められる民主的な手続がとられていることが必要というべきである。

　「友の会」は、…役員を含めた控訴人の全従業員によって構成され「会員相互の親睦と生活の向上、福利の増進を計り、融和団結の実をあげる」ことを目的とする親睦団体であるから、労働組合でないことは明らかであり、このことは、仮に「友の会」が親睦団体としての活動のほかに、自主的に労働条件の維持改善その他経済的地位の向上を目的とする活動をすることがあることによって変わるものではなく、したがって、Aが「友の会」の代表者として自動的に本件36協定を締結したにすぎないときには、Aは労働組合の代表者でもなく、「労働者の過半数を代表する者」でもないから、本件36協定は無効というべきである。

　本件36協定の締結に際して、労働者にその事実を知らせ、締結の適否を判断させる趣旨のための社内報が配付されたり集会が開催されたりした形跡はなく、Aが「労働者の過半数を代表する者」として民主的に選出されたことを認めるに足りる証拠はない。

＜解　説＞

　36協定の締結当事者に関して、過半数組合が存在しない場合に選出されるべき過半数代表者について本判決では、民主的な手続がとられていることが必要であると判示しました。その後労働基準法が改正され、過半数代表者は、労使協定締結等をする者の選出であることを明らかにして実施される投票・挙手等により選出される者であって、使用者の意向に基づき選出されたものでないことが要求されています。

問題（H23-4 D）

　労働基準法第36条に定めるいわゆる36協定を締結した労働者側の当事者が労働者の過半数を代表する者ではなかったとしても、当該協定を行政官庁に届け出て行政官庁がこれを受理した場合には、当該協定は有効であり、労働者は使用者の時間外労働命令に従う義務を負うとするのが最高裁判所の判例である。

解答　×

　36協定を締結した労働者側の当事者が労働者の過半数を代表する者でない場合には、当該36協定は有効であるとは認められず、時間外労働命令に従う義務はありません。

❸ 電電公社帯広電報電話局事件（最一小判昭和61年3月13日）

本件は、頚肩腕症候群について精密検査を受けるよう業務命令を受けた労働者が、これを拒否して戒告処分を受けたことについて、その戒告処分の無効確認を請求した事件です。

<概　要>

　健康診断受診の業務命令を拒否した労働者に対して懲戒処分を行った事案で、就業規則上の労働者の健康管理上の義務は合理的であり、労働契約の内容となっているとし、健康診断の受診拒否は懲戒事由にあたり、懲戒処分が有効とされた事件です。

<判　旨>

　労働条件を定型的に定めた就業規則は、一種の社会的規範としての性質を有するだけでなく、その定めが合理的なものであるかぎり、個別的労働契約における労働条件の決定は、その就業規則によるという事実たる慣習が成立しているものとして、法的規範としての性質を認められるに至っており、当該事業場の労働者は、就業規則の存在及び内容を現実に知っていると否とにかかわらず、また、これに対して個別的に同意を与えたかどうかを問わず、当然にその適用を受けるというべきであるから（最大判昭和43年12月25日〈秋北バス事件〉）、使用者が当該具体的労働契約上いかなる事項について業務命令を発することができるかという点についても、関連する就業規則の規定内容が合理的なものであるかぎりにおいてそれが当該労働契約の内容となっているということを前提として検討すべきこととなる。換言すれば、<u>就業規則が労働者に対し、一定の事項につき使用者の業務命令に服従すべき旨を定めているときは、そのような就業規則の規定内容が**合理的**なものであるかぎりにおいて当該具体的労働契約の内容をなしているものということができる。</u>

<解　説>

　本件は、就業規則の内容が合理的であれば、労働契約の内容となるとの判断を示しました。秋北バス事件（最大判昭和43.12.25）最高裁判決では、合理性のある就業規則は法的規範性が認められるとしただけで、その場合の労働契約との関係性は明確には示しませんでした。本判決は、合理的な就業規則は労働契約の内容になると明言した点が特徴になります。

　なお、この判示内容は現在、労働契約法7条において成文化されています。

❗労働契約法7条

　労働者及び使用者が労働契約を締結する場合において、使用者が合理的な労働条件が定められている就業規則を労働者に周知させていた場合には、労働契約の内容は、その就業規則で定める労働条件によるものとする。ただし、労働契約において、労働者及び使用者が就業規則の内容と異なる労働条件を合意していた部分については、第12条に該当する場合（就業規則違反の労働契約）を除き、この限りでない。

❹ ビクターサービスエンジニアリング事件(最三小判平成24年2月21日)

業務委託契約を締結して個人代行店となった業者が労働組合法上の労働者にあたるか否かが争われた事件で、最高裁は労働組合法上の労働者にあたるとした上で、審理を尽くさせるため原審に差し戻しました。

＜概　要＞

　本件は、Y会社から個人業務委託業者（個人代行店）とされ、Y社製品の出張修理業務に従事している労働者Xが、待遇改善のため労働組合を結成し、会社に団体交渉を申し入れたところ、労働者ではないという理由で団体交渉を拒否された事件です。

Y社の製品の修理に来ました

＜判　旨＞

①出張修理業務のうちY会社の従業員によって行われる部分は一部で、個人代行店に出張修理業務のうち多くの割合の業務を担当させている上、業務量を調整して割り振っているから、個人代行店は、Y会社の上記事業の遂行に必要な労働力として、基本的にその恒常的な確保のためにY会社の組織に組み入れられているとみることができる。

②本件契約の内容は、Y会社作成の統一書式に基づく業務委託に関する契約書及び覚書によって画一的に定められ、業務の内容や条件等について個人代行店の側で個別に交渉する余地がないことは明らかだから、Y会社が個人代行店間の契約内容を一方的に決定しているといえる。

③個人代行店に支払われる委託料は、形式的には出来高払に類する方式が採られているものの、…実質的には労務提供の対価としての性質を有するとみるのがより実態に即しているといえる。

④個人代行店は、特別な事情のない限りY会社によって割り振られた出張修理業務を全て受注すべきとされている上、本件契約の存続期間は1年間でY会社から申出があれば更新されないとされていること等にも照らすと、個人代行店は、基本的にY会社による個別の出張修理業務の依頼に応ずべき関係にあるとみるのが相当である。

⑤個人代行店は、原則として営業日には毎朝業務開始前にY会社のサービスセンターに出向いて出張訪問カードを受け取り、Y会社指定の業務担当地域に所在する顧客宅に順次赴き、Y会社の親会社作成のサービスマニュアルに従い出張修理業務を行い、その際、親会社のロゴマーク入り制服及び名札を着用した上、Y会社名が印刷された名刺を携行し、毎夕の業務終了後も原則としてサービスセンターに戻り、当日の修理進捗状況等の入力作業等を行っているから、…個人代行店は、基本的に、Y会社の指定する業務遂行方法に従い、その指揮監督の下に労務提供を行い、かつ、その業務について場所的にも時間的にも相応の拘束を受けているといえる。

　上記の諸事情に鑑みると、本件出張修理業務を行う個人代行店は、他社製品の修理業務の受注割合、修理業務における従業員の関与の態様、法人等代行店の業務やその契約内容との等質性などにおいて、独立の事業者としての実態を備えていると認めるべき特段の事情がない限り、労働組合法上の労働者としての性質を肯定すべきと解するのが相当である。

<解　説>
　労働組合法上の労働者にあたるか否かに関し、最高裁判決としてビクターサービスエンジニアリング事件、ＩＮＡＸメンテナンス事件(最三小判平成23.4.12)、新国立劇場運営財団事件(最三小判平成23.4.12)があります。本判決は理論的には、平成23年２判決を踏襲したものといえます。本判決を含めて労働者性の判断要素を確認しておきましょう。

5　ＩＮＡＸメンテナンス事件(最三小判平成23年４月12日)

業務委託契約を締結しているカスタマーエンジニアが、労働組合法上の労働者にあたると判断された事例です。

<概　要>
　Ａ社は個人業務委託契約を締結して親会社の製品である住宅設備機器の修理等を業務に従事するＣＥ(カスタマーエンジニア)であるＸらが加入する組合からの団体交渉申入れに対し、Ｘらは個人事業主であり、労組法上の労働者にあたらないとしてこれに応じませんでした。Ｘらが加入する労働組合は、不当労働行為にあたるとして、労働委員会(都道府県労働委員会)に救済を申立てたところ、都道府県労働委員会は不当労働行為にあたるとして救済命令を発したため、Ａ社は

中央労働委員会再審査を申立てましたが、中央労働委員会はこれを棄却する命令を発しました。そこで、Ａ社は中央労働委員会の命令の取消しを求めて提訴しました。

<判　旨>
①ＸらはＡ会社の事業の遂行に不可欠な労働力として、その恒常的な確保のためにＡ会社の組織に組み入れられていた。
②Ａ会社とＸらとの業務委託契約の内容は、Ａ会社の定めた覚書によって規律されており、個別の修理補修等の依頼内容をＸらが変更する余地がなく、Ａ会社がＸらとの契約内容を一方的に決定していたものというべきである。
③Ｘらの報酬は、Ａ会社による個別の業務委託に応じて修理補修等を行った場合に、あらかじめ決定した顧客等に対する請求金額に、Ａ会社が決定した一定率を乗じ、これに時間外手当等に相当する金額を加算する方法で支払われていたのであるから、当該報酬は労務の提供の対価の性質を有するものということができる。
④Ｘらは、Ａ会社から修理補修等の依頼を受けた場合、…Ｘらの承諾拒否を理由に債務不履行責任を追及されることがなかったとしても各当事者の認識や契約の実際の運用においては、ＸらはＡ会社からの個別の修理補修等の依頼に応ずべき関係にあったものとみるのが相当である。
⑤Ｘらは、Ａ会社が指定した担当地域内において、決められた時間内にＡ会社から発注連絡を受けていた上、Ａ会社の制服を着用し、業務終了時には報告書をＡ会社に送付していた。また、Ａ会社から、…マニュアルの配布を受け、これに基づく業務の遂行を求められていたため、ＸらはＡ会社の指揮監督の下に労務の提供を行っており、場所的・時間的にも一定の拘束を受けていた。

以上の諸事情を総合考慮すれば、XらはA会社との関係において労働組合法上の労働者に当たると解するのが相当である。Xらが労働組合法上の労働者にあたらないとの理由で団体交渉を拒否したA社の行為は労働組合法上の不当労働行為を構成する。

<解　説>

　労働組合法上の労働者にあたるか否かは明確な判断基準があるわけではありません。本判決も事例判決ですが、この判決後に発出された通達に影響を及ぼした意義のある判決です。本判決においての判断要素は、①事業の遂行に不可欠な労働力として組織に組み入れられていた、②契約内容が一方的に決定されていた、③報酬が労務提供の対価としての性質を有する、④実質的に諾否の自由がなかった、⑤業務遂行において指揮監督下にあり、場所的拘束性と時間的拘束性もあったことであり、これらを考慮して、労働組合法の労働者にあたると判断しました。

❗ 通達も確認しておきましょう

労働組合法上の労働者性の判断基準について（平成23年7月25日政発0725第1号）

　労働組合法の趣旨や立法者意思を踏まえると、同法上の労働者には、売り惜しみのきかない自らの労働力という特殊な財を提供して対価を得て生活するがゆえに、相手方との個別の交渉においては交渉力に格差が生じ、契約自由の原則を貫徹しては不当な結果が生じるため、労働組合を組織し集団的な交渉による保護が図られるべき者が幅広く含まれると解される。

⑥ 横浜南労働基準監督署長事件（最一小判平成8年11月28日）

自己所有のトラックを会社に持ち込み、当該会社の指示に従って製品等の運送業務に従事していた運転手が、災害を被ったことにつき労災保険法上の労働者であるとして労災保険給付を請求した事件です。

<概　要>

　上告人は、自己の所有するトラックをF紙業の横浜工場に持ち込み、F紙業の運送係の指示に従い、F紙業の製品の運送業務に従事していました。上告人は、トラックに運送品を積み込む作業をしていたところ、足を滑らせて転倒し骨折等の傷害を負ったため、労災保険法所定の保険給付の請求をしましたが、労働基準監督署長から不支給処分を受けたため、不支給処分の取消を求めて提訴しました。

> **＜判　旨＞**
> 　上告人は、業務用機材であるトラックを所有し、自己の危険と計算の下に運送業務に従事していたものである上、F紙業は、運送という業務の性質上当然に必要とされる運送物品、運送先及び納入時刻の指示をしていた以外には、上告人の業務の遂行に関し、特段の指揮監督を行っていたとはいえず、**時間的、場所的な拘束**の程度も、一般の従業員と比較してはるかに緩やかであり、上告人がF紙業の**指揮監督の下で労務を提供していたと評価するには足りないものといわざるを得ない**。そして、**報酬の支払方法、公租公課の負担**等についてみても、上告人が労働基準法上の労働者に該当すると解するのを相当とする事情はない。そうであれば、上告人は、専属的にF紙業の製品の運送業務に携わっており、同社の運送係の指示を拒否する自由はなかったこと、毎日の始業時刻及び終業時刻は、右運送係の指示内容のいかんによって事実上決定されることになること、右運賃表に定められた運賃は、トラック協会が定める運賃表による運送料よりも1割5分低い額とされていたことなど原審が適法に確定したその余の事実関係を考慮しても、上告人は、労働基準法上の労働者ということはできず、労働者災害補償保険法上の労働者にも該当しないものというべきである。

＜解　説＞

令和3年3月26日に策定された「フリーランスとして安心して働ける環境を整備するためのガイドライン」では、労働基準法における「労働者性」の判断基準として以下の要素を挙げています。
（1）「使用従属性」に関する判断基準
　　①指揮監督下の労働であること
　　②報酬の労務対償性があること
（2）「労働者性」の判断を補強する要素
　　①事業者性の有無
　　②専属性の程度

当該ガイドラインを参考に判旨を確認すると、最高裁の判断要素がより理解しやすくなるでしょう。

★類似問題　労基法R2-選BC

7 名古屋自動車学校事件（最一小判令和5年7月20日）

自動車学校の教習指導員が正職員と定年後再雇用有期嘱託職員の基本給格差が不合理であるとして損害賠償を請求した事件です。

＜概　要＞

　本件は、自動車学校で正社員として30年以上勤務し、定年退職後に嘱託職員として再雇用された労働者が、再雇用後の賃金が減額されたのは、旧労働契約法20条（現行のパートタイム・有期雇用労働法8条）に違反するとして差額の支払いを求めて提訴した事件です。

> **＜判　旨＞**
> 　正職員の基本給は、勤続年数に応じて額が定められる**勤続給**としての性質のみを有するということはできず、職務の内容に応じて額が定められる**職務給**としての性質をも有するものとみる余地がある。他方で、…役付手当…の支給額は明らかでないこと、正職員の基本給には功績給も含まれていることなどに照らすと、その基本給は、職務遂行能力に応じて額が定められる**職能給**としての性質を有するものとみる余地もある。
> 　また、…嘱託職員は定年退職後再雇用された者であって、役職に就くことが想定されていないことに加え、その基本給が正職員の基本給とは異なる基準の下で支給され、…勤続年数に応じて増額されることもなかったこと等からすると、嘱託職員の基本給は、正職員の基本給とは異なる性質や支給の目的を有するものとみるべきである。
> 　また、労使交渉に関する事情を…「その他の事情」として考慮するに当たっては、労働条件に係る合意の有無や内容といった労使交渉の結果のみならず、その具体的な経緯をも勘案すべきものと解される。

＜解　説＞

　最高裁は、基本給のうち定年時の６割を下回る部分と賞与の一部の不合理を認めた原審を破棄し、差し戻しました。本判決において、正職員の基本給は勤続給や職務給、職能給の性質も有する余地はあると指摘した上で、原審は正職員の基本給の年功的性質以外の性質、内容、支給目的を検討していないと述べています。さらに労使交渉の経緯も勘案していないとして、審理のために原審である名古屋高等裁判所に差し戻すという判断を下しました。

❽ 電通事件（最二小判平成12年３月24日）

本件は24歳の男性労働者が連日の徹夜業務や深夜業務でうつ状態に陥り自殺した事件です。労働者の両親は会社に対し損害賠償を請求し、ほぼ請求に沿った認容がされました（最高裁の差戻し判決の後、両者は和解）。

＜概　要＞

　大手広告代理店Ｙに勤務していた労働者Ａ（大学卒の新入社員）は、２ヵ月半の新入社員研修を終えた後、ラジオ局ラジオ推進部に配属されましたが、その後外回りの営業業務等をはじめ長時間に及ぶ時間外労働を恒常的に行っていくようになり、うつ病に罹患したうえ、入社約１年５ヵ月後に自殺しました。Ａの両親Ｘらは、Ａの自殺はＹにより長時間労働を強いられた結果であるとして、Ｙに対し損害賠償を請求しました。なお、Ａは、健康で、スポーツが得意であり、その性格も明
朗快活、素直で責任感が強く、また、物事に取り組むに際してはいわゆる完璧主義の傾向も有していました。

最終チェック！
重要判例 徹底解説 厳選 10 選！

<判 旨>

　労働者が労働日に長時間にわたり業務に従事する状況が継続するなどして、疲労や心理的負荷等が過度に蓄積すると、労働者の心身の健康を損なう危険のあることは、周知のところである。労働基準法は、労働時間に関する制限を定め、労働安全衛生法65条の3は、作業の内容等を特に限定することなく、同法所定の事業者は労働者の健康に配慮して労働者の従事する作業を適切に管理するように努めるべき旨を定めているが、それは、右のような危険が発生するのを防止することをも目的とするものと解される。

　使用者は、その雇用する労働者に従事させる業務を定めてこれを管理するに際し、業務の遂行に伴う疲労や心理的負荷等が過度に蓄積して労働者の心身の健康を損なうことがないよう注意する義務を負うと解するのが相当であり、使用者に代わって労働者に対し業務上の指揮監督を行う権限を有する者は、使用者の右注意義務の内容に従って、その権限を行使すべきである。

　身体に対する加害行為を原因とする被害者の損害賠償請求において、裁判所は、加害者の賠償すべき額を決定するに当たり、損害を公平に分担させるという損害賠償法の理念に照らし、民法722条2項の過失相殺の規定を類推適用して、損害の発生又は拡大に寄与した被害者の性格等の心因的要因を一定の限度でしんしゃくすることができる…。この趣旨は、労働者の業務の負担が過重であることを原因とする損害賠償請求においても、基本的に同様と解すべきものである。しかしながら、企業等に雇用される労働者の性格が多様のものであることはいうまでもないところ、<u>ある業務に従事する特定の労働者の性格が同種の業務に従事する労働者の個性の多様さとして通常想定される範囲を外れるものでない限り</u>、その性格及びこれに基づく業務遂行の態様等が業務の過重負荷に起因して当該労働者に生じた損害の発生又は拡大に寄与したとしても、そのような事態は使用者として予想すべきものということができる。しかも、使用者又はこれに代わって労働者に対し業務上の指揮監督を行う者は、…その配置先、遂行すべき業務の内容等を定める…際に、各労働者の性格をも考慮することができるのである。したがって、<u>労働者の性格が前記の範囲を外れるものでない場合には、裁判所は、業務の負担が過重であることを原因とする損害賠償請求において使用者の賠償すべき額を決定するに当たり、その性格及びこれに基づく業務遂行の態様等を心因的要因としてしんしゃくすることはできない</u>。

<解 説>

　本判決の意義は、①使用者の労働者に対する心身の健康を損なわないようにする注意義務を認めたこと、②当該義務は実際に指揮監督権を行使する者にも及ぶとした点です。

　そしてもう一つのポイントが、損害賠償における過失相殺割合における基準です。本判決は、過失相殺を検討するにあたって、本人の性格等の要因を損害賠償額減額の理由とすることができるという一般論を維持しつつ、労働者の性格は多様であるため、「ある業務に従事する特定の労働者の性格が同種の業務に従事する労働者の個性の多様さとして通常想定される範囲を外れるものでない限り」、その性格等を心因的要因としてしんしゃくすることはできないとして、一定の制限を加えました。

★類似問題　労－H25-1B

❗次の条文も確認しておきましょう

労働安全衛生法第65条の3

　「事業者は、労働者の健康に配慮して、労働者の従事する作業を適切に管理するように努めなければなら

ない。」

労働契約法第5条

「使用者は、労働契約に伴い、労働者がその生命、身体等の安全を確保しつつ労働することができるよう、必要な配慮をするものとする。」

❾ 日本シェーリング事件（最一小判平成元年12月14日）

賃金引上げにおいて、稼働率80％以下の者を賃上げの対象から除外するという、いわゆる労働協約の「80％条項」の違法性が争われた事件です。なお、稼働率80％算定の基礎となる不就労に年休や、産前産後休業、育児時間等が含まれていました。

＜概　要＞

「賃上げは稼働率80％以上の者とする」旨の労働協約の賃上げ条項に関し、年休、生理休暇、産前産後休業、育児時間、労災事故による休業・治療通院のための時間、団体交渉・争議による欠務を欠勤として算入するとの取扱いがなされたことにより、各年の賃金引上げ相当額及びそれに対応する夏季冬季一時金等が支払われなかったXらが、Y社に対して、賃金引上げ相当額等と損害賠償の支払いを求めて提訴した事件です。

＜判決の要旨＞

　従業員の出勤率の低下防止等の観点から、稼働率の低い者につきある種の経済的利益を得られないこととする制度は、一応の経済的合理性を有しており、当該制度が、労基法又は労組法上の権利に基づくもの**以外**の不就労を基礎として稼働率を算定するものであれば、それを違法であるとすべきものではない。そして、当該制度が、労基法又は労組法上の権利に基づく不就労を含めて稼働率を算定するものである場合においては、基準となっている稼働率の数値との関連において、当該制度が、労基法又は労組法上の権利を行使したことにより**経済的利益**を得られないこととすることによって**権利の行使を抑制**し、ひいては右各法が**労働者に各権利を保障した趣旨を実質的に失わせるものと認められる**ときに、当該制度を定めた労働協約条項は、**公序に反するものとして無効**となると解するのが相当である。

　80％という稼働率の数値からみて、従業員が、産前産後の休業等比較的長期間の不就労を余儀なくされたような場合には、それだけで同条項に該当し、本件条項は、一般的に労基法又は労組法上の権利の行使をなるべく差し控えようとする機運を生じさせるものと考えられ、その権利行使に対する事実上の抑制力は相当強いものであるとみなければならない。以上によれば、本件80％条項は、労基法又は労組法上の権利に基づく不就労を稼働率の算定の基礎としている点は、右各法が労働者に各権利を保障した趣旨を実質的に失わせるものというべきであるから、公序に反し無効である。

＜解　説＞

　最高裁は、賃上げ条件である稼働率の算定にあたり、年休や産前産後休業、団体交渉等を不就労として算

定することについて、労基法又は労組法上の権利の行使を抑制し、ひいては右各法が労働者に各権利を保障した趣旨を実質的に失わせるものと認められるときには、当該制度を定めた労働協約条項は、公序に反するものとして無効になるとしました。

⑩ 都南自動車教習所事件（最三小判平成13年3月13日）

本件は、労働組合と使用者との間の労働条件その他に関する合意で、書面の作成がなく又は作成した書面に両当事者の署名及び記名押印がないものは、労働協約としての規範的効力は認められないとした事件です。

<概　要>

本件は、従業員Xらが、平成3年から同7年までの間、Y社の所属する労働組合とY社との間でベースアップの金額につき合意が成立したのに、その分が支給されなかったとして、Y社に対し、主位的にベースアップ分及びベースアップに伴う時間外労働の増額分から成る各未払い賃金等を請求し、予備的に不法行為による損害賠償を請求した事件です。

労働協約が書面でないのでベースアップ分は支給しません

この労働協約の内容には応じられないので書面の作成には応じません

<判　旨>

①労働協約は、利害が複雑に絡み合い対立する労使関係の中で、関連性を持つ様々な交渉事項につき団体交渉が展開され、最終的に妥結した事項につき締結されるものであり、それに包含される労働条件その他の労働者の待遇に関する基準は労使関係に一定期間安定をもたらす機能を果たすものである。

②労働組合法は、労働協約にこのような機能があることにかんがみ、16条において労働協約に定める上記の基準が労働契約の内容を規律する効力（**規範的効力**）を有することを規定しているほか、17条において**一般的拘束力**を規定しているのであり、また、労働基準法92条は、就業規則が当該事業場について適用される労働協約に反してはならないこと等を規定しているのである。

③労働組合法14条が、労働協約は、書面に作成し、両当事者が署名し、又は記名押印することによってその効力を生ずることとしているゆえんは、労働協約に上記のような法的効力を付与することとしている以上、その存在及び内容は明確なものでなければならないからである。

④労働協約は複雑な交渉過程を経て団体交渉が最終的に妥結した事項につき締結されるものであることから、口頭による合意又は必要な様式を備えない書面による合意のままでは後日合意の有無及びその内容につき紛争が生じやすいので、その履行をめぐる不必要な紛争を防止するために、団体交渉が最終的に妥結し労働協約として結実したものであることをその存在形式自体において明示する必要がある。

⑤したがって、書面に作成され、かつ、両当事者がこれに署名し又は記名押印しない限り、仮に、労働組合と使用者との間に労働条件その他に関する合意が成立したとしても、これに労働協約としての規範的効力を付与することはできないと解すべきである。

＜解　説＞

　本判決は、書面性を欠く労使合意には、労働協約として規範的効力が付与されないと判断した最初の最高裁判決です。労働組合法14条は、「労働組合と使用者又はその団体との間の労働条件その他に関する労働協約は、書面に作成し、両当事者が署名し、又は記名押印することによってその効力を生ずる。」と規定しており、本判決はこの規定を厳格に判断しました。

【参考文献】
村中孝史・荒木尚志編「労働判例百選第10版」有斐閣
大内伸哉「最新重要判例200労働法第7版」弘文堂
唐津博・和田肇・矢野昌浩編「新版労働法重要判例を読むⅠ」日本評論社
労働政策研究・研修機構日本労働研究雑誌2023年11月号
最高裁判所ＨＰ

最終チェック！
重要判例 徹底解説 厳選⑩選！

★令和5年度の判例分析と今後の予想

　令和5年度の社労士試験では労働基準法の選択式で2つの判例が出題されました。そのうちの1題が**大林ファシリティーズ事件**（最二小判平成19年10月19日）です。この判例は、労働基準法における労働時間の定義について正面から応えた3つ目の最高裁判決です。1つ目は**三菱重工長崎造船所事件**（最一小判平成12年3月9日）で、2つ目は**大星ビル管理事件**（最一小判平成14年2月28日）です。この2つの判例は既に試験に出題されていますが、大林ファシリティーズ事件はいまだ出題されておらず、出る可能性があった判例といえます。

　大林ファシリティーズ事件では、先例の2つ最高裁判決（三菱重工長崎造船所事件と大星ビル管理事件）を引用しており、その部分を選択式で出題してきたため、この2つの判例をしっかりと復習していれば容易に解けた問題といえます。

　もう一つ出題された判例が**電電公社此花電報電話局事件**（最一小判昭和57年3月18日）です。この判例は年次有給休暇の時季変更権の有効性について争われた事件です。年次有給休暇に関する判例は出題頻度が高いため、試験対策としてテキストや過去問を使ってしっかりと復習しておくことが重要です。

　次に労働に関する一般常識の択一式で出題された判例に**山形大学事件**（最二小判令和4年3月18日）があります。こちらの判例は近時の判例といえます。**社労士試験に出題される判例の傾向として、比較的新しい最高裁判例で、法解釈について学説や下級審判決で意見の一致のみなかったものについて、明確な判断基準を示したり、新たな判断基準を示した判例を出題する傾向があります**。山形大学事件においても、最高裁は「使用者は誠実に団体交渉に応ずべき義務を負い、この義務違反は労働組合法7条の不当労働行為に該当する」ことを明言しました。そして争点の一つとなった労働委員会の救済命令については、「裁量権の逸脱には当たらない」との立場を示したのです。

　このように社労士試験では、過去に出題された判例のみならず、近時の判例についても抑えておくことが必要です。

　それでは、令和6年度に注目すべき判例はどのようなものがあるでしょうか？　詳細は**超重要判例 解説講義**でお話したいと思います。

| Part1 本試験に向けて! | Part2 完全無欠の直前対策講義 | **Part3 試験に出るとこファイナルチェック!** | Part4 合格をどこまでもサポート! |

岡根式 これならわかる！社労士 Final Edition
― 選択式問題 解き方実況中継 ―

TAC社会保険労務士講座　専任講師　**岡根 一雄**

選択式問題で泣きを見ないために

「選択式問題対策は、ともかく暗記！」「何が出るかわからない。だからともかく多くの問題にあたって覚えなきゃ！」そして本番。「え⁈　こんな問題見たことない⁈」「こんな長い文章読めなぁーい⁈」チーン……。こんなことになりたくないですね。そのためには——。

まず、「選択式問題対策はともかく暗記」ではありません。「何が出るかわからない」のはその通りですが「多くの問題にあたって覚えなきゃ」は、決して今の本試験に対する合理的な勉強方法ではありません。

最近の本試験の傾向を見てみると、科目にもよりますが、形式的には問題文の長文化、内容的には基本条文についてその理解を前提にした正確な知識、社会情勢についての常識、そして文章の読解力が問われてきていることが挙げられると思います。法律の細かい規定の知識はほとんど問われていません。では、その対策は？

法律科目の選択式問題であれば、そこで問われているのは、各法律、各規定の趣旨や目的を表す語句や制度の仕組みのキーワードをしっかり押さえて理解し、記憶しているかということです。したがって、各自の基本テキストに記載されている基本条文や判例・通達を、そこで用いられている言葉やそのつながりを意識して普段から内容の理解を目的にていねいに読み込んでいることが何より大切です。また、一般常識の問題では、初めて見るような内容のものでも、問題に関連する法律でこのように勉強して身につけた理解と知識に引き付けて、何とか取っ掛かりを見いだせないか考えてみる、というアプローチも是非心得ておいてください。

それでは、選択式対策としての実践的な勉強・アプローチについて、説明していきましょう。

選択式問題には2つの型がある！

本試験における選択式問題は、大きく2つに分類できると思います。1つは、基本条文からの出題で、これは取りこぼしが許されない。普段の勉強の中で、正確な理解とともに正確に記憶していなければならない類のものです(以下「**基本条文型**」と呼びます)。もう1つは、どう見ても受験対策において「基本事項」とは言い難い、一般にノーマークの条文や、見慣れない判例や通達、厚生労働白書などからの出題で、暗記やヤマ当テでは対応しきれない類のものです(以下「**読み解き型**」と呼びます)。それぞれについて、具体的な対策を考えてみます。

「基本条文型」は択一演習で一石二鳥！

普段の勉強としての問題演習では、選択式問題で触れる条文の数よりも、択一式問題で触れる条文の数の方が圧倒的に多いはずです。そこで、択一式問題演習をやりながら意識的に選択式問題対策をやっていけば効率的だと思うのです。具体的には、次の要領で択一式問題を解いていくというものです。

```
(問題)
A    就業規則が法令又は当該事業場について適用される労働
    協約に抵触する場合には、行政官庁は、当該就業規則の変更
    を命ずることができる。
B    労働基準法で定める基準に違反する労働条件を定める労
    働契約の部分は、労働基準法で定める基準より労働者に有利
    なものも含めて、無効とする。
```

```
A ○ 就業規則→法令・労働協約に反しては
     ならない
     ∴抵触→変更命令可 by 行政官庁
B × 労基法で定める基準より労働者に有利
     なものも含め(×)→(正)労基法で定め
     る「基準に達しない」労働条件を定める
     労働契約は、その部分について無効
```

　上記のように、正しい問題文ならそのキーワード等を実際に書き出してみる、誤っている問題文なら誤っている部分を抜き出してバツとした上で、正しい文とするために必要な正しい語句などを書き出してみる。このように択一式問題を解く過程でその条文が定める趣旨・目的や仕組みの理解を確認しながら、キーワード等を書き出してみることが、選択式問題の**基本条文型**の対策になるわけです。

　なお、実際の試験においては、問題文を一読して基本条文型と判断したら、空欄に入る語句や数字をまず自分の記憶の引き出しから出してきて、それを選択肢から探してください。最初に選択肢を見てしまうと、紛らわしいダミーで、逆に記憶していた内容が揺らいでしまうおそれがあります。

「読み解き型」はアプローチ法を心得て！

　まずは問題文を一読・通読して、どんなテーマ・内容の問題文かを確認します。そして**読み解き型**と判断したら、以下の点に留意して、選択肢を検討し、候補を挙げ、絞り込んでいくのが良いかと思います。

①について
　「AはBである。」といったような主語と補語で構成される問題文で、そのいずれか一方が空欄で他方が記述されていれば、記述されているものとイコールの関係にあるものが空欄に入るわけですから、その観点で選択肢を絞り込んでいきます。

②について
　①と同じように、それぞれの関係性に着目して、選択肢を絞り込んでいきます。

```
①  (主語) = (補語)
       ↓      ↓
②  (主語) = (目的語) = (述語)
       ↑              ↑
③  並列(A又はB、A及びB)
④  対比(センテンス、段落)
⑤  文脈
```

③について
　「又は」や「及び」の接続詞で並列される語句は、同格、同性質のものと考えられます。一方に記述があり、他方が空欄であれば、記述されているものと同格、同性質のものを選択肢から探すことになります。

④について
　問題文によっては、センテンスや段落を単位とした対比の構造が認識されることで、選択肢を絞り込む視点が得られることがあります。

⑤について
　論述の展開、たとえば抽象的な論述を前提にして、その具体例へと展開していることが認識されることで、選択肢を絞り込む視点が得られることがあります。

　読み解き型のアプローチの方法は、もちろん上記に限られるわけではありません。要は、「見たことがない」「ノーマークだった」と諦めるのではなく、どこかに取っ掛かりはないか、ヒントはないか、と問題文をじっくり読んで、考えて考えて解くというアプローチを、是非、心得ておいてほしいのです。

　以下の演習問題では、まずは自力で答えを出してから、正解へのアプローチと解答をチェックするようにしてください。その時、自分はどういう思考過程を経て、その選択肢を選んだのか、必ず思い起こしてみることが大切です。

労働基準法及び労働安全衛生法

〔問題〕　次の文中の ▢ の部分を選択肢の中の最も適切な語句で埋め、完全な文章とせよ。

1　賠償予定の禁止を定める労働基準法第16条における「違約金」とは、労働契約に基づく労働義務を労働者が履行しない場合に労働者本人若しくは親権者又は ▢A▢ の義務として課せられるものをいう。

2　最高裁判所は、歩合給の計算に当たり売上高等の一定割合に相当する金額から残業手当等に相当する金額を控除する旨の定めがある賃金規則に基づいてされた残業手当等の支払により労働基準法第37条の定める割増賃金を支払われたといえるか否かが問題となった事件において、次のように判示した。

「使用者が労働者に対して労働基準法37条の定める割増賃金を支払ったとすることができるか否かを判断するためには、割増賃金として支払われた金額が、 ▢B▢ に相当する部分の金額を基礎として、労働基準法37条等に定められた方法により算定した割増賃金の額を下回らないか否かを検討することになるところ、その前提として、労働契約における賃金の定めにつき、 ▢B▢ に当たる部分と同条の定める割増賃金に当たる部分とを判別することができることが必要である［…（略）…］。そして、使用者が、労働契約に基づく特定の手当を支払うことにより労働基準法37条の定める割増賃金を支払ったと主張している場合において、上記の判別をすることができるというためには、当該手当が時間外労働等に対する対価として支払われるものとされていることを要するところ、当該手当がそのような趣旨で支払われるものとされているか否かは、当該労働契約に係る契約書等の記載内容のほか諸般の事情を考慮して判断すべきであり［…（略）…］、その判断に際しては、当該手当の名称や算定方法だけでなく、［…（略）…］同条の趣旨を踏まえ、 ▢C▢ 等にも留意して検討しなければならないというべきである。」

3　事業者は、中高年齢者その他労働災害の防止上その就業に当たって特に配慮を必要とする者については、これらの者の ▢D▢ に応じて適正な配置を行うように努めなければならない。

4　事業者は、高さが ▢E▢ 以上の箇所（作業床の端、開口部等を除く。）で作業を行う場合において墜落により労働者に危険を及ぼすおそれのあるときは、足場を組み立てる等の方法により作業床を設けなければならない。

選択肢

① 1メートル　　② 1.5メートル　　③ 2メートル　　④ 3メートル
⑤ 2親等内の親族　　　　　　⑥ 6親等内の親族
⑦ 家族手当、通勤手当その他厚生労働省令で定める賃金
⑧ 希望する仕事　⑨ 就業経験　⑩ 心身の条件　⑪ 通常の労働時間の賃金
⑫ 当該手当に関する労働者への情報提供又は説明の内容　　⑬ 当該歩合給
⑭ 当該労働契約の定める賃金体系全体における当該手当の位置付け
⑮ 同種の手当に関する我が国社会における一般的状況　　⑯ 配偶者
⑰ 平均賃金にその期間の総労働時間を乗じた金額　　⑱ 身元保証人
⑲ 労働時間　　　　　　　　⑳ 労働者に対する不利益の程度

解答

A ⑱ 身元保証人
B ⑪ 通常の労働時間の賃金
C ⑭ 当該労働契約の定める賃金体系全体における当該手当の位置付け
D ⑩ 心身の条件
E ③ 2メートル

解答根拠
労基法16条、最一小令和2.3.30国際自動車事件、安衛法62条、則518条1項

※令和３年の本試験問題からの引用です。

◎Aについて

勉強した記憶として明確なものが思い浮かばなくても、選択肢から候補を挙げて（⑤２親等内の親族、⑥６親等内の親族、⑯配偶者、⑱身元保証人）、法16条の趣旨・目的を思い起こし、　A　と並列されている「労働者本人」や「親権者」をヒントに考えてみれば、答えは自ずと出るのではないでしょうか。

◎Bについて

判例を使った問題文では、その判例に用いられている条文上の語句や、その条文の趣旨・目的を表す語句が空欄になって問われることが多いです。「　B　に相当する部分の金額を基礎として、労働基準法37条等に定められた方法により算定した割増賃金の額」の部分をしっかり読んで、候補として挙がる⑦家族手当、通勤手当その他厚生労働省令で定める賃金、⑪通常の労働時間の賃金、⑬当該歩合給、⑰平均賃金にその期間の総労働時間を乗じた金額、を見れば、答えは明らかでしょう。

◎Cについて

設問の判例の事件においては、「労働契約に基づく特定の手当」が、「時間外労働等に対する対価」という趣旨で支払われるものとされているか否かの判断に際して、何に留意して検討しなければならないのかが、問題となっています。法令の規定以外のもので、労働者と使用者との法律関係を基礎づけるものは、何をおいても「労働契約」であることは、常に頭に入れておかなければなりません。問題文の判例にも繰り返し「労働契約」が出てきています。候補としては、⑫当該手当に関する労働者への情報提供又は説明の内容、⑭当該労働契約の定める賃金体系全体における当該手当の位置付け、⑮同種の手当に関する我が国社会における一般的状況、⑳労働者に対する不利益の程度、が挙げられます。答えは絞られるでしょう。なお、判例がベースの問題文で空欄になる箇所にその判断基準に関わる語句が入る場合には、その語句は、当該判例の事件における具体的な事象を表す語句ではなく、抽象的で普遍性をもった語句であるのが普通です。

◎Dについて

基本事項ですが、記憶に無ければ以下のアプローチで。候補を挙げれば、⑧希望する仕事、⑨就業経験、⑩心身の条件、⑲労働時間。労働安全衛生法の問題ですから、⑧と⑨は除外できます。⑲は、何を前提にした「労働時間」か（法定労働時間or所定労働？）が不明です。繰り返しになりますが、労働安全衛生法の問題だということで、残った⑩を見れば、答えはこれしかないと確信できますね。

◎Eについて

「墜落により労働者に危険を及ぼすおそれのある」高さは？　②と③で悩みますね。

| Part1 | 本試験に向けて！ | Part2 | 完全無欠の直前対策講義 | **Part3** | **試験に出るとこファイナルチェック！** | Part4 | 合格をどこまでもサポート！ |

労働者災害補償保険法

〔問題〕 次の文中の ☐☐☐ の部分を選択肢の中の最も適切な語句で埋め、完全な文章とせよ。

労働者災害補償保険は、業務上の事由、事業主が同一人でない二以上の事業に使用される労働者の二以上の事業の業務を要因とする事由又は通勤による労働者の負傷、疾病、障害、死亡等に対して ☐ A ☐ をするため、必要な保険給付を行うこと等を目的としており、☐ B ☐ が、故意に負傷、疾病、障害若しくは死亡又はその直接の原因となった事故を生じさせたときは、政府は、保険給付 ☐ C ☐ 。

行政解釈によれば、この場合における故意とは ☐ D ☐ をいう。例えば、業務上の精神障害によって、正常な認識、行為選択能力が著しく阻害され、又は ☐ E ☐ 行為を思いとどまる精神的な抑制力が著しく阻害されている状態で ☐ E ☐ が行われたと認められる場合には、☐ D ☐ には該当しない。

選択肢

① 自殺
② 迅速な支援
③ 結果の発生を意図した故意
④ 事業主
⑤ の全部又は一部を行わないことができる
⑥ 結果の発生を意図しない故意
⑦ 恣意
⑧ 生活の安定のための支援
⑨ 労働者又は事業主
⑩ 犯罪
⑪ 迅速かつ公正な保護
⑫ 労働者
⑬ 適切な保護
⑭ 労働者及びその遺族
⑮ を行わないことができる
⑯ の全部又は一部を行わない
⑰ 違法
⑱ 危険な
⑲ 未必の故意
⑳ を行わない

解答

A ⑪ 迅速かつ公正な保護

B ⑫ 労働者

C ⑳ を行わない

D ③ 結果の発生を意図した故意

E ① 自殺

解答根拠
労災保険法１条、同法12条の２の２、昭和40.7.31基発901号、平成11.9.14基発545号

◎A〜Cについて

問題文中に出題の根拠となっている条文は明示されていませんが、問題文から何の規定に関するものか推測できなければならない問題です。

　　A　　については、まず、その前の「労働者災害補償保険は」という主語で始まる記述と、その後に続く「必要な保険給付を行うこと等を目的としており」の記述から、労災保険法の目的条文第1条が思い浮かぶはずです。そして『目的条文第1条』とくれば、そのキーワード中のキーワードが自然に出てきてほしいですね。労災保険法が保険給付を行うその趣旨・目的が込められている語句です。業務災害等を被った労働者に対しては、法律的には、民事損害賠償（民法415条や同法709条）や災害補償（労基法の災害補償規定）がありますが、これらでは果たせない「迅速かつ公正な保護」をするために、労災保険法が必要な保険給付をすることが同法の目的であることを今一度確認してください。

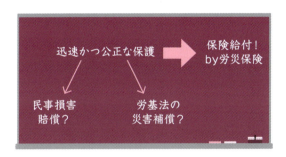

　　B　　と　　C　　については、まず、その間の記述から、給付制限に関する規定であることが思い浮かぶはずです（条数までは浮かばなくても大丈夫です！）。給付事由に関して、労働者に何らかの帰責性があることが保険給付に制限を課す理由ですから、　　B　　は、選択肢に惑わされずに、素直に入れてほしいところです。　　C　　は、「故意に」と「生じさせた」の繋がりが捉えられれば、迷う余地はありませんね。『故意』が介在すること

で、業務等と災害との因果関係は断ち切れると考えられています。つまり、労災保険の対象外となるわけです。

◎D、Eについて

行政解釈からの出題で、まさに『読み解き型』の問題です。

　　D　　は、すぐ前の記述「この場合」に着目します。そして「この場合」とは、前の段落の最後にある　　C　　を埋めた記述「保険給付を行わない」場合です。保険給付を行わない場合における故意とは？　候補としては、③結果の発生を意図した故意、⑥結果の発生を意図しない故意、⑦恣意、⑲未必の故意、が挙げられます。一般の受験生の知識では、⑦の恣意はともかく、⑲の未必の故意、は？？　でしょう。こういう時は、今の自分の理解と知識で考えられるところで検討すべきです。ということで③と⑥で検討すれば、答えは自ずと出ますね。なお、保険とは偶発的事故を前提とするものです。

　　E　　は、まず前提として「例えば」と論述が展開していること、そして1つ目の　　E　　から「行為」に繋がる語句が入ることを確認します。2つ目の　　E　　に続く記述から、　　E　　が行われたと認められる場合には、保険給付を行わない場合の故意には該当しない、つまり、保険給付を行うということになります。労災保険で保険給付が行われるのは、業務上の事由等により負傷、疾病、障害又は死亡が生じた場合です。このうちのいずれかと対応する語句が　　E　　に入ります。候補を挙げると、①自殺、⑩犯罪、⑰違法、⑱危険な、となります。答えは明らかでしょう。

雇用保険法

〔問題〕　次の文中の　　　の部分を選択肢の中の最も適切な語句で埋め、完全な文章とせよ。

1　雇用保険法第1条は、「雇用保険は、労働者が失業した場合及び労働者について雇用の継続が困難となる事由が生じた場合に必要な給付を行うほか、労働者が自ら職業に関する教育訓練を受けた場合及び労働者が子を養育するための休業をした場合に必要な給付を行うことにより、労働者の　A　を図るとともに、　B　を容易にする等その就職を促進し、あわせて、労働者の職業の安定に資するため、失業の予防、雇用状態の是正及び雇用機会の増大、労働者の能力の開発及び向上その他労働者の　C　を図ることを目的とする。」と規定している。

2　被保険者が自己の責めに帰すべき重大な理由によって解雇され、又は正当な理由がなく自己の都合によって退職した場合における給付制限（給付制限期間が1か月となる場合を除く。）満了後の初回支給認定日（基本手当の支給に係る最初の失業の認定日をいう。）以外の認定日について、例えば、次のいずれかに該当する場合には、認定対象期間中に求職活動を行った実績が1回以上あれば、当該認定対象期間に属する、他に不認定となる事由がある日以外の各日について失業の認定が行われる。

イ　雇用保険法第22条第2項に規定する厚生労働省令で定める理由により就職が困難な者である場合

ロ　認定対象期間の日数が14日未満となる場合

ハ　　D　を行った場合

ニ　　E　における失業の認定及び市町村長の取次ぎによる失業の認定を行う場合

＊なお、本問における認定対象期間とは、基本手当に係る失業の認定日において、原則として前回の認定日から今回の認定日の前日までの期間をいい、雇用保険法第32条の給付制限の対象となっている期間を含む。

選択肢

A	①	雇用の安定	②	生活の安定
	③	雇用の促進	④	生活及び雇用の安定
B	①	職業訓練の実施	②	職業生活の設計
	③	求職活動	④	職業の選択
C	①	経済的社会的地位の向上	②	地位の向上
	③	福祉の増進	④	保護
D	①	求人への応募書類の郵送	②	求人情報の閲覧
	③	知人への紹介依頼	④	職業紹介機関への登録
E	①	巡回職業相談所	②	都道府県労働局
	③	年金事務所	④	労働基準監督署

解答

A ④ 生活及び雇用の安定
B ③ 求職活動
C ③ 福祉の増進
D ① 求人への応募書類の郵送
E ① 巡回職業相談所

解答根拠
雇用保険法1条、行政手引51254

 正解へのアプローチ

＊平成28年及び令和3年の本試験問題をベースにしたものです。

◎1の問題文について

受験生であれば、繰り返し何度も読んでいる目的条文からの出題です。ただ、断片的・機械的な暗記しかしていないと、「あれ、なんだったっけ？」となったときに、考えて思い出すことができなかったりします。普段の勉強の取り組み方が大事なわけです。ここでは考えて思い出すアプローチを説明します。

◎Aについて

この条文の前段は、労働者が「失業した場合」と「雇用の継続が困難となる事由が生じた場合」を並べて「必要な給付を行う」とし、また「自ら職業に関する教育訓練を受けた場合」と「子を養育するための休業をした場合」を並べて「必要な給付を行う」として、これらにより、つまりこれらを手段として目的である「　A　を図る」としている構造を掴んでください。4つの場合を設定し、それぞれに必要な給付を行うという手段を以て、雇用保険が図る目的が　A　です。「生活の安定」は、社会保険共通の目的です。これに雇用保険法特有の目的が加わります。

◎Bについて

「　B　を容易にする」ことが「就職を促進」することにつながらなければなりません。また、　B　は「容易にする」対象となり得るものでなければなりません。そして、そもそも、就職する前提に行うことは、何でしょうか？

◎Cについて

　C　に至るまでの記述内容とつながる語句は？　と考えてみてください。なお、ここでは「保護」という言葉は、何から保護するのか？　がはっきりしませんね。

◎2の問題文について

受験生からすれば、いくらかマイナーな箇所からの出題かもしれません。「考えて解く」アプローチを説明します。

◎Dについて

「　D　を行った場合」には、「認定対象期間中に求職活動を行った実績が1回以上あれば、…失業の認定が行われる」つまり労働の意思及び能力があるにもかかわらず職業に就くことができない状態と認められ、基本手当が支給されるということを確認してください。労働の意思があることを示す行為として、選択肢の中でより積極的具体的なものはどれか？　という観点で考えれば、答えは出るでしょう。

◎Eについて

　E　は、失業の認定を行う場所です。普段の勉強における理解と知識を前提に、失業の認定を行う場所としては考えづらいものを消していって残ったものは？　正解肢となる語句を知識としては持っていなくても、持っている法律の理解と知識を使って答えを絞り込んでいくというアプローチも、是非、心得ておいてください。

健康保険法

〔問題〕 次の文中の ▢ の部分を選択肢の中の最も適切な語句で埋め、完全な文章とせよ。

1 全国健康保険協会管掌健康保険の被保険者に係る報酬額の算定において、事業主から提供される食事の経費の一部を被保険者が負担している場合、当該食事の経費については、厚生労働大臣が定める標準価額から本人負担分を控除したものを現物給与の価額として報酬に含めるが、▢ A ▢ を被保険者が負担している場合には報酬に含めない。

2 健康保険法第160条第4項の規定によると、全国健康保険協会(以下、本問において「協会」という。)は、都道府県別の支部被保険者及びその被扶養者の ▢ B ▢ と協会が管掌する健康保険の被保険者及びその被扶養者の ▢ B ▢ との差異によって生ずる療養の給付等に要する費用の額の負担の不均衡並びに支部被保険者の ▢ C ▢ と協会が管掌する健康保険の被保険者の ▢ C ▢ との差異によって生ずる財政力の不均衡を是正するため、政令で定めるところにより、支部被保険者を単位とする健康保険の財政の調整を行うものとされている。

3 健康保険法第90条の規定によると、指定訪問看護事業者は、指定訪問看護の事業の運営に関する基準に従い、訪問看護を受ける者の心身の状況等に応じて ▢ D ▢ 適切な指定訪問看護を提供するものとされている。

4 1又は2以上の適用事業所について常時700人以上の被保険者を使用する事業主は、当該1又は2以上の適用事業所について、健康保険組合を設立することができる。また、適用事業所の事業主は、共同して健康保険組合を設立することができる。この場合において、被保険者の数は、合算して常時 ▢ E ▢ 人以上でなければならない。

選択肢

① 3,000　　② 4,000　　③ 5,000　　④ 10,000
⑤ 1人当たり保険給付費　　⑥ 経費の2分の1以上　　⑦ 経費の3分の2以上
⑧ 財政収支　　⑨ 主治医の指示に基づき
⑩ 所得階級別の分布状況　　⑪ 所要財源率　　⑫ 総報酬額の平均額
⑬ 年齢階級別の分布状況　　⑭ 標準価額の2分の1以上
⑮ 標準価額の3分の2以上　　⑯ 平均標準報酬月額
⑰ 保険医療機関の指示に基づき　　⑱ 保険者の指示に基づき
⑲ 保険料率　　⑳ 自ら

解答

A ⑮ 標準価額の3分の2以上
B ⑬ 年齢階級別の分布状況
C ⑫ 総報酬額の平均額
D ⑳ 自ら
E ① 3,000

解答根拠
健保法11条、法46条、法90条1項、法160条4項、令1条の3、昭和31.8.25保文発6425号

正解へのアプローチ

＊平成29年の本試験問題からの引用です。

◎Aについて

難問ではありませんが、マイナーな箇所からの出題です。食事の経費について、要は本人負担分が多く、事業主負担分が少なければ、その事業主負担分は報酬に含めないという趣旨で、候補に挙がる⑥経費の2分の1以上、⑦経費の3分の2以上、⑭標準価額の2分の1以上、⑮標準価額の3分の2以上を見れば、答えは出るでしょう（「厚生労働大臣が定める標準価額」という記述から、⑥と⑦は除外できるでしょう。）。なお、「報酬」とは労働の対償であり、標準報酬月額の算定の基礎となるものであり、ひいては保険料等の算定の基礎となるものであることも確認してください。

◎2の問題文について

受験生であれば目にしたことのある条文に基づくものなので、「暗記してないと解けない！」と思われるかもしれませんが、丁寧に読み込んでいけば選択肢から正解肢は絞れると思います。

◎Bについて

1つ目の B と2つ目の B との差異によって「療養の給付等に要する費用の額の負担の不均衡」が生ずるとし、いずれの B についてもその前には「被保険者及びその被扶養者の」とあることに注意してください。そのうえで選択肢を見ると、⑤1人当たり保険給付費、と⑬年齢階級別の分布状況、が候補に挙げられます（候補が4つ挙げられないこともあります。）。あらためて「療養の給付等に要する費用の額の負担の不均衡」を生じさせるものという観点で見れば、答えは選べるでしょう。

◎Cについて

1つ目の C と2つ目の C との差異によって「財政力の不均衡」が生ずるとし、いずれの C についてもその前には「被保険者の」とあることに注意してください。そのうえで選択肢を見ると、⑩所得階級別の分布状況、⑫総報酬額の平均額、⑯平均標準報酬月額、が候補に挙げられます。財政力を支えるのは、労働者である被保険者(及び事業主)から徴収される保険料収入であることを考えれば、答えは絞れるでしょう（⑯は「平均標準報酬月額」とある点に注意。）。

◎DとEについて

いずれも基本事項です。

| Part1 | 本試験に向けて！ | Part2 | 完全無欠の直前対策講義 | **Part3** | **試験に出るとこファイナルチェック！** | Part4 | 合格をどこまでもサポート！ |

国民年金法

〔問題〕 次の文中の ◻ の部分を選択肢の中の最も適切な語句で埋め、完全な文章とせよ。

1 厚生労働大臣は、必要があると認めるときは、被保険者の資格又は保険料に関する処分に関し、被保険者に対し、　A　に関する書類、被保険者若しくは被保険者の配偶者若しくは　B　若しくはこれらの者であった者の資産若しくは　C　に関する書類その他の物件の提出を命じ、又は当該職員をして被保険者に質問させることができる。

2 厚生労働大臣は、必要があると認めるときは、受給権者に対して、その者の身分関係、　D　その他受給権の消滅、　E　若しくは支給の停止に係る事項に関する書類その他の物件を提出すべきことを命じ、又は当該職員をしてこれらの事項に関し受給権者に質問させることができる。

選択肢

A	① 保険料納付済期間		② 被保険者期間	
	③ 出産予定日		④ 保険料免除期間	
B	① 父母、祖父母		② 世帯主	
	③ 父母、祖父母、兄弟姉妹		④ 事業主	
C	① 収入の状況		② 遺産	
	③ 相続		④ 事業	
D	① 生計維持関係		② 傷病の状態	
	③ 年齢		④ 障害の状態	
E	① 年金額の増額		② 年金額の減額	
	③ 年金額の改定		④ 発生	

解答

A ③ 出産予定日

B ② 世帯主

C ① 収入の状況

D ④ 障害の状態

E ③ 年金額の改定

解答根拠
国年法106条1項、同法107条1項

正解へのアプローチ

選択式問題としては、ノーマークの条文からの出題という前提で説明していきます。

◎ 1の問題文について

まず一読して、「被保険者の資格又は保険料に関する処分」に関して、厚生労働大臣が必要とする情報について、被保険者に対して物件の提出を命じたり、質問ができたりする旨を定めた規定に基づく問題文だということを掴んでください。次に文の構成を見ると、「その他の物件」の前が、2つの「に関する書類」で分けられている点に注意してください。そして、後の「に関する書類」には、「被保険者若しくは被保険者の配偶者若しくは B 若しくはこれらの者であった者の資産」とあるところから、「保険料に関する処分」の『免除』が思いつけば、まず B は選べるのででないでしょうか（いわゆる申請免除→配偶者と並ぶ連帯納付義務者）。『免除』を前提にさらに C に入るものを予想して選択肢を見れば正解肢は選べるでしょう。また、保険料免除に関しては、次世代育成支援の観点から設けられたものであることが頭に浮かべば、「配偶者」などが前に置かれていない A に入るものを予想して、選択肢を見ていけば、正解肢は選べるのではないでしょうか。

◎ 2の問題文について

一読して、「受給権者に対して」厚生労働大臣が物件の提出を命じたり、質問ができたりする事項を定めた規定に基づく問題文だということを確認してください。 D は、「身分関係」とともに「受給権の消滅」や「支給の停止」に係る事項だという点に着目し、また E は、「身分関係」が関わるもので、「受給権の消滅」や「支給の停止」と並列されるものという点に着目して、選択肢を見ていけば、それぞれ正解肢にたどり着けるのではないでしょうか。

◎アドバイス

本試験では、当然ノーマークの条文からの出題はあり得ます。その時、「暗記してないから」といって、あきらめて、思考を止めるのではなく、何とか読み解いて正解肢を見いだせるのではないかと、ポジティブに立ち向かうことが大切です。法律は言葉であり、その言葉が意味を繋げてある特定の内容を提示するものです。空欄の前後には、必ずヒントになる、考えるきっかけとなる言葉があります。それを見つけるチカラを身につけるには、断片的な暗記ではなく、普段からテキストに記載されている条文や通達、判例を読み込む勉強をしておかなければなりません。また、ミクロ的な勉強はもちろん大事ですが、それとともにマクロ的な視点で、学習した内容を振り返ることも重要です。例えば、「この制度、この法律の趣旨目的はそもそも何なのか」「被保険者の種別は何を基準に分けられているのか」「保険料免除は何が目的なのか」このようなマクロ的な視点で各法律を振り返ることは、その理解を深めることにも繋がります。ぜひ心がけてみてください。

| Part1 本試験に向けて! | Part2 完全無欠の直前対策講義 | **Part3 試験に出るとこファイナルチェック!** | Part4 合格をどこまでもサポート! |

厚生年金保険法

〔問題〕 次の文中の ▢ の部分を選択肢の中の最も適切な語句で埋め、完全な文章とせよ。

1 厚生年金保険法第1条においては、「この法律は、労働者の老齢、障害又は死亡について保険給付を行い、 ▢A▢ の安定と福祉の向上に寄与することを目的とする。」と定められている。

2 厚生年金保険法第2条の2においては、「厚生年金保険法による年金たる保険給付の額は、 ▢B▢ 、賃金その他の諸事情に著しい変動が生じた場合には、変動後の諸事情に応ずるため、速やかに改定の措置が講ぜられなければならない。」と定められている。

3 厚生年金保険法第79条の2においては、「積立金(特別会計積立金及び実施機関積立金をいう。)の運用は、積立金が厚生年金保険の被保険者から徴収された保険料の一部であり、かつ、将来の保険給付の貴重な財源となるものであることに特に留意し、専ら ▢C▢ のために、 ▢D▢ から、 ▢E▢ に行うことにより、将来にわたって、厚生年金保険事業の運営の安定に資することを目的として行うものとする。」と定められている。

選択肢

① 安全かつ効率的
② 労働者及びその事業主
③ 長期的な観点
④ 労働者の生活水準
⑤ 広く国民の利益
⑥ 中期的な観点
⑦ 短期的な観点
⑧ 労働者の生活
⑨ 物価水準
⑩ 柔軟
⑪ 労働者及びその遺族の生活
⑫ 国民の生活水準
⑬ 労働者及びその被扶養者
⑭ 国民の意識
⑮ 労働者の利益
⑯ 広く国民の福祉
⑰ 合理的
⑱ 安定的
⑲ 中長期的な観点
⑳ 厚生年金保険の被保険者の利益

解答

A ⑪ 労働者及びその遺族の生活

B ⑫ 国民の生活水準

C ⑳ 厚生年金保険の被保険者の利益

D ③ 長期的な観点

E ① 安全かつ効率的

解答根拠
厚年法1条、同法2条の2、同法79条の2

正解へのアプローチ

◎Aについて

　必須の基本条文からの出題なので、記憶から引き出した語句を選択肢の中で探せば問題なく解答できますね。逆に、記憶を辿らずにいきなり選択肢を見てしまうと、ダミーに引っかかってしまうかもしれないので、気をつけてください。なお、あえて、条文の空欄になっている部分の分析をすると、「労働者の生活の安定と福祉」と「その遺族の生活の安定と福祉」に分けられそうです。老齢厚生年金や障害厚生年金の加給年金額の対象となっている「配偶者」や「子」は、「労働者の生活」の中に取り込まれていて、労働者がこの世を去った後は、「その遺族の生活」としてその安定と福祉の向上に寄与することを目的とすると読めますね。

◎Bについて

　これも、設問1の問題と同じように必須の基本条文からの出題ですが、いきなり選択肢を見てしまうと、惑わされるかもしれません。その中でも、④労働者の生活水準、と⑫国民の生活水準、とでは迷うところですね。労働者を適用対象とする厚生年金保険ではありますが、そこは、公的年金制度の一環であるところから、応じて改定の措置が講ぜられなければならない変動の諸事情の1つは、「労働者」よりも広く「国民」の生活水準と抑えておいてください。

◎C〜Eについて

　これは、本試験で過去に出題されたことのある条文での問題です。とは言え、必須の基本条文ではないので、なかなか手強い問題です。ノーマークの条文や未知の通達、判例からの出題は当然あり得るので、それに対処する心構えが必要です。とにかく諦めずに、ヒントを探し出すことに集中してください。この条文は、構造と意味内容から、「積立金の運用は」という主語に続く記述が、「専ら　C　の」の前の部分とその後の部分に分けられることに着目します。そして、後の部分にある3つの空欄に入る語句と、前の部分にある記述の中の語句との対応関係を検討します。「専ら　C　のために」は「厚生年金保険の被保険者―」に、「　D　から」は「将来の保険給付」に、「　E　に行う」は「貴重な財源」に対応すると考えてみます。次にそれぞれの候補を挙げてみます。　C　については、⑤広く国民の利益、⑮労働者の利益、⑯広く国民の福祉、⑳厚生年金保険の被保険者の利益。　D　については、③長期的な観点、⑥中期的な観点、⑦短期的な観点、⑲中長期的な観点。　E　については、①安全かつ効率的、⑩柔軟、⑰合理的、⑱安定的。先に挙げた、それぞれの前の部分の対応する語句をヒントに検討してみてください。答えは出てくるのではないでしょうか。

| Part1 | 本試験に向けて！ | Part2 | 完全無欠の直前対策講義 | **Part3** | **試験に出るとこファイナルチェック！** | Part4 | 合格をどこまでもサポート！ |

労務管理その他の労働に関する一般常識

〔問題〕　次の文中の　□□□　の部分を選択肢の中の最も適切な語句で埋め、完全な文章とせよ。

1　我が国の労働の実態を知る上で、政府が発表している統計が有用である。年齢階級別の離職率を知るには　A　、年次有給休暇の取得率を知るには　B　、男性の育児休業取得率を知るには　C　が使われている。

2　労働時間の実態を知るには、　D　や　E　、毎月勤労統計調査がある。　D　と　E　は世帯及びその世帯員を対象として実施される調査であり、毎月勤労統計調査は事業所を対象として実施される調査である。

　　　D　は毎月実施されており、就業状態については、15歳以上人口について、毎月の末日に終わる1週間（ただし、12月は20日から26日までの1週間）の状態を調査している。　E　は、国民の就業の状態を調べるために、昭和57年以降は5年ごとに実施されており、有業者については、1週間当たりの就業時間が調査項目に含まれている。

選択肢

① 家計消費状況調査　　② 家計調査　　③ 経済センサス
④ 国勢調査　　⑤ 国民生活基礎調査　　⑥ 雇用均等基本調査
⑦ 雇用動向調査　　⑧ 社会生活基本調査　　⑨ 就業構造基本調査
⑩ 就労条件総合調査　　⑪ 職業紹介事業報告
⑫ 女性活躍推進法への取組状況　　⑬ 賃金構造基本統計調査
⑭ 賃金事情等総合調査　　⑮ 有期労働契約に関する実態調査
⑯ 労働基準監督年報　　⑰ 労働経済動向調査
⑱ 労働経済分析レポート　　⑲ 労働保険の徴収適用状況
⑳ 労働力調査

解答

A　⑦　雇用動向調査

B　⑩　就労条件総合調査

C　⑥　雇用均等基本調査

D　⑳　労働力調査

E　⑨　就業構造基本調査

解答根拠
「雇用動向調査（厚生労働省）」、「就労条件総合調査（厚生労働省）」、「雇用均等基本調査（厚生労働省）」、「労働力調査（総務省）」、「就業構造基本調査（総務省）」

正解へのアプローチ

◎本当に難問？！

令和2年の本試験問題からの引用です。すべての空欄に各種「統計調査」の名が入るという誰もが想定し得なかった問題でした。問題を見た瞬間、意気消沈してしまった受験生も多かったようです。受験界でも難問だといわれているようですが、本当にそうでしょうか。冷静に問題文を読み込んでみると、「何とかなる」、否、「満点も決して不可能ではない！」と私は思っています。では、具体的に説明していきましょう。

◎一読したら選択肢を整理する

まずは一読通読です。そして、労働の何を知る上で必要な統計調査かを確認します。整理すると、次の通りです。

　　　A　　は、「年齢階級別の離職率」
　　　B　　は、「年次有給休暇の取得率」
　　　C　　は、「男性の育児休業取得率」
　　　D　と　E　は、「労働時間の実態」

次に、上記の労働の実態とは関係が無さそうな選択肢の統計調査を消去していきます。ここでは、普段の勉強の取り組み方が反映されるかもしれません。労働統計の出題対策として、基本的な統計は勉強しているはずです。各種統計の名前や定義まで丸暗記している必要は、もちろん、ありません。しかし、勉強する際に、その統計から現在の労働の実態を知ろうという意識があれば、目にした統計の名前くらいは頭の片隅に残っているはずです。そこから逆に、「こんな統計の名前、見た覚えないなぁ」とか「この名前からは何の統計かわからないなぁ」と選択肢を選別できれば、消去していけるはずです。問題文にある労働の実態とは関係が無さそうで、しかも皆さんが勉強したときに、たぶん、見た覚えのないような選択肢を、順番に挙げてみましょう。

①家計消費状況調査
②家計調査
③経済センサス
④国勢調査
⑤国民生活基礎調査
⑧社会生活基本調査
⑪職業紹介事業報告
⑫女性活躍推進法への取組状況
⑬賃金構造基本統計調査
⑭賃金事情等総合調査
⑮有期労働契約に関する実態調査
⑯労働基準監督年報
⑰労働経済動向調査
⑱労働経済分析レポート
⑲労働保険の徴収適用状況

いかがでしょうか。選択肢が大分整理できました。あれ？　選択肢20個のうち、15個が消去！ということは、残りの5個を各空欄に割り振れば良いみたいですね。

◎統計の"調査名"をしっかり読み込む、そして割り振り

残った選択肢は以下の通りです。
⑥雇用均等基本調査
⑦雇用動向調査
⑨就業構造基本調査
⑩就労条件総合調査
⑳労働力調査

上記の調査名のうち、⑥では「均等」、⑦では「動向」、⑩では「条件」がしっかり読み込めていないと迷うかもしれません。

　A　はその前の「離職率」が、　B　はその前の「年次有給休暇」が、　C　はその前の「男性の」が、それぞれヒントになりますね。　D　は後に続く「15歳以上人口」がヒントになるでしょう。　E　は最後に残ったものが、後に続く記述と違和感のないことを確認してください。

一見難問に見えた問題かもしれませんが、5点満点も十分可能な問題だったということが、わかっていただけたでしょうか。

社会保険に関する一般常識

〔問題〕　次の文中の　□　の部分を選択肢の中の最も適切な語句で埋め、完全な文章とせよ。

1　高齢者の医療の確保に関する法律第2条第1項では、国民は、　A　と連帯の精神に基づき、自ら加齢に伴って生ずる心身の変化を自覚して常に健康の保持増進に努めるとともに、　B　ものとすると規定されている。

2　介護保険法第8条第23項では、　C　とは、居宅要介護者について、訪問介護、訪問入浴介護、訪問看護、訪問リハビリテーション、地域密着型通所介護、小規模多機能型居宅介護等のサービスを2種類以上組み合わせることにより提供されるサービスのうち、訪問看護及び小規模多機能型居宅介護の組合せその他の居宅要介護者について一体的に提供されることが特に効果的かつ効率的なサービスの組合せにより提供されるサービスとして厚生労働省令で定めるものをいうと規定されている。

3　確定拠出年金法第1条では、この法律は、少子高齢化の進展、高齢期の生活の多様化等の社会経済情勢の変化にかんがみ、個人又は事業主が拠出した資金を個人が自己の責任において運用の指図を行い、高齢期においてその　D　に基づいた給付を受けることができるようにするため、確定拠出年金について必要な事項を定め、国民の高齢期における所得の確保に係る自主的な努力を支援し、もって公的年金の給付と相まって国民の生活の安定と福祉の向上に寄与することを目的とすると規定されている。

4　確定給付企業年金法第33条では、年金給付の支給期間及び支払期月は、政令で定める基準に従い規約で定めるところによるとされ、ただし、　E　にわたり、毎年1回以上定期的に支給するものでなければならないと規定されている。

選択肢

①　介護医療院サービス

②　共助

③　高齢期における適切な医療の確保を図る

④　結果

⑤　終身又は1年以上

⑥　公助

⑦　高齢期における医療に要する費用の適正化を図る

⑧　介護保険施設サービス

⑨　高齢者の医療に要する費用を公平に負担する

⑩　終身

⑪　複合型サービス　⑫　自立

⑬　指定介護福祉施設サービス

⑭　生活　⑮　収入

⑯　終身又は3年以上

⑰　実態　⑱　自助

⑲　終身又は5年以上

⑳　国民保健の向上及び高齢者の福祉の増進を図る

解答

- A ⑱ 自助
- B ⑨ 高齢者の医療に要する費用を公平に負担する
- C ⑪ 複合型サービス
- D ④ 結果
- E ⑲ 終身又は5年以上

解答根拠
高齢者医療確保法2条1項、介護保険法8条23項、確定拠出年金法1条、確定給付企業年金法33条

正解へのアプローチ

◎前後の語句をヒントに

だいたい基本条文からの出題ではありますが、空欄に入る語句を正確に覚えていなくても、その前後の語句をヒントに考えれば対応できるような問題を作成しました。

◎1の問題文について

「 A と連帯」が、後に続く「自ら加齢に──とともに、 B 」と対応していることに気づかれたでしょうか。つまり A の部分が「自ら加齢に伴って生ずる心身の変化を自覚して常に健康の保持増進に努める」に対応し、「連帯」の部分が B に対応しているということです。 A の候補としては、②共助、⑥公助、⑫自立、⑱自助、が挙げられます。 B の候補としては、③高齢期における適切な医療の確保を図る、⑦高齢期における医療に要する費用の適正化を図る、⑨高齢者の医療に要する費用を公平に負担する、⑳国民保健の向上及び高齢者の福祉の増進を図る、が挙げられます。言葉の意味内容から考えてみてください。

◎2の問題文について

あえて C の候補を挙げれば、①介護医療院サービス、⑧介護保険施設サービス、⑪複合型サービス、⑬指定介護福祉施設サービス、となります。しかし、各種サービスについての知識を問うているのではなく、問題文中の「2種類以上組み合わせることにより提供されるサービス」の部分がしっかり読めているかが問われていることに気づいてください。

◎3の問題文について

確定拠出年金法の目的が理解されていれば、問題文中の「高齢期においてその D に基づいた給付を受けることができるようにするため」の部分が、前の記述から続いていることは考えられるはずです。 D の前の指示語「その」が何を指しているかがわかれば、答えは自ずと出てくるのではないでしょうか。

◎4の問題文について

確定給付企業年金法とは、誤解を恐れずに言うならば、一時金として支払われてきた（支払われている）退職金を、年金という支払形態で支払う場合のルールを定めたものです。従来「一時金」で支払っていたものを「年金」で支払うのですから、それなりに長期の支払期間にしなければ、支払形態を変える意味は無いのではないでしょうか。そのような視点から考えてみてください。

某資格試験予備校の中に置かれる秘密の部屋。
そこで日夜、社労士受験生の質問に対応する男たち(1人と1羽?)がいる。
そう、大原寛講師と制作スタッフのP太郎くんである。
彼らがいるその場所とは…

TAC講師室 特命課 年金係
－事例問題について②－

P太郎(以下「Pくん」)：ひろしさん、こんにちは。ついに最終回ですね。

大原寛講師(以下「寛講師」)：こんにちは。P太郎くん。しかし、我々的には全2回なので、「最終回」と言われてもピンときませんね。

Pくん：おっしゃる通りです。まぁ、いずれにせよ今シーズン最後のお仕事、受験生のみなさんの役に立てるよう頑張っていきましょう。

寛講師：そうですね。試験も近くなってきたところですし。さて、今回はどのようなご質問なのでしょう？

Pくん：今回も、令和5年の本試験問題についてのご質問です。厚生年金保険法の「従前標準報酬月額」に関する内容です。

従前標準報酬月額に関するものです。

質問

前回は選択式における事例問題を取り上げていただきましたが、択一式においても事例問題が出題されていました。

特に厚生年金保険法の問1C、D及びEの従前標準報酬月額に係る問題は、そもそも内容がよくわかっておらず、内容を把握するのに苦慮しております。

できれば、図などを用いて解説していただけるとありがたいのですが。

寛講師：事例問題はここに限ったものでもありませんが、まずはご質問にある厚生年金保険法問1のC〜Eを確認していきましょう。P太郎くん、よろしくお願いするであります。

Pくん：了解であります。

Pくん：まずは、問題文から確認していきましょう。C〜Eの部分だけですが、次のように出題されました。

厚年R5-1C〜E

厚生年金保険法第26条に規定する3歳に満たない子を養育する被保険者等の標準報酬月額の特例（以下本問において「本特例」という。）に関する次の記述のうち、正しいものはどれか。

C　甲は、第1号厚生年金被保険者であったが、令和4年5月1日に被保険者資格を喪失した。その後、令和5年6月15日に3歳に満たない子の養育を開始した。更に、令和5年7月1日に再び第1号厚生年金被保険者の被保険者資格を取得した。この場合、本特例は適用される。

D　第1子の育児休業終了による職場復帰後に本特例が適用された被保険者乙の従前標準報酬月額は30万円であったが、育児休業等終了時改定に該当し標準報酬月額は24万円に改定された。その後、乙は第2子の出産のため厚生年金保険法第81条の2の2第1項の適用を受ける産前産後休業を取得し、第2子を出産し産後休業終了後に職場復帰したため第2子の養育に係る本特例の申出を行った。第2子の養育に係る本特例が適用された場合、被保険者乙の従前標準報酬月額は24万円である。

E　本特例の適用を受けている被保険者の養育する第1子が満3歳に達する前に第2子の養育が始まり、この第2子の養育にも本特例の適用を受ける場合は、第1子の養育に係る本特例の適用期間は、第2子が3歳に達した日の翌日の属する月の前月までとなる。

寛講師：ふむ。まさに事例問題ですね。特にCは、日付の設定が細かくあります。第1号厚生年金被保険者の資格を喪失した後に子の養育を開始、その後第1号厚生年金被保険者の被保険者資格を取得していますね。子の養育を開始した月の前月は被保険者ではなかったということですね。うーむ、P太郎くん、そもそも厚生年金保険法26条の内容が思い出せません…

Pくん：なんと！　では、一旦、法26条1項の内容を確認しましょう。

どんな規定？　　　　　　　　　　　　　　次の通りです。

法26条1項（3歳に満たない子を養育する被保険者等の標準報酬月額の特例）

　3歳に満たない子を養育し、又は養育していた被保険者又は被保険者であった者が、主務省令で定めるところにより実施機関に申出（被保険者にあっては、その使用される事業所の事業主を経由して行うものとする。）をしたときは、当該子を養育することとなった日（厚生労働省令で定める事実が生じた日にあっては、その日）の属する月から次の各号のいずれかに該当するに至った日の翌日の属する月の前月までの各月のうち、その標準報酬月額が当該**子を養育することとなった日の属する月の前月（当該月において被保険者でない場合にあっては、当該月前1年以内における被保険者であった月のうち直近の月**。以下この条において「**基準月**」という。）の標準報酬月額（**この項の規定により当該子以外の子に係る基準月の標準報酬月額が標準報酬月額とみなされている場合にあっては、当該みなされた基準月の標準報酬月額**。以下この項において「従前標準報酬月額」という。）を下回る月（当該申出が行われた日の属する月前の月にあっては、当該申出が行われた日の属する月の前月までの2年間のうちにあるものに限る。）については、従前標準報酬月額を当該下回る月の第43条第1項に規定する平均標準報酬額の計算の基礎となる標準報酬月額とみなす。

① 　当該子が3歳に達したとき。
② 　第14条各号のいずれかに該当するに至ったとき。
③ 　当該子以外の子についてこの条の規定の適用を受ける場合における当該子以外の子を養育することとなったときその他これに準ずる事実として厚生労働省令で定めるものが生じたとき。
④ 　当該子が死亡したときその他当該被保険者が当該子を養育しないこととなったとき。
⑤ 　当該被保険者に係る第81条の2第1項の規定の適用を受ける育児休業等を開始したとき。
⑥ 　当該被保険者に係る第81条の2の2第1項の規定の適用を受ける産前産後休業を開始したとき。

TAC講師室 特命課 年金係 －事例問題について②－

寛講師：子を養育することとなった日の属する月の前月において被保険者でない場合にあっては、当該月（＝子を養育することとなった日の属する月の前月）前1年以内における被保険者であった月のうち直近の月が基準月となるのですね。こんな感じでしょうか？

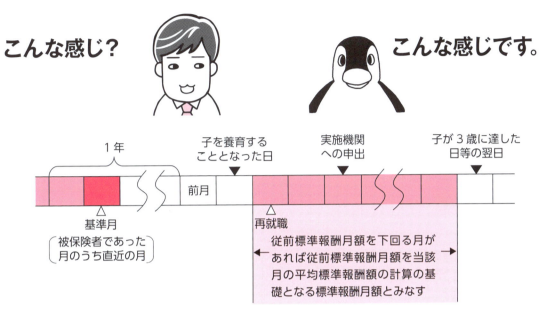

寛講師：Cの設定はこんな感じですよね。

厚年R5-1C

甲は、第1号厚生年金被保険者であったが、令和4年5月1日に被保険者資格を喪失した。その後、令和5年6月15日に3歳に満たない子の養育を開始した。更に、令和5年7月1日に再び第1号厚生年金被保険者の被保険者資格を取得した。この場合、本特例は適用される。

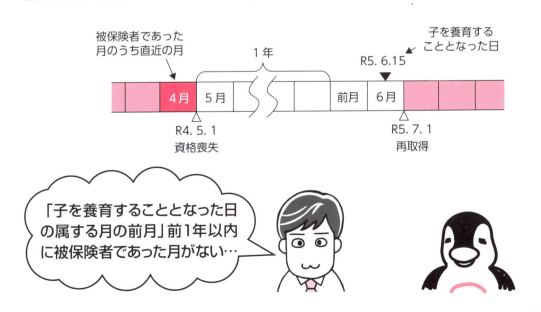

173

寛講師：子を養育することとなった日の属する月の前月において被保険者でなく、子を養育することとなった日の属する月の前月前１年以内に被保険者であった月がないのだから、「３歳に満たない子を養育する被保険者等の標準報酬月額の特例」は適用されないということですか？

Ｐくん：その通りです。

寛講師：この肢は✕ということですね。むうぅっ、しっかりと計算して作られた良問ですね。

Ｐくん：ええ。ここ数年の年金２法のうち、厚生年金保険法の方の問題は、このようにしっかりと作りこまれた問題が目立ちますね。さて、ＤとＥが残っていますが、説明の都合上、Ｅの方から解説させていただきます。

> **厚年R5-1E**
> 本特例の適用を受けている被保険者の養育する第１子が満３歳に達する前に第２子の養育が始まり、この第２子の養育にも本特例の適用を受ける場合は、第１子の養育に係る本特例の適用期間は、第２子が３歳に達した日の翌日の属する月の前月までとなる。

Ｐくん：「本特例の適用を受けている被保険者の養育する第１子が満３歳に達する前に第２子の養育が始まり」とありますが、Ｄの設定に倣い、本特例が適用された従前標準報酬月額は30万円で、その後育児休業等終了時改定に該当し標準報酬月額は24万円に改定されたという設定で図解させていただきます。

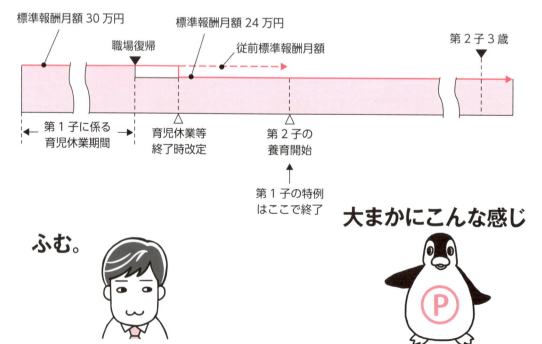

TAC講師室 特命課 年金係 －事例問題について②－

寛講師：前述の法26条1項で、③号の「当該子以外の子(第1子)についてこの条の規定の適用を受ける場合における当該子以外の子(第2子)を養育することとなったとき」には、これに該当するに至った日の翌日の属する月の前月までが、この特例の適用を受ける期間としているのですから、「第1子の養育に係る本特例の適用期間は、第2子が3歳に達した日の翌日の属する月の前月まで」とするこの肢は×ですね。

Pくん：ええ、その通りです。ところでEでは「この第2子の養育にも本特例の適用を受ける場合」とありますが、第2子についてこの特例の適用を受けた場合の従前標準報酬月額はどうなりますか？

寛講師：前述の法26条1項では、子を養育することとなった日の属する月の前月の標準報酬月額を「従前標準報酬月額」としつつも、カッコ書で「この項(法26条1項)の規定により**当該子以外の子(第1子)に係る基準月の標準報酬月額が標準報酬月額とみなされている場合にあっては、当該みなされた基準月の標準報酬月額**」を「従前標準報酬月額」としています。先ほどのP太郎くんの図の設定においては「30万円」となるのでは？

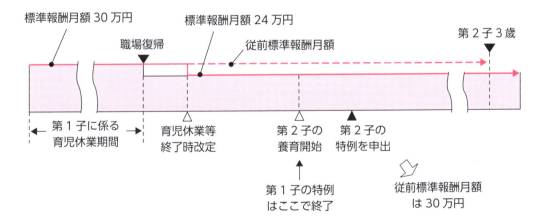

Pくん：その通りです。さすが腐っても講師、ですね。

寛講師：特に腐ってはいませんが、まぁ、良いでしょう。P太郎くん、残ったDについて、解説をお願いします。

Pくん：ラジャーです。Dも第２子の養育に係る特例が適用された場合の問題です。

厚年R5-1D

　第１子の育児休業終了による職場復帰後に本特例が適用された被保険者乙の従前標準報酬月額は30万円であったが、育児休業等終了時改定に該当し標準報酬月額は24万円に改定された。その後、乙は第２子の出産のため厚生年金保険法第81条の２の２第１項の適用を受ける産前産後休業を取得し、第２子を出産し産後休業終了後に職場復帰したため第２子の養育に係る本特例の申出を行った。第２子の養育に係る本特例が適用された場合、被保険者乙の従前標準報酬月額は24万円である。

Pくん：「第２子の出産のため厚生年金保険法第81条の２の２第１項の適用を受ける産前産後休業を取得し、第２子を出産し産後休業終了後に職場復帰したため第２子の養育に係る本特例の申出を行った。」としているので、第１子に係る特例は、第２子の産前休業開始時点で終了します。大まかに、次図の通りです。

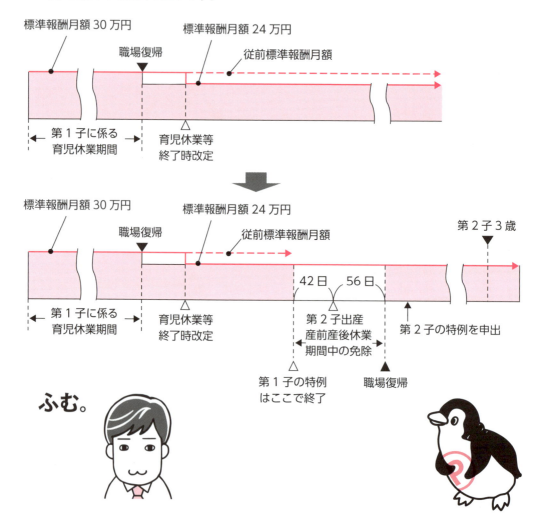

寛講師：前述の法26条1項で、⑥号の「当該被保険者に係る第81条の2の2第1項（産前産後休業期間中の保険料の免除）の規定の適用を受ける産前産後休業を開始したとき」には、これに該当するに至った日の翌日の属する月の前月までが、この特例の適用を受ける期間としていますから、第2子に係る産前休業開始日の翌日の属する月の前月で、第1子に係る特例は終了しますね。

Pくん：ええ。では、この場合、第2子についてこの特例の適用を受けた場合の従前標準報酬月額はどうなりますか？

寛講師：先ほどのEと同様、「30万円」、と言いたいところですが、Dの場合、産前産後休業が開始されたことにより、第2子の養育開始月（出産日の属する月）の前月において第1子に係る従前標準報酬月額の特例が終了しているようなケースもあるはずです〔出産の日以前42日（多胎妊娠の場合は98日）から産前休業を開始することができるため〕。P太郎くんの図の場合、第2子の養育開始月の前月において第1子に係る従前標準報酬月額の特例は終了しているので、第2子を養育することとなった日の属する月の前月の標準報酬月額は24万円でも良いような。

Pくん：ひろしさん、ユルいですよ。

寛講師：えっ？

Pくん：次のような規定があったはずです。

法26条3項

　第1項第6号の規定に該当した者（同項の規定により当該子以外の子に係る基準月の標準報酬月額が基準月の標準報酬月額とみなされている場合を除く。）に対する同項の規定の適用については、同項中「この項の規定により当該子以外の子に係る基準月の標準報酬月額が標準報酬月額とみなされている場合にあっては、当該みなされた基準月の標準報酬月額」とあるのは、「**第6号の規定の適用がなかったとしたならば、この項の規定により当該子以外の子に係る基準月の標準報酬月額が標準報酬月額とみなされる場合にあっては、当該みなされることとなる基準月の標準報酬月額**」とする。

寛講師：法26条１項⑥号というのは前述の「当該被保険者に係る第81条の２の２第１項（産前産後休業期間中の保険料の免除）の規定の適用を受ける産前産後休業を開始したとき。」ですね。出産の日以前42日から産前休業を開始することにより、第２子の養育開始月の前月において第１子に係る従前標準報酬月額の特例が終了しているようなケースについては、「第６号の規定の適用がなかったとしたならば、この項（法26条１項）の規定により当該子以外の子（第１子）に係る基準月の標準報酬月額が標準報酬月額とみなされる場合にあっては、当該みなされることとなる基準月の標準報酬月額」、すなわち「30万円」が「従前標準報酬月額」となるのですね。

Ｐくん：その通りです。Ｄについて、第２子の養育に係る本特例が適用された場合、被保険者乙の従前標準報酬月額は「30万円」となります。

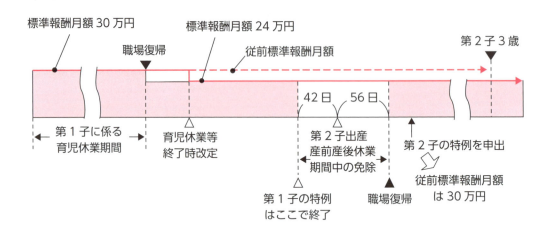

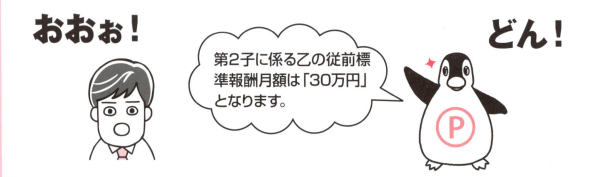

寛講師：Ｄも×ですね。

Ｐくん：TACのデータリサーチによれば、この肢を○と判断してしまった人が18％、約２割いたようです。ひろしさんと同じように考えてしまったのかもしれませんね。

TAC講師室 特命課 年金係 −事例問題について②−

寛講師：そういえば、前述の法26条1項に「実施機関に申出（被保険者にあっては、その使用される事業所の事業主を経由して行うものとする。）をしたときは」とありましたが、第2号厚生年金被保険者や第3号厚生年金被保険者の場合は、異なる扱いになりますよね。

Pくん：ええ。次の規定により読み替えられます。

法26条4項

　第2号厚生年金被保険者であり、若しくはあった者又は第3号厚生年金被保険者であり、若しくはあった者について、第1項（法26条1項）の規定を適用する場合においては、同項中「申出（被保険者にあっては、その使用される事業所の事業主を経由して行うものとする。）」とあるのは、「申出」とする。

寛講師：第2号厚生年金被保険者や第3号厚生年金被保険者の場合は、直接実施機関に申出をすることとなるのですよね。今回ご質問にはありませんでしたが、上記の規定により、令和5年問1のAは○（正解肢）となりますね。

〇、ですよね？   ええ、〇 です。

厚年R5-1A

　本特例についての実施機関に対する申出は、第1号厚生年金被保険者又は第4号厚生年金被保険者はその使用される事業所の事業主を経由して行い、第2号厚生年金被保険者又は第3号厚生年金被保険者は事業主を経由せずに行う。

Pくん：はい。これが〇（正解肢）です。

寛講師：正解肢はかなり易しい内容ですね…

Pくん：ところが、TACのデータリサーチによれば、Aを〇（正解肢）と判断できた方は50％、5割だったようです。

寛講師：先ほどのDに気を取られてしまったということでしょうか。内容のわりにはあまり高くない正答率ですね。

Pくん：さて、質問者のご質問にはこれで全て回答しましたが、せっかくなので他の事例問題も確認していきましょう。

寛講師：国民年金法にはあまり解きごたえのある問題はなかったような気がします。

Pくん：そうなんですよね。まぁ、取り上げる問題があるとすれば、問5Bでしょうか。問5Bを確認しましょう。

どんな問題？　　　　　　　　　　こんな問題です。

国年R5-5B

保険料の産前産後免除期間が申請免除又は納付猶予の終期と重なる場合又はその終期をまたぐ場合でも、翌周期の継続免除又は継続納付猶予対象者として取り扱う。例えば、令和3年7月から令和4年6月までの継続免除承認者が、令和4年5月から令和4年8月まで保険料の産前産後免除期間に該当した場合、令和4年9月から令和5年6月までの保険料に係る継続免除審査を行う。

寛講師：P太郎くん、継続免除ってなんですか？

Pくん：免除申請は、原則として毎年度行う必要がありますが、「全額免除」又は「納付猶予」が承認された者は、申請時に次の申請期間（翌年度）以降も引き続き免除を希望していれば、次の年の6月までについて、申請を行わなくても免除に係る審査を行うこととされています。ちなみに、審査は住民税の申告内容をもとに行われます。これが、継続免除です。

寛講師：そんな扱いがあるのですね。

Pくん：受験生の方も、初見の方が多かったものと思われます。ちなみに、一部免除（保険料4分の1免除、保険料半額免除及び保険料4分の3免除）にこの扱いはありません。

寛講師：そうなのですね。そういえば、全額免除と納付猶予は、同じ所得基準で免除の可否を判断していましたね。

TAC講師室 特命課 年金係 －事例問題について②－

Pくん：設問の継続免除審査（継続審査）により申請による全額免除を受ける者が引き続き承認を受けられるのであれば、「継続免除」の対象者となるということです。設問の場合、当初の免除期間は「令和3年7月から令和4年6月まで」なので、この「申請免除の終期」は「令和4年6月」です。

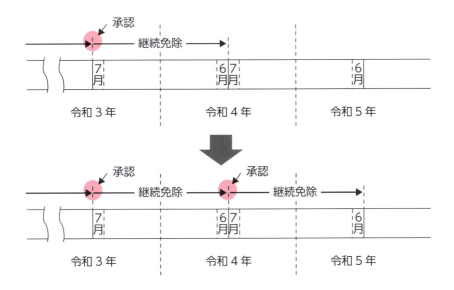

寛講師：継続申請をしているので、免除の申請を行わなくても「令和4年7月から令和5年6月まで」の免除に係る審査はやってもらえることになっていたところ、設問では、この申請免除の終期である「令和4年6月」をまたぐようにして、令和4年5月から令和4年8月までの産前産後免除期間が発生していますね。

Pくん：この場合についての通達があります。次の通りです。

> **平成30年12月6日年管管発1206第1号（継続免除等の取扱い）**
>
> 　産前産後免除期間が申請免除又は納付猶予の終期と重なる場合においても、翌周期の継続免除又は継続納付猶予対象者として取り扱うこと。また、産前産後免除期間が申請免除又は納付猶予の終期をまたぐ場合もこれと同様に取り扱うこと。
> 　例えば、平成30年7月から平成31年6月までの継続免除承認者が、平成31年5月から平成31年8月まで産前産後免除期間に該当した場合、平成31年9月から平成32年6月分の保険料に係る継続免除審査を行うこと。

寛講師：通達の例をそのまま使った問題だったのですね。

Pくん：ええ。産前産後免除期間は法定免除・申請免除よりも優先されるため、「令和3年7月から令和4年6月まで」及び「令和4年7月から令和5年6月まで」の期間のうち、「令和4年5月から令和4年8月まで」の期間は産前産後免除期間として扱われます。

寛講師：そして、当初継続審査の対象としていた「令和4年7月から令和5年6月まで」のうち、産前産後免除期間とされる「令和4年7月及び8月」を除いた「令和4年9月から令和5年6月まで」の期間が継続免除審査の対象となると。

Pくん：そんな感じです。このBが○（正解肢）です。

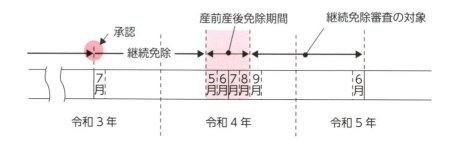

Bが問5の正解肢となります。

TAC講師室 特命課 年金係 —事例問題について②—

寛講師：継続免除の制度を知らない受験生も多いでしょうからさぞかし正答率は低かったでしょうね。

Pくん：いえ。TACのデータリサーチによれば、問5の正答率は57％、約6割の方が正解しています。実は他の4肢が×であると判断し易い内容だったため、おそらくは消去法でBを選べた方が多かったのではないかと。

寛講師：なるほど。難しい肢が正解肢であったとしても、他の肢が通常の学習で×と判断できる内容であれば、容易に正解できるということですね。

Pくん：そういうことです。

寛講師：そういえば、健康保険法の問題で極めて正答率の低い問題があったような…

Pくん：問5ですね。TACのデータリサーチによれば、23％でした。正解肢であるCは内容が細かく、また、事例形式ではないため、今回は取り上げませんが、Dを×(正解肢)と判断した方が67％、約7割もいらっしゃいました。最後にこの健康保険法問5Dを確認したいと思います。

ふな

こんな問題です。

健保R5-5D

　任意継続被保険者が任意の資格喪失の申出をしたが、申出のあった日が保険料納付期日の10日より前であり、当該月の保険料をまだ納付していなかった場合、健康保険法第38条第3号の規定に基づき、当該月の保険料の納付期日の翌日から資格を喪失する。

寛講師：「任意継続被保険者でなくなることを希望する旨を、保険者に申し出た場合において、その申出が受理された日の属する月の末日が到来したとき」は、その日の翌日に任意継続被保険者の資格を喪失します。ただ、この申出による資格喪失については、事務連絡が出ていたような気がします。

Pくん：はい。次の通りです。

183

 ふなな？

 こんな内容です。

令和3.12.27事務連絡

Q：任意継続被保険者が任意の資格喪失をする場合、その申出が受理された日の属する月の保険料は返納することとなるか。

A：○ 健保法第38条の規定により、任意継続被保険者の資格喪失日は保険者が申出書を受理した日の属する月の翌月1日となる。そのため、申出が受理された日の属する月は、任意継続被保険者となり保険料は、返納する必要はない。

○ 例えば、**3月5日に資格喪失の申出が受理された場合**は、**4月1日が資格喪失日となる**ため、**3月分の保険料納付は必要となる**。

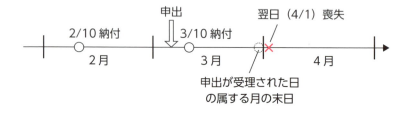

Q：任意継続被保険者が任意の資格喪失の申出をしたが、申出のあった日が保険料納付期日の10日より前であり、当該月の保険料をまだ納付していなかった場合、資格喪失の取扱いはどうなるのか。

A：○ 当該月の保険料を納付期日までに納付しなかった場合、健保法第38条第3号の規定に基づき、当該月の保険料の納付期日の翌日から資格を喪失することとなる。

健保法38条3号〔保険料（初めて納付すべき保険料を除く。）を納付期日までに納付しなかったとき〕の規定に基づき、当該月の保険料の納付期日の翌日から資格を喪失する。

寛講師：申出のあった日が保険料納付期日の10日より前であっても、資格喪失日は翌月1日、申出があった月の保険料納付は必要としていますね。

Pくん：はい。そして、申出のあった日が保険料納付期日の10日より前であって、当該月の保険料を納付期日までに納付しなかった場合に、健康保険法38条3号〔保険料（初めて納付すべき保険料を除く。）を納付期日までに納付しなかったとき〕の規定により、当該月の保険料の納付期日の翌日から資格を喪失します。

寛講師：申出のあった日が保険料納付期日の10日より前で、10日までに納付していれば翌月1日に喪失、10日までに納付していなければ納付期日の翌日から資格を喪失。「納付期日までに納付しなかった」という前提がないのに、「納付期日の翌日から資格を喪失」と結論づけるこのDは、×と判断しても良いのでは？

Pくん：同感です。少なくともきれいに○と判断できる内容ではありません。難問だったから正答率が低かった、というわけではないと思います。

寛講師：健康保険法の択一式問題は、どうもこの手の設定の甘い問題が散見されますね。令和4年は2問ほど問題誤りにより複解答が発生していますし。

Pくん：改善してほしいですね。さて、ひろしさん、そろそろ…

寛講師：時間、ですかね。P太郎くん、今日も解りやすい図解＆解説、ありがとうございました。

Pくん：いえいえ、ひろしさんもお疲れさまでした。

寛講師：受験生の皆さん、参考になりましたでしょうか？　今回取り上げた厚生年金保険法の問1のように、難しい肢が一部含まれていても正解肢が簡単な問題や、国民年金法の問5のように、正解肢が難しくても消去法で正解肢が選べる問題については、しっかりと正解し、少しでも合格可能性を高めてください。最後まで、しっかり練習を繰り返し、最高のコンディションで試験に臨んでください。

Pくん：皆さん、受験勉強頑張ってくださいね。吉報、お待ちしております。

著：TAC専任講師　大原　寛

| Part1 本試験に向けて! | Part2 完全無欠の直前対策講義 | Part3 試験に出るとこファイナルチェック! | Part4 合格をどこまでもサポート! |

書類に注目！雇用保険の受給手続き その3

TAC社会保険労務士講座　専任講師　**下野 恵江**

　ついに、第3回となったこの連載。最後となる今回では教育訓練給付金の受給手続きについて確認していきたいと思います。教育訓練給付金は資格取得を目指す皆さんにも身近な給付です。読者の方の中にも受給予定の方が多くいらっしゃるのでは？　今回の記事では具体的な計算方法もご紹介します。ご自身の給付額も計算できるようになるし、勉強にもなるし、一石二鳥です!!

　教育訓練給付金の対象となる厚生労働大臣が指定する教育訓練は3種類（一般教育訓練、特定一般教育訓練、専門実践教育訓練）です。教育訓練の対象講座を受け、修了し、所定の要件を満たすことで、教育訓練給付金を受給することができます。今回このコーナーでは一般教育訓練における受給手続きをご紹介しますが、特定一般教育訓練や専門実践教育訓練については豆知識の中でプラスαの情報としてご確認いただけるようにしています。ぜひ豆知識もチェックしてくださいね！

　それでは、前回から引き続き太郎さんを例にしてお話を進めます。

太郎さん　30歳

前回までの連載で6年間正社員として勤めた会社を自己都合退職後、雇用保険から基本手当などを受給し再就職。再就職先で働き始めて10箇月経ちました。

　ようやく、新しい会社にも慣れて、充実した日々を送っている太郎さん。さらなるキャリアアップを図ろうと、資格取得を思いつきます。

よし、今後のために、社労士の資格をとろう!!

　やる気みなぎる太郎さんは社労士試験に強い、資格の学校を探しました。……もちろん!!

書類に注目！ 雇用保険の受給手続き

TACですよね。太郎さんはTACの校舎へ足を運び、社労士試験の講座を申し込むことにしました。するとTAC事務局の人から教育訓練給付金の案内をされました。

この講座は一般教育訓練指定を受けている教育訓練給付対象講座です。雇用保険に入って3年経っていれば受けられる可能性があります。初めて教育訓練給付を利用するのであれば1年でも大丈夫です。

太郎さんは教育訓練給付を利用したことはありませんでしたが、再就職から1年も経っていないうえ、失業中に基本手当を受給していたので、ほかの給付をさらに受け取ることはできないと思っていました。

再就職したばかりなのと、失業中に雇用保険から給付をもらってしまったので教育訓練給付金の要件に当てはまらないと思うんですけど…。

いえ、基本手当をもらっていても、教育訓練給付金の支給要件期間※には影響しないので大丈夫ですよ。失業していた期間が1年以内であれば前の会社に在籍していた期間も通算できます。

失業していた期間は1年以内だから、前の会社に在籍していた期間も通算できそうだ！　教育訓練給付を利用して、社労士講座を申し込みます！

太郎さんは、教育訓練給付を利用することにしたようです。では、太郎さんがしなければならない手続きをご紹介しましょう。

〈受講申し込み時に必要なもの〉

　　　特になし

実は、一般教育訓練の場合は受講前に特にすることはなく、雇用保険に関する申請作業は不要です。つまり、TAC等の講義をする窓口で教育訓練給付金を利用することを事務的に伝えるだけでよいということです。法律的に何か必要というわけではないのです。

> 教育訓練給付金の支給要件期間※は**3年以上**です。
> 　受講開始日（基準日）前に教育訓練給付金の支給を受けたことがない者は
> 　　一般・特定一般教育訓練については**1年以上**
> 　　専門実践教育訓練については**2年以上**　になります。
> ※支給要件期間とは、受講開始日までの間に同一の事業主に被保険者等（一般被保険者、高年齢被保険者または短期雇用特例被保険者）として雇用された期間をいいます。

教育訓練給付の支給要件期間には、離職後1年以内に就職した場合であれば離職前の期間も含まれます。その間に基本手当を受給したとしても影響しません。ですから、離職後の基本手当受給中や転職してすぐの期間であっても、支給要件期間等の条件を満たしていれば教育訓練給付金の受給ができるのです。

> 特定一般教育訓練や専門実践教育訓練は事前に申請手続きが必要です。詳細は次の豆知識を見てください。

でも本当にもらえるの？

　TACの事務局の人を疑う太郎さん。(疑わないでー！)
　実は自分でハローワークに問い合わせれば、支給要件期間を満たしているかどうかを教えてくれる制度があります。その手続きを確認してみましょう。

〈支給要件期間を確認する際に必要なもの〉

教育訓練給付金支給要件照会票

代理人（委任状が必要）や郵送でもOKです。
また、本人・住所の確認ができる書類の添付も必要となります。

（ハローワークインターネットサービスより）

書類に注目！雇用保険の受給手続き

 **豆知識**

特定一般教育訓練、専門実践教育訓練の場合は、教育訓練開始日の14日前までに「教育訓練給付金及び教育訓練支援給付金受給資格確認票（様式第33号の2の2）」の提出が必須です。さらにこれらの提出の際に、ジョブカード（職務経歴等記録書）も添付を求められます。ジョブカードはキャリアコンサルタントと訓練前キャリアコンサルティングを行い作成してもらう必要があります。ですから、特定一般教育訓練や専門実践教育訓練の場合の事前手続きはお早めに！

　そして、季節は流れ……。太郎さんは10箇月かけて社労士講座を受講し、クラスへの出席率や修了試験も基準に達しました。（この修了試験は社労士本試験のことではなく、社労士講座を受けていればわかる基礎的な内容のものです。）

　さて、社労士試験を控えていて慌ただしいのですが、教育訓練を修了したら忘れずに教育訓練給付金を申請しなければなりません。太郎さんはハローワークへ一般教育訓練給付金の申請手続きに訪れました。この手続きは修了日（翌日起算）から1箇月以内にする必要があります。

〈受講後、教育訓練給付金申請手続きに必要なもの〉

・教育訓練給付金支給申請書
　（様式第33号の2）
・教育訓練修了証明書
　（指定教育訓練実施者、今回の例ではTACがその施設の修了認定基準に基づいて、受講者の教育訓練修了を認定した場合に発行します）

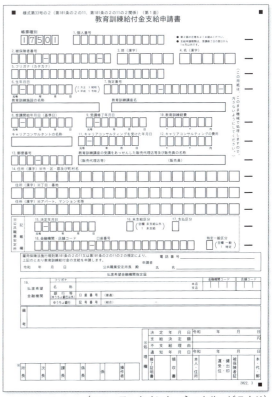

（ハローワークインターネットサービスより）

189

> **豆知識**
>
> 読者の方の中には今から申請手続きをされる方もいらっしゃるでしょうから、このほかに実際に必要となる主なものはこちらです。
>
> ・領収書（受講者本人が納付した教育訓練経費について、指定教育訓練実施者が発行します）
> ・キャリアコンサルティングの費用の支給を申請する場合は、キャリアコンサルティングの費用に係る領収書、キャリアコンサルティングの記録、キャリアコンサルティング実施証明書
> ・本人・住居所確認書類（マイナンバー（個人番号）カード、運転免許証など。コピー不可）

申請手続きを行った太郎さん。では、実際に太郎さんが受給できる額をTACの社労士講座の受講料をもとに計算してみます。「太郎さんが社労士受験で支払った額」から教育訓練給付の対象となる額を選んでみて下さい。

■ 太郎さんが社労士受験で支払った額

① TACの入学金	10,000円
② 社労士試験　総合本科生　受講料（一般教育訓練指定講座である）	220,000円
③ オプション講座　統計・白書セミナー（一般教育訓練指定講座ではない）	5,500円
④ 問題集購入	5,000円
⑤ キャリアコンサルティング費用	15,000円
⑥ 社労士試験の受験料	15,000円

上記のうち対象となる額は①、②、⑤です。

③のオプション講座は一般教育訓練指定講座ではないため、支給の対象外となります。④、⑥のように個別に購入した教材費や試験の受験料なども支給の対象外です。

⑤のキャリアコンサルティング費用について、一般教育訓練では必須ではありませんので、支給対象外と思った方もいるのでは？　一般教育訓練でも受講開始日前にキャリアコンサルティングの費用が発生した場合に支給の対象となります（キャリアコンサルティングに要した費用のうち20,000円までが対象です。）。

では、計算してみましょう。計算式は受講費用×20％です。

書類に注目！ 雇用保険の受給手続き

　太郎さんは49,000円の教育訓練給付金を受け取ることができました。そしてうれしいことに社労士試験にも見事合格！　おめでとう太郎さん！

　皆さんもぜひこの夏、合格＆教育訓練給付金をダブルでゲットしてくださいね!!

豆知識

特定一般教育訓練や専門実践教育訓練では、必ずキャリアコンサルタントによるキャリアコンサルティングを受けなければなりません（前記のように受講前の教育訓練給付金及び教育訓練支援給付金受給資格確認票の提出時にジョブカードを添えることが必要です。）。
特定一般教育訓練の支給申請の手続きは一般教育訓練と同じように、教育訓練の修了日（翌日起算）から１箇月以内に行います。専門実践教育訓練では教育訓練期間が長いため、支給単位期間（６箇月）ごとに支給申請手続きを行います。また修了後にも資格取得等に伴う申請が必要となる場合があります。詳しくはお手元のテキストでご確認くださいね。

過去問題　R3-6A

　特定一般教育訓練受講予定者は、キャリアコンサルティングを踏まえて記載した職務経歴等記録書を添えて管轄公共職業安定所の長に所定の書類を提出しなければならない。

答え ➡ ⭕

　特定一般教育訓練や専門実践教育訓練の受講予定者は訓練の開始１箇月前までにキャリアコンサルタントによるキャリアコンサルティングを受け、教育訓練給付金及び教育訓練支援給付金受給資格確認票にジョブカード等必要書類を添えて提出しなければなりません。

過去問題　R5-7D

　一般教育訓練に係る教育訓練給付金の支給を受けようとする者は、当該教育訓練給付金の支給に係る一般教育訓練の修了予定日の１か月前までに教育訓練給付金支給申請書を管轄公共職業安定所長に提出しなければならない。

答え ➡ ❌

　教育訓練給付金支給申請書は一般教育訓練の「修了予定日の１か月前まで」ではなく、「修了した日の翌日から起算して１か月以内」に提出しなければなりません。

　いかがでしたか。雇用保険の３回の講義はこれで終わりです。でも、皆さんの社労士試験合格への旅はもう少しだけ続きますね。この記事を最後まで読んでくださった勉強熱心な読者の方は確実に合格のドアをノックしています。ドアが開くまであと少しです！　努力というノックで合格へのドアを開いてください。あなたなら大丈夫。応援しています！

選択式がメキメキ強くなる魔法の質問

　前号のプチ講義で、戦略的な選択式対策として「２つの三角形理論」に基づいて、冷静な「注意力」と法的な「推論力」を高めることが選択式突破のカギになるという話をしてきました。

　そこで、今回はさらに一歩踏み込んで、この冷静な「注意力」と法的な「推論力」を高めるための具体的なコツをお伝えしたいと思います。

　選択式は正確な語句を入れなければ正解とはならないからといって、条文等の暗記ばかりに力を注いでいると、なかなか冷静な「注意力」や法的な「推論力」は身につかないと思います。また、本試験の選択式では、多くの受験生が初めて見るような「難問」が必ず出題されるので、暗記だけでは十分な対応は不可能です。

　そこで、私は**もっと語句そのものに着目して、選択語句の適用パターンを意識することで、冷静な「注意力」や法的な「推論力」が高められる**と考えています。すなわち、「問題文の条文等を一言一句、正確に覚えているかではなく、なぜこの選択語句がここで適用されるのか」を考える勉強が必要なのです。

　具体的には、選択式は１問あたり空欄が５個あって、選択語句が20個あるため、１つの空欄に対する候補が大体４個あります。解答する際にその候補の４個の選択語句を見つけ出す作業は、誰でも行っていると思います。その４個の候補の語句から「正解語句」を選ぶ際に、問題文の条文等の記憶を思い出そうとするだけでなく、候補の語句一つひとつに対して「**この語句は、他ではどこで使われていただろう？**」と自分に質問してみてほしいのです。

　実はこの思考パターンも、私が提唱している「**比較認識法®**」なのです。すなわち、**問題文の条文等が正確に思い出せなくても、選択語句が使われている他の条文等を思い出して、選択語句の適用パターンを比較して認識することで、「正解語句」を見つけ出す冷静な「注意力」や法的な「推論力」を発揮できるようになる**のです。

　「この語句は、他ではどこで使われていただろう？」と考えることは、選択式がメキメキ強くなる

魔法の質問です。選択式の問題演習の際だけでなく、テキストを読み込んでいく際には、常に自分に問いかけるようにしていきましょう。

「芋づる式連想ゲーム」のススメ

次に、「比較認識法」を使った魔法の質問で見えてきた選択語句の適用パターンを選択式対策としてすぐに使えるようにする効果的な勉強法をご紹介します。この方法は、私のクラスの受講生には以前から提案している、より語句そのものに着目した記憶法です。私は、「**芋づる式連想ゲーム**」と呼んでいます。

その方法は、とってもカンタンで、**ある科目の選択式で「問われやすい語句」に関連する規定（テーマ）をつなげて覚えておくだけ**です。

ここでは、「労働安全衛生法」を使って具体的に紹介します。

たとえば、「労働衛生指導医」という珍しいキーワードに着目して、テキストの中で「労働衛生指導医」が使われている規定（テーマ）を書き出していきます。すると、労働安全衛生法65条5項の「作業環境測定」と同法66条4項の「臨時健康診断」で主に使われていることがわかります。

ですから、連想ゲームのように

労働衛生指導医	ときたら	作業環境測定
		臨時健康診断 ……

といつでも思い出せるようにテキストの余白にメモしておくだけです。

同様に、「石綿」という頻繁に目にするキーワードも、「芋づる式連想ゲーム」で覚えておくなら、

石綿	ときたら	作業主任者	製造等禁止物質
		特別教育	特殊健康診断　40年間保存 ……

とメモしておくだけです。

あまりに単純な方法でビックリされた方も多いと思いますが、選択式対策としては非常に効果がありますので、ピン！　ときた人はぜひ実践してみてください。

それでは、『**2024年度版　合格革命　社労士　4択式問題集　比較認識法®で選択対策**』（早稲田経営出版）からピックアップした具体的な問題を選択式の模試に挑戦するつもりで解いてみてください。

労働基準法

◆ 問題 ◆

最高裁判所の判例では、「労働基準法7条が、特に、労働者に対し労働時間中における**公民としての権利の行使**および**公の職務の執行**を保障していることにかんがみるときは、**公職**の就任を使用者の**承認**にかからしめ、その**承認**を得ずして公職に就任した者を ☐ に附する旨の就業規則の条項は、労働基準法の規定の趣旨に反し、**無効**のものと解すべきである。従って、**公職**の就任することが会社業務の遂行を著しく阻害する虞れのある場合においても、**普通解雇**に附するは格別、就業規則の同条項を適用して従業員を ☐ に附することは、許されないものといわなければならない。」としている。

選択肢	① 懲戒	② 即時解雇
	③ 出向	④ 懲戒解雇

作問者思考　**パターンB　似たような語句を問う問題**

文脈を冷静に読み取ると、「普通解雇」と対比できる語句をみつければいいことに気づけますか。

解答　● ④ 懲戒解雇　　　　　　　　根拠：最二小昭和38.6.21　十和田観光電鉄事件

最二小昭和35.3.11　細谷服装事件

即時解雇

使用者が労働基準法20条所定の予告期間をおかず、または予告手当の支払をしないで労働者に解雇の通知をした場合、その通知は 即時解雇 としては効力を生じないが、使用者が 即時解雇 を固執する趣旨でない限り、通知後同条所定の30日の期間を経過するか、または通知の後に同条所定の予告手当の支払をしたときは、その**いずれかのとき**から解雇の効力を生ずるものと解すべきである。

昭和24.5.13基収1483号

即時解雇

法20条による法定の予告期間を設けず、また法定の予告に代わる平均賃金を支払わないで行った 即時解雇 の通知は 即時解雇 としては無効であるが、使用者が解雇する意思があり、かつその解雇が必ずしも 即時解雇 であることを要件としていないと認められる場合には、その 即時解雇 の通知は法定の最短期間である**30日経過後**において解雇する旨の予告として効力を有する。

「即時解雇」というキーワードは、法20条の解雇予告に関する判例や通達によく出てきます。

労働安全衛生法

◆問題◆

厚生労働大臣は、労働災害防止計画を策定したときは、遅滞なく、これを公表しなければならない。これを変更したときも、同様とする。

厚生労働大臣は、労働災害防止計画の的確かつ円滑な実施のため必要があると認められるときは、事業者、事業者の団体その他の関係者に対し、労働災害の防止に関する事項について必要な勧告又は　　　をすることができる。

選択肢	① 指示	② 要請
	③ 助言	④ 指導及び援助

作問者思考： パターンD　見慣れない語句を問う問題

厚生労働大臣が労働災害防止計画において事業者等にできることを押さえていますか。

解答 ● ② 要請　　　　　　　　　　　　　　　　　根拠：法8条、法9条

法78条4項

指示

厚生労働大臣は、特別安全衛生改善計画が重大な労働災害の再発の防止を図る上で適切でないと認めるときは、厚生労働省令で定めるところにより、事業者に対し、当該特別安全衛生改善計画を変更すべきことを 指示 することができる。

指導及び援助

法93条2項

産業安全専門官は、法37条1項の許可[特定機械等の製造の許可]、特別安全衛生改善計画、安全衛生改善計画及び届出に関する事務並びに労働災害の原因の調査その他特に専門的知識を必要とする事務で、安全に係るものをつかさどるほか、事業者、労働者その他関係者に対し、労働者の危険を防止するため必要な事項について 指導及び援助 を行う。

195

「要請」は、他の法律では、あまり見慣れない語句ですから、見かけたら注意しておきましょう。

労働者災害補償保険法

◆ 問題 ◆

障害補償年金は一定の支払期日ごとに支払われることとされているが、障害の残った労働者が**社会復帰**するには一時的にまとまった資金が必要となる場合がある。そこで、政府は、当分の間、障害補償年金を受ける権利を有する者に対し、その請求に基づき、保険給付として◻︎を支給することとしている。

◻︎が支給される場合には、当該労働者の障害に係る障害補償年金は、**各月に支給されるべき額**の合計額が厚生労働省令で定める算定方法に従い当該◻︎の額に達するまでの間、その**支給が停止**される。

| 選択肢 | ① 障害補償年金差額一時金 | ② 介護補償給付 |
| | ③ 葬祭料 | ④ 障害補償年金前払一時金 |

パターンA　根本的な理解を問う問題

本問の文意から保険給付を考えてみてください。

解答 ● ④ 障害補償年金前払一時金　　　　　　根拠：法附則59条1項、3項

法附則58条1項

障害補償年金
前払一時金

障害補償年金
差額一時金

政府は、当分の間、障害補償年金を受ける権利を有する者が死亡した場合において、その者に支給された当該障害補償年金の額及び当該障害補償年金に係る 障害補償年金前払一時金 の額の合計額が、当該障害補償年金に係る障害等級に応じ、一定の額に満たないときは、その者の**遺族**に対し、その請求に基づき、保険給付として、その差額に相当する額の 障害補償年金差額一時金 を支給する。

前払一時金の請求が年金の請求と同時でない場合、当該一時金は、1月、3月、5月、7月、9月又は11月のうち前払一時金の請求が行われた月後の最初の月に支給されます。

雇用保険法

◆ 問題 ◆

基本手当は、雇用保険法に別段の定めがある場合を除き、受給資格者の区分に応じ、定められた期間（受給期間）内の失業している日について、**所定給付日数**に相当する日数分を限度として支給する。

通常の受給資格者の受給期間は、当該基本手当の受給資格に係る離職の日（以下「基準日」という。）の翌日から起算して**1年**であるが、基準日において 　　　 であって算定基礎期間が**1年**以上の**就職が困難**な受給資格者の受給期間は、基準日の翌日から起算して1年に**60日**を加えた期間である。

選択肢	① 45歳以上60歳未満	② 45歳以上65歳未満
	③ 40歳以上60歳未満	④ 40歳以上65歳未満

パターンC　数字の違いを問う問題
受給期間が1年に60日を加えた期間となる受給資格者を正確に押さえていますか。

解答 ● ② 45歳以上65歳未満　　　　　　　　　　　　　根拠：法20条1項

法20条1項

45歳以上60歳未満

基準日において **45歳以上60歳未満** であって算定基礎期間が**20年**以上の特定受給資格者（所定給付日数330日）
…基準日の翌日から起算して1年に**30日**を加えた期間

受給期間が1年以上となる場合は、所定給付日数が300日を超える場合であって、300日を超える日数を1年に加えた期間が受給期間となります。よって、本問の受給期間が1年に60日を加えた期間となる受給資格者の所定給付日数は360日です。

労務管理その他の労働に関する一般常識

◆ 問題 ◆

労働関係調整法に定められている**緊急調整**の決定については　　　　がすることができるとされている。　　　　が行う**緊急調整**の決定は、事件が**公益事業**に関するものであるため、又はその規模が大きいため若しくは**特別の性質**の事業に関するものであるために、争議行為により当該業務が停止されるときは**国民経済の運行**を著しく阻害し、又は**国民の日常生活**を著しく危うくする虞があると認める事件について、その虞が**現実に存する**ときに限られている。

選択肢	① 中央労働委員会 ② 内閣総理大臣 ③ 労働委員会及び厚生労働大臣又は都道府県知事 ④ 労働委員会又は都道府県知事

作問者思考　パターンD　見慣れない語句を問う問題

緊急調整の決定をすることができるのは、誰でしょうか。

解答　● ② 内閣総理大臣

根拠：労働関係調整法35条の2，1項

労働関係調整法35条の3，1項、同法35条の4

中央労働委員会

> **中央労働委員会**は、緊急調整の決定の**通知**を受けたときは、その事件を**解決**するため、最大限の努力を尽くさなければならない。
> **中央労働委員会**は、緊急調整の決定に係る事件については、他のすべての事件に優先してこれを**処理**しなければならない。

労働関係調整法37条1項

労働委員会及び厚生労働大臣又は都道府県知事

> **公益事業**に関する事件につき関係当事者が争議行為をするには、その争議行為をしようとする日の**少なくとも10日前**までに、**労働委員会及び厚生労働大臣又は都道府県知事**にその旨を**通知**しなければならない。

労働関係調整法9条

労働委員会又は都道府県知事

> 争議行為が発生したときは、その**当事者**は、**直ちに**その旨を**労働委員会又は都道府県知事**に届け出なければならない。

> 緊急調整の決定があった公益事業に関する事件については、緊急調整の決定をなした旨の公表があった日から50日間は、争議行為をすることができません。

社会一般常識

◆ 問題 ◆

(1) 介護保険法においては、国及び地方公共団体は、認知症（**アルツハイマー病**その他の神経変性疾患、**脳血管疾患**その他の疾患により日常生活に支障が生じる程度にまで認知機能が低下した状態として政令が定める状態をいう。以下同じ。）に対する**国民の関心及び理解**を深め、認知症である者への支援が適切に行われるよう、認知症に関する**知識の普及及び啓発**に努めなければならない。

(2) 国及び地方公共団体は、認知症の施策の推進に当たっては、認知症である者及びその**家族の意向の尊重**に配慮するとともに、認知症である者が地域社会において ▢ を保持しつつ他の人々と**共生**することができるように努めなければならない。

選択肢	① 基本的な動作	② 支援体制
	③ 自立した日常生活	④ 尊厳

パターンE　重要なキーワードを問う問題

認知症に関する国及び地方公共団体の責務を正確に押さえていますか。

解答 ● ④ 尊厳　　　　　　　　　　　　　　　根拠：介保法5条の2, 1項・4項

  　介保法7条1項

基本的な動作	「要介護状態」とは、**身体上又は精神上の障害**があるために、入浴、排せつ、**食事**等の日常生活における 基本的な動作 の全部又は一部について、厚生労働省令で定める期間にわたり**継続**して、**常時介護**を要すると見込まれる状態であって、その介護の**必要の程度**に応じて厚生労働省令で定める区分（「要介護状態区分」という。）のいずれかに該当するもの（要支援状態に該当するものを除く。）をいう。

介保法5条の2，3項

支援体制

国及び地方公共団体は、地域における認知症である者への 支援体制 を整備すること、認知症である者を現に介護する者の**支援**並びに認知症である者の支援に係る**人材の確保及び資質の向上**を図るために必要な措置を講ずることその他の認知症に関する施策を総合的に**推進するよう努めなければならない。**

介保法1条

尊厳

自立した日常生活

介護保険法は、**加齢**に伴って生ずる心身の変化に起因する疾病等により要介護状態となり、入浴、排せつ、**食事**等の介護、**機能訓練**並びに看護及び療養上の管理その他の**医療**を要する者等について、これらの者が 尊厳 を保持し、その有する能力に応じ 自立した日常生活 を営むことができるよう、必要な**保健医療サービス及び福祉サービス**に係る給付を行うため、**国民の共同連帯**の理念に基づき介護保険制度を設け、その行う保険給付等に関して必要な事項を定め、もって**国民の保健医療の向上及び福祉の増進**を図ることを目的とする。

健康保険法

◆ 問題 ◆

傷病手当金の支給を受けるべき者[傷病手当金の**継続給付**を受けるべき者であって、第135条第1項の規定により傷病手当金の支給を受けることができる（　　　　）であった者を含む。）で**ない**ものに限る。]が、国民年金法又は厚生年金保険法による**老齢**を支給事由とする年金たる給付その他の老齢又は退職を支給事由とする年金である給付であって政令で定めるもの（以下「老齢退職年金給付」という。）の支給を受けることができるときは、傷病手当金は、支給しない。ただし、その受けることができる老齢退職年金給付の額（当該老齢退職年金給付が2以上あるときは、当該2以上の老齢退職年金給付の額の合算額）を**360**で除して得た額（その額に1円未満の端数があるときは、その端数を**切り捨てた**額）が、傷病手当金の額より**少ない**ときは、その差額を支給する。

選択肢	① 日雇特例被保険者	② 特例退職被保険者
	③ 任意継続被保険者	④ 共済組合の組合員

作問者思考　パターンB　似たような語句を問う問題

老齢退職年金給付と調整される傷病手当金の受給権者を正確に押さえていますか。

解答　① 日雇特例被保険者

根拠：法108条5項、令37条、則89条2項

　法104条

任意継続被保険者	被保険者の資格を喪失した日の前日まで**引き続き1年以上**被保険者（ 任意継続被保険者 又は 共済組合の組合員 である被保険者を除く。）であった者であって、その資格を喪失した際に傷病手当金の支給を受けているもの（ 特例退職被保険者 となった者を除く。）は、被保険者として受けることができるはずであった期間、継続して**同一の被保険者**からその給付を受けることができる。
共済組合の組合員	
特例退職被保険者	

201

法128条1項

| 日雇特例被保険者 | 日雇特例被保険者 に係る療養の給付又は入院時食事療養費、入院時生活療養費、保険外併用療養費、療養費、訪問看護療養費、移送費、傷病手当金、埋葬料、出産育児一時金若しくは出産手当金の支給は、同一の疾病、負傷、死亡又は出産について、健康保険法第4章の規定、健康保険法以外の医療保険各法（**国民健康保険法**を除く。）の規定若しくは健康保険法55条1項に規定する法令の規定又は**介護保険法**の規定によりこれらに相当する給付を受けることができる場合には、**行わない**。 |

本問の老齢退職年金給付との調整は、傷病手当金の継続給付を受けるべき者に限定されていますが、障害厚生年金との調整の場合（法108条3項）はそのような制限はありません。

厚生年金保険法

◆ 問題 ◆

　毎年**3月31日**における全被保険者の標準報酬月額を平均した額の**100分の200**に相当する額が標準報酬月額等級の最高等級の標準報酬月額を超える場合において、その状態が継続すると認められるときは、その年の　　　　　から、健康保険法第40条第1項に規定する標準報酬月額の等級区分を**参酌**して、**政令**で、当該最高等級の上に更に等級を加える標準報酬月額の等級区分の改定を行うことができる。

選択肢	① 8月1日　　② 9月1日 ③ 4月1日　　④ 7月1日

パターンC　数字の違いを問う語句

厚生年金保険法における等級区分の改定を押さえていますか。

解答　● ② 9月1日

根拠：法20条2項

法21条1項

7月1日

実施機関は、被保険者が毎年 **7月1日** 現に使用される事業所において同日前3月間[その事業所で継続して使用された期間に限るものとし、かつ、報酬支払の基礎となった日数が**17日**（厚生労働省令で定める者にあっては、**11日**）未満である月があるときは、その月を除く。]に受けた報酬の**増額**を**その期間の月数**で除して得た額を報酬月額として、標準報酬月額を決定する。

健保法40条2項、3項

9月1日

(1) 毎年**3月31日**における標準報酬月額等級の最高等級に該当する被保険者数の被保険者総数に占める割合が**100分の1.5**を超える場合において、その状態が継続すると認められるときは、その年の **9月1日** から、**政令**で、当該最高等級の上に更に等級を加える標準報酬月額の等級区分の改定を行うことができる。ただし、その年の**3月31日**において、改定後の標準報酬月額等級の最高等級に該当する被保険者数の同日における被保険者総数に占める割合が**100分の0.5**を下回ってはならない。

(2) 厚生労働大臣は、(1)の政令の制定又は改正について**立案**を行う場合には、**社会保障審議会**の意見を聴くものとする。

健康保険の場合と異なり、当該等級区分の改定に係る政令の制定又は改正について立案を行う場合に、「社会保障審議会の意見を聴くもの」とはされていません。

国民年金法

◆ 問題 ◆

被保険者は、出産の予定日（産前産後期間の保険料免除の届出前に出産した場合にあっては、**出産の日**）に属する月（以下、「出産予定月」という。）の**前月**（多胎妊娠の場合において、[　　]前）から出産予定月の**翌々月**までの期間に係る保険料は、納付することを要しない。

| 選択肢 | ① 1月 | ② 3月 | ③ 6月 | ④ 8月 |

パターンC　数字の違いを問う問題
産前産後の保険料免除期間を正確に押さえていますか。

解答 ● ② 3月　　　　　　　　　　　　　　　　根拠：法88条の2、則73条の6

法34条2項、則33条1項、2項

| 3月 | 障害基礎年金の受給権者は、障害の程度が増進したことによる障害基礎年金の額の改定の請求をするに当たっては、その請求書に、①当該請求書を提出する日前 [**3月**] 以内に作成された障害の現状に関する医師又は歯科医師の診断書等、②加算額対象者があるときは、当該請求書を提出する日前 [**1月**] 以内に作成された加算額対象者が受給権者によって生計を維持していることを明らかにすることができる書類等を添えなければならない。 |
| 1月 | |

則73条の7、3項

| 6月 | 第1号被保険者の産前産後期間の保険料免除の届出は、**出産予定日**の [**6月**] 前から行うことができる。 |

任意加入被保険者については、本問の産前産後期間の保険料免除も適用されないことに注意しましょう。

比較認識法®で一発合格！ 選択対策編 プチ講義

合格革命　社労士　問題集　大好評発売中！

『2024年度版　合格革命　社労士　4択式問題集　比較認識法®で選択対策』

戦略的、かつ確実な選択式対策は存在する。

これまでの「暗記力」や「読解力」を鍛えようとするアプローチと異なる「2つの三角形理論」に基づいた全く新しい選択式問題集。サクサクできて、メキメキ強くなるので、直前期にもピッタリ！

『2024年度版　合格革命　社労士　×問式問題集　比較認識法®で択一対策』

択一式試験に強くなるのに、暗記の達人になる必要はない。

択一式が思うように伸びない人へ。短期合格者共通の「頭の使い方」をマスターするための全く新しい択一式問題集。合格点を突破するために絶対に落とせない重要論点を網羅しているので、直前期にもピッタリ！

＼ YouTubeチャンネル「一発合格！TV」のご案内 ／

このコーナーの動画版「比較認識法®で社労士プチ講義」や一発合格！のための最新のノウハウを体系的に公開しています。ぜひ、チェックしてみてください!!

URL：https://www.youtube.com/c/一発合格TV

＊「YouTube」は、Google LLC.の登録商標です。

※このQRコードは、「一発合格！TV」のチャンネルにつながります。

| Part1 本試験に向けて! | Part2 完全無欠の直前対策講義 | **Part3 試験に出るとこファイナルチェック!** | Part4 合格をどこまでもサポート! |

必勝! 第56回本試験
チャレンジ! 論点マスター
問題対応力をつける!

TAC社会保険労務士講座 専任講師　浦浜 孝一

基本を徹底的に固める!
クイズ形式のオリジナル問題! 今回は、最終回。
国民年金法・厚生年金保険法・社会保険に関する
一般常識です♪

国民年金法

ANSWER

❶エピソード問題

(1)個人の相談者から、「20歳になったら必ず国民年金に加入するのですか。」という相談があった。回答として、最も適切なものは?

① 日本国籍を有する者は20歳になったら、学生を除いて、すべて国民年金に加入することとなっています。
② 日本国内に住所を有する者は20歳になったら、学生を除いて、すべて国民年金に加入することとなっています。
③ 日本国内に住所を有する者は20歳になったら、厚生年金保険に加入している者(第2号被保険者)又は第2号被保険者の被扶養配偶者(第3号被保険者)を除いて、すべて国民年金に加入することとなっています。

(2)個人の相談者(第2号被保険者以外)から、「子供の頃から障害があります。20歳になったら障害基礎年金を受けることができますか。」という相談があった。回答として、最も適切なものは?(障害認定日は20歳未満であるものとする。)

① はい。支給されます。
② いいえ。国民年金の被保険者ではありませんので支給されません。
③ 20歳に達した日において、障害等級に該当する程度の障害の状態にあるときは支給されます。
④ 障害認定日において、障害等級に該当する程度の障害の状態にあるときは支給されます。

(3)個人の相談者(第1号被保険者)から、「65歳になると老齢基礎年金は自動的に受けられるのですか。」という相談があった。回答として、最も適切なものは?

① はい。65歳になると老齢基礎年金は自動的に支給されます。
② いいえ。支給されるためには、裁定請求の手続きが必要です。

国民年金法

❶(1) ③ 法7条1項。次のすべての要件を満たす者が第1号被保険者となる。1.日本国内に住所を有すること　2.20歳以上60歳未満の者であること　3.厚生年金保険法に基づく老齢給付等を受けることができる者その他国民年金法の適用を除外すべき特別の理由がある者として厚生労働省令で定める者でないこと　4.第2号被保険者又は第3号被保険者ではないこと
なお、回答では、上記の3について、20歳の加入時においては一般的ではないため言及していません。

(2) ③ 法30条の4,1項。疾病にかかり、又は負傷し、その初診日において20歳未満であった者が、障害認定日以後に20歳に達したときは20歳に達した日において、障害認定日が20歳に達した日後であるときはその障害認定日において、障害等級に該当する程度の障害の状態にあるときは、その者に障害基礎年金を支給する。

(3) ② 法16条。給付を受ける権利は、受給権者の請求に基いて、厚生労働大臣が裁定する。

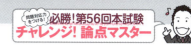

QUESTION

(4) 個人の相談者（第1号被保険者）から、「免除されていた保険料は、後で納めることができますか。」という相談があった。回答として、最も適切なものは？

① いいえ。できません。
② はい。いつでも納付できます。
③ 厚生労働大臣の承認を受け、その承認がされた月前10年以内の期間のものに限り、後から納付することができます。ただし、老齢基礎年金の受給権者は納付できません。
④ 厚生労働大臣の承認を受け、その承認がされた月前10年以内の期間のものに限り、後から納付することができます。なお、老齢基礎年金の受給権者も納付することができます。

(5) 個人の相談者（第1号被保険者）から、「付加保険料とは、どのようなものですか。」という相談があった。回答として、最も適切なものは？

① 月額200円の付加保険料を納めることにより、将来受け取る年金額を増やすことができます。なお、国民年金基金に加入している場合は必ず付加保険料を納めなければなりません。
② 月額400円の付加保険料を納めることにより、将来受け取る年金額を増やすことができます。なお、国民年金基金に加入している場合は必ず付加保険料を納めなければなりません。
③ 月額200円の付加保険料を納めることにより、将来受け取る年金額を増やすことができます。なお、農業者年金に加入している場合は必ず付加保険料を納めなければなりません。
④ 月額400円の付加保険料を納めることにより、将来受け取る年金額を増やすことができます。なお、農業者年金に加入している場合は必ず付加保険料を納めなければなりません。

(6) 個人の相談者（65歳未満）から、「私の老齢基礎年金には振替加算が加算されます。老齢基礎年金を繰り下げて受給した場合、振替加算も増額されますか？」という相談があった。回答として、最も適切なものは？

① はい。振替加算も増額されます。
② いいえ。振替加算は増額されません。

(7) 個人の相談者（65歳未満）から「60歳から65歳までの年金制度に加入していない期間中の病気やけがの場合も、障害基礎年金は受けられますか。」という相談があった。回答として、最も適切なものは？（障害認定日において障害等級に該当するものとする。）

① 初診日に被保険者であることが要件ですので、支給されません。
② 被保険者であった者であって、日本国内に住んでいる間に初診日があり、保険料の納付要件を満たしている場合は支給されます。
③ 被保険者であった者であれば、日本国外に住んでいる間に初診日があっても、保険料の納付要件を満たしている場合は支給されます。

ANSWER

(4) ③ 法94条1項。被保険者又は被保険者であった者（老齢基礎年金の受給権者を除く。）は、厚生労働大臣の承認を受け、法定免除、全額免除、学生納付特例又は納付猶予の規定により納付することを要しないものとされた保険料及び4分の3免除、半額免除及び4分の1免除の規定によりその一部の額につき納付することを要しないものとされた保険料（承認の日の属する月前10年以内の期間に係るものに限る。）の全部又は一部につき追納をすることができる。ただし、4分の3免除、半額免除及び4分の1免除の規定によりその一部の額につき納付することを要しないものとされた保険料については、その残余の額につき納付されたときに限る。

(5) ④ 法87条の2,1項、独立行政法人農業者年金基金法17条。第1号被保険者（法定免除、全額免除、学生納付特例又は納付猶予の規定により保険料を納付することを要しないものとされている者、4分の3免除、半額免除又は4分の1免除の規定によりその一部の額につき保険料を納付することを要しないものとされている者及び国民年金基金の加入員を除く。）は、厚生労働大臣に申し出て、その申出をした日の属する月以後の各月につき、定額の保険料のほか、400円の保険料を納付する者となることができる。なお、第1号被保険者のうち農業者年金の被保険者については、付加保険料を納付しなければならないとされている。

(6) ② (60)法附則14条4項。老齢基礎年金の支給の繰下げをした場合であっても、振替加算額に加算は行われない。

(7) ② 法30条1項。障害基礎年金は、初診日において次のいずれかに該当した者が、障害認定日において、その傷病により障害等級に該当する程度の障害の状態にあるときに、その者に支給する。ただし、保険料納付要件を満たした場合に限る。(1)被保険者であること。(2)被保険者であった者であって、日本国内に住所を有し、かつ、60歳以上65歳未満であること。設問の場合は(2)に該当する。

207

| Part1 本試験に向けて! | Part2 完全無欠の直前対策講義 | Part3 試験に出るとこファイナルチェック! | Part4 合格をどこまでもサポート! |

QUESTION

❷事例特集

(1)日本国内に住所のある平成12年4月2日生まれのAは、令和4年11月10日に初診日のある傷病により令和6年5月の障害認定日に障害等級2級に該当する程度の障害の状態となった。保険料の納付実績が以下の場合、障害基礎年金の保険料納付要件について、最も適切なものは?

令和元年3月～令和3年2月まで　　　　未納
令和3年3月～令和4年11月まで　　　　厚生年金保険の被保険者
令和5年12月～令和6年5月まで　　　　未納

① 保険料納付要件は満たしていない。
② 保険料納付要件は満たしている。

(2)出生から現在まで日本国内に住所のある平成12年5月2日生まれのBは、令和5年4月1日に初めて厚生年金保険の適用事業所に就職をした。このことについて、最も適切なものは?

① 令和5年4月に第1号被保険者の資格を取得する。
② 令和5年4月に第2号被保険者の資格を取得する。
③ 令和5年4月に第2号被保険者に種別変更となる。

(3)第1号被保険者である平成8年6月3日生まれのCは、令和5年6月10日に出産した(出産予定日も同じで、単胎妊娠である。)。届け出による産前産後期間の保険料免除について、最も適切なものは?

① 令和5年5月から令和5年8月までの保険料が免除される。
② 令和5年4月から令和5年7月までの保険料が免除される。
③ 令和5年3月から令和5年8月までの保険料が免除される。

(4)第1号被保険者である昭和56年7月4日生まれのDは、平成30年4月2日に障害等級2級の障害基礎年金の受給権が発生したことにより、法定免除となった。その後、令和元年4月に障害等級3級の障害状態となり障害基礎年金は支給停止になる。令和4年6月時点においても、障害等級3級の障害状態のため障害基礎年金は支給停止となっている。なお、他の法定免除事由には該当していないものとする。また、当該保険料に係る期間の各月につき、保険料を納付する旨の申出はないものとする。このことについて、最も適切なものは?

① 令和4年6月現在も法定免除である。
② 令和4年6月時点においては、法定免除ではない。

(5)第1号被保険者である平成元年8月5日生まれのEは、過去に国民年金の保険料免除を受けていたが、令和4年6月時点において承認を受け、その一部につき追納を行うことにした。これまでの免除期間は以下のとおりである。このことについて、最も適切なものは?

⑦ 納付猶予による保険料免除期間:平成26年7月から平成27年6月まで。
⑦ 法90条1項の全額免除による保険料免除期間:平成25年7月から平成26年6月まで。

① 納付猶予による保険料免除期間について先に追納するものとされており、全額免除を先に追納することはできない。
② 全額免除による保険料免除期間について先に追納するものとされており、納付猶予を先に追納することはできない。
③ 納付猶予による保険料免除期間について先に追納するものとされているが、全額免除を先に追納することもできる。

ANSWER

❷(1) ② 法30条1項ただし書、(60)法附則20条1項。初診日が令和8年4月1日前にある傷病による障害について、初診日の前日において、初診日の属する月の前々月までの1年間(当該初診日において被保険者でなかった者については、当該初診日の属する月の前々月以前における直近の被保険者期間に係る月までの1年間)のうちに保険料納付済期間及び保険料免除期間以外の被保険者期間がない(未納期間がない)場合は、保険料納付要件を満たしたこととされる(特例)。ただし、当該初診日において65歳以上である者には、この特例は適用されない。設問の場合、初診日(令和4年11月10日)の属する月の前々月以前における直近の被保険者期間に係る月までの1年間は、厚生年金保険の被保険者(国民年金の第2号被保険者)なので、特例により保険料納付要件を満たしたことになる。

(2) ③ 法8条、法11条の2。設問の場合は、被保険者資格の得喪を伴わず、強制被保険者の種別の間で変更が行われることになる。

(3) ① 法88条の2。被保険者は、出産の予定日(届け出前に出産した場合にあっては、出産の日)の属する月(以下「出産予定月」という。)の前月(多胎妊娠の場合においては、3月前)から出産予定月の翌々月までの期間に係る保険料は、納付することを要しない。

(4) ① 法89条1項。障害等級2級の障害基礎年金の受給権者が法定免除でなくなるのは、厚生年金保険法に規定する障害等級3級以上の障害状態に該当しなくなった日から起算して、障害等級3級以上の障害状態に該当することなく3年を経過した障害基礎年金の受給権者(現に障害等級3級以上の障害状態に該当しない者に限る。)であるときである。設問の場合、受給権を取得してから、現在も障害等級3級以上の障害状態が継続しているので法定免除のままである。

(5) ③ 法94条2項、(16)法附則19条4項、(26)法附則14条3項。一部の期間につき追納をするときは、追納は、まず、ⓐ学生納付特例又は納付猶予の規定により納付することを要しないものとされた保険料につき行い、次いで、ⓑ法定免除若しくは全額免除の規定により納付することを要しな

QUESTION

(6) 65歳に達した日に老齢基礎年金の受給権を取得した昭和30年5月5日生まれのGが、今後、令和9年8月に繰下げ受給の申出を行わず老齢基礎年金をさかのぼって受け取ることを選択した場合、最も適切なものは？　なお、Gはこれまでに裁定請求はしておらず、また、これまでも今後も他の年金たる給付の受給権は取得していないものとする。

> ① 令和9年8月の5年前に繰下げ受給の申出があったものとみなして増額された年金を一括で受け取ることができる。なお、令和9年8月から5年より前の年金は支給されない。
>
> ② 令和9年8月の5年前に裁定請求があったものとみなして増額されない年金を一括で受け取ることができる。なお、令和9年8月から5年より前の年金は時効により受け取れない。

❸総則及び被保険者

(1)次の㋐から㋕のいずれかに該当する者(第2号被保険者及び第3号被保険者を除く。)は、厚生労働大臣に申し出て、被保険者となることができる。該当する者として㋐から㋕の組み合わせで、最も適切なものは？(なお、㋐から㋓については、国民年金法の適用を除外すべき特別の理由がある者として厚生労働省で定める者を除く。)

㋐ 日本国籍を有する20歳以上60歳未満の者であって、厚生年金保険法に基づく老齢給付等を受けることができるもの
㋑ 日本国内に住所を有する20歳以上60歳未満の者であって、厚生年金保険法に基づく老齢給付等を受けることができるもの
㋒ 日本国内に住所を有する20歳以上65歳未満の者
㋓ 日本国内に住所を有する60歳以上65歳未満の者
㋔ 日本国籍を有する者その他政令で定める者であって、日本国内に住所を有しない20歳以上65歳未満のもの
㋕ 日本国籍を有する者その他政令で定める者であって、日本国内に住所を有しない60歳以上65歳未満のもの

> ① ㋐、㋑及び㋔　　② ㋑、㋒及び㋔
> ③ ㋑、㋓及び㋔　　④ ㋑、㋓及び㋕

(2)資格喪失の時期について、次の@ⓑと㋐から㋓の組合せで最も適切なものは？

@ 任意加入被保険者が満額の老齢基礎年金を受給できる月数に達した場合
ⓑ 特例による任意加入被保険者が老齢又は退職を支給事由とする年金給付の受給権者となった場合
㋐ 満額の老齢基礎年金を受給できる月数に達した日
㋑ 満額の老齢基礎年金を受給できる月数に達した日の翌日
㋒ 老齢又は退職を支給事由とする年金給付の受給権者となった日
㋓ 老齢又は退職を支給事由とする年金給付の受給権者となった日の翌日

> ① @は㋐、ⓑは㋒。　　② @は㋐、ⓑは㋓。
> ③ @は㋑、ⓑは㋒。　　④ @は㋑、ⓑは㋓。

❹費用

(1)給付費に対する国庫負担について、次の@ⓑと㋐から㋓の組合せで最も適切なものは？

@ 保険料全額免除期間に係る老齢基礎年金の給付費
ⓑ 保険料4分の1免除期間に係る老齢基礎年金の給付費
㋐ 国庫負担割合は1(全額)　　㋑ 国庫負担割合は2分の1
㋒ 国庫負担割合は5分の4　　㋓ 国庫負担割合は7分の4

> ① @は㋐、ⓑは㋒　　② @は㋐、ⓑは㋓
> ③ @は㋑、ⓑは㋒　　④ @は㋑、ⓑは㋓

ANSWER

いものとされた保険料又は4分の3免除、半額免除若しくは4分の1免除の規定によりその一部の額につき納付することを要しないものとされた保険料につき行うものとし、これらの保険料のうちにあっては、先に経過した月の分から順次に行うものとする。ただし、@より前に納付義務が生じ、ⓑがあるときは、当該保険料について、先に経過した月の分の保険料から追納をすることができるものとする。

(6) ① 法28条2項、5項。老齢基礎年金の支給繰下げの申出をすることができる者が、70歳に達した日後に当該老齢基礎年金を請求し、かつ、当該請求の際に支給繰下げの申出をしないときは、当該請求した日の5年前の日に支給繰下げの申出があったものとみなす。ただし、その者が80歳に達した日以後にあるとき又は当該請求した日の5年前の日以前に他の年金たる給付の受給権者であったときはこの限りでない。設問の場合は上記の内容に該当するため「令和9年8月の5年前に繰下げ受給の申出があったものとみなして増額された年金を一括で受け取ることができる。なお、令和9年8月から5年より前の年金は支給されない。」令和5年4月からの改正事項である。なお、改正前は、「令和9年8月の5年前に裁定請求があったものとみなして増額されない年金を一括で受け取ることができる。なお、令和9年8月から5年より前の年金は時効により受け取れない。」となる。

❸(1) ③ 法附則5条1項。次のiからⅲのいずれかに該当する者(第2号被保険者及び第3号被保険者を除く。)は、強制加入被保険者の規定にかかわらず、厚生労働大臣に申し出て、被保険者となることができる。

i 日本国内に住所を有する20歳以上60歳未満の者であって、厚生年金保険法に基づく老齢給付等を受けることができるもの(国民年金法の適用を除外すべき特別の理由がある者として厚生労働省で定める者を除く。)

ii 日本国内に住所を有する60歳以上65歳未満の者(国民年金法の適用を除外すべき特別の理由がある者として厚生労働省で定める者を除く。)

ⅲ 日本国籍を有する者その他政

QUESTION

(2)基礎年金拠出金の額は、保険料・拠出金算定対象額×政令で定めるところにより算定した率(第2号・第3号被保険者数/国民年金の被保険者数)であるが、この場合の国民年金の被保険者数の算定に当たって、次の⒜⒝と㋐から㋒の組合せで最も適切なものは?

  ⒜ 第3号被保険者について   ⒝ 第2号被保険者について
  ㋐ 保険料納付者を基礎として計算する
  ㋑ すべての者を基礎として計算する
  ㋒ 20歳以上60歳未満の者を基礎として計算する

  ① ⒜は㋐、⒝は㋑。   ② ⒜は㋐、⒝は㋒。
  ③ ⒜も⒝も㋑。   ④ ⒜は㋑、⒝は㋒。

(3)督促における延滞金について、次の㋐から㋖を使った文章で、最も適切なものは?(特例基準割合は考慮しないものとする。)

  ㋐ 督促をしたときは、厚生労働大臣
  ㋑ 徴収金額に、指定期限の翌日から徴収金完納又は財産差押の日の前日までの期間の日数に応じ
  ㋒ 徴収金額に、納期限の翌日から徴収金完納又は財産差押の日の前日までの期間の日数に応じ
  ㋓ 年14.6パーセント(当該督促が保険料に係るものであるときは、当該納期限の翌日から2月を経過する日までの期間については、年7.3パーセント)の割合を乗じて計算した延滞金を徴収する
  ㋔ 年14.6パーセント(当該督促が保険料に係るものであるときは、当該納期限の翌日から3月を経過する日までの期間については、年7.3パーセント)の割合を乗じて計算した延滞金を徴収する
  ㋕ 徴収金額が500円未満であるとき、又は滞納につきやむを得ない事情があると認められるときは、この限りでない
  ㋖ 徴収金額が1,000円未満であるとき、又は滞納につきやむを得ない事情があると認められるときは、この限りでない

  ① ㋐は、㋑、㋓。ただし、㋕。 ② ㋐は、㋑、㋓。ただし、㋖。
  ③ ㋐は、㋒、㋔。ただし、㋕。 ④ ㋐は、㋒、㋔。ただし、㋖。

❺給付

(1)老齢基礎年金の年金額の算定について、次の⒜⒝と㋐から㋒の組合せで最も適切なものは?

  ⒜ 保険料4分の1免除期間の月数(480から保険料納付済期間の月数を控除して得た月数を限度とする。)
  ⒝ 保険料半額免除期間の月数(480から保険料納付済期間の月数及び保険料4分の1免除期間の月数を合算した月数を控除して得た月数を限度とする。)
  ㋐ 8分の7に相当する月数を算定の基礎とする
  ㋑ 4分の3に相当する月数を算定の基礎とする
  ㋒ 2分の1に相当する月数を算定の基礎とする

  ① ⒜は㋐、⒝は㋑   ② ⒜は㋐、⒝は㋒
  ③ ⒜は㋑、⒝は㋒   ④ ⒜は㋑、⒝は㋐

(2)障害基礎年金の支給停止について、次の㋐から㋔を使った文章で、最も適切なものは?

  ㋐ 障害基礎年金は、その受給権者が当該傷病による障害
  ㋑ 労働基準法の規定による障害補償を受けることができるとき
  ㋒ 労働基準法の規定による障害補償及び労働者災害補償保険法の規定による障害補償給付を受けることができるとき
  ㋓ 5年間、その支給を停止する ㋔ 6年間、その支給を停止する

  ① ㋐について、㋑は、㋓。 ② ㋐について、㋑は、㋔。
  ③ ㋐について、㋒は、㋓。 ④ ㋐について、㋒は、㋔。

ANSWER

令で定める者であって、日本国内に住所を有しない20歳以上65歳未満のもの

(2) ② 法附則5条6項4号、(6)法附則11条7項3号。

❹(1) ② 法85条1項。

<給付費に対する国庫負担(原則)>

給付費の種類	国庫負担割合
原則(下記以外の基礎年金の給付費)	2分の1
保険料4分の1免除期間に係る老齢基礎年金の給付費	7分の4
保険料半額免除期間に係る老齢基礎年金の給付費	3分の2
保険料4分の3免除期間に係る老齢基礎年金の給付費	5分の4
保険料全額免除期間に係る老齢基礎年金の給付費	1(全額)
20歳前傷病による障害基礎年金の給付費	10分の6

(2) ④ 法94条の3、令11条の3。被保険者数の算定に当たっては、第1号被保険者については保険料納付者(保険料納付済期間、保険料4分の1免除期間、保険料半額免除期間又は保険料4分の3免除期間を有する者)、第2号被保険者については20歳以上60歳未満の者、第3号被保険者についてはすべての者を基礎として計算することとされている。

(3) ③ 法97条1項。督促をしたときは、厚生労働大臣は、徴収金額に、納期限の翌日から徴収金完納又は財産差押の日の前日までの期間の日数に応じ、年14.6パーセント(当該督促が保険料に係るものであるときは、当該納期限の翌日から3月を経過する日までの期間については、年7.3パーセント)の割合を乗じて計算した延滞金を徴収する。ただし、徴収金額が500円未満であるとき、又は滞納につきやむを得ない事情があると認められるときは、この限りでない。

❺(1) ① 法27条ただし書。

<保険料免除期間等の算定(平成21年4月~)>

保険料免除期間の種類	算定の基礎となる月数
①保険料納付済期間の月数(480を限度)	当該月数
②保険料4分の1免除期間の月数(480-①を限度)	8分の7に相当する月数
③保険料半額免除期間の月数〔480-(①+②)を限度〕	4分の3に相当する月数
④保険料4分の3免除期間の月数〔480-(①+②+③)を限度〕	8分の5に相当する月数
⑤保険料全額免除期間の月数〔480-(①+②+③+④)を限度〕	2分の1に相当する月数

(2) ② 法36条1項。障害基礎年金は、その受給権者が当該傷病による障害について、労働基準法の規定による障害補償を受けることができるとき

QUESTION

❻通則及び不服申立て等

(1) 積立金の運用について、次の㋐から㋓を使った文章で、最も適切なものは？

㋐ 積立金の運用は、厚生労働大臣が、法75条の目的に沿った運用に基づく納付金の納付を目的

㋑ 年金積立金管理運用独立行政法人 ㋒ 財政融資資金

㋓ 積立金を預託することにより行うもの ㋔ 積立金を寄託することにより行うもの

① ㋐として、㋑に対し、㋓とする。 ② ㋐として、㋑に対し、㋔とする。
③ ㋐として、㋒に対し、㋓とする。 ④ ㋐として、㋒に対し、㋔とする。

(2) 受給権者の申出による支給停止について、次の㋐から㋖を使った文章で、最も適切なものは？

㋐ 年金給付(国民年金法の他の規定又は他の法令の規定によりその全額につき支給を停止されている年金給付を除く。)は、その受給権者の申出

㋑ その全額又は一部の額の支給を停止する

㋒ その全額の支給を停止する

㋓ 国民年金法の他の規定又は他の法令の規定によりその額の一部につき支給を停止されているときは、停止されていない部分の額の支給を停止する

㋔ この申出は、いつでも、将来に向かって撤回することができる

㋕ この申出は、撤回することができない

① ㋐により、㋑。ただし、㋓。なお、㋔。 ② ㋐により、㋑。ただし、㋓。なお、㋕。
③ ㋐により、㋒。ただし、㋓。なお、㋔。 ④ ㋐により、㋒。ただし、㋓。なお、㋕。

❼総合問題

(1) 裁定替えについて、次のⓐⓑと㋐から㋓の組合せで最も適切なものは？

ⓐ 昭和61年3月31日において、旧法による障害福祉年金を受ける権利を有していた者のうち、昭和61年4月1日において新法に規定する障害等級に該当する程度の障害の状態にある者

ⓑ 昭和61年3月31日において、旧法による母子福祉年金の受給権を有していた者

㋐ 一般の障害基礎年金に裁定替えされる。

㋑ 法第30条の4第1項の規定による障害基礎年金に裁定替えされる。

㋒ 昭和61年4月以後は新法の遺族基礎年金に裁定替えされる。

㋓ 昭和61年4月以後も引き続き旧法による母子福祉年金が支給される。

① ⓐは㋐、ⓑは㋒ ② ⓐは㋐、ⓑは㋓
③ ⓐは㋑、ⓑは㋒ ④ ⓐは㋑、ⓑは㋓

(2) 遺族の範囲について、次のⓐⓑと㋐㋑の組合せで最も適切なものは？

ⓐ 死亡一時金を受けることができる遺族の範囲(生計同一要件は満たしているものとする。)

ⓑ 未支給年金の請求権者の範囲(生計同一要件は満たしているものとする。)

㋐ 配偶者、子、父母、孫、祖父母、兄弟姉妹

㋑ 配偶者、子、父母、孫、祖父母、兄弟姉妹又はこれらの者以外の3親等内の親族

① ⓐは㋐、ⓑも㋐ ② ⓐは㋐、ⓑは㋑
③ ⓐは㋑、ⓑは㋐ ④ ⓐは㋑、ⓑも㋑

(3) 振替加算及び付加年金について、次のⓐⓑと㋐㋑の組合せで最も適切なものは？

ⓐ 老齢基礎年金を全部繰上げした場合の振替加算

ⓑ 老齢基礎年金を全部繰上げした場合の付加年金

㋐ 同時に繰上げ支給される

㋑ 繰上げ支給されない

① ⓐは㋐、ⓑも㋐ ② ⓐは㋐、ⓑは㋑
③ ⓐは㋑、ⓑは㋐ ④ ⓐは㋑、ⓑも㋑

ANSWER

は、6年間、その支給を停止する。

❻(1) **②** 法76条1項。積立金の運用は、厚生労働大臣が、法75条の目的に沿った運用に基づく納付金の納付を目的として、年金積立金管理運用独立行政法人に対し、積立金を寄託することにより行うものとする。なお、厚生労働大臣は、その寄託をするまでの間、財政融資資金に積立金を預託することができる(法76条2項)。

(2) **③** 法20条の2,1項、3項。年金給付(国民年金法の他の規定又は他の法令の規定によりその全額につき支給を停止されている年金給付を除く。)は、その受給権者の申出により、その全額の支給を停止する。ただし、国民年金法の他の規定又は他の法令の規定によりその額の一部につき支給を停止されているときは、停止されていない部分の額の支給を停止する。なお、この申出は、いつでも、将来に向かって撤回することができる。

❼(1) **③** (60)法附則25条1項、3項、(60)法附則28条1項、2項。

(2) **②** 法19条1項、法52条の3。

(3) **③** 法附則9条の2,6項、(60)法附則14条4項。振替加算は繰上げ支給されないが、付加年金は繰上げ支給される。

QUESTION

(4)第3種被保険者の被保険者期間の特例(期間に応じて3分の4倍、5分の6倍等して計算するもの)について、次の@⑥と⑦①の組合せで最も適切なものは?

- @ 老齢基礎年金の受給資格期間を計算するとき
- ⑥ 老齢基礎年金の年金額を計算するとき
- ⑦ 特例を用いて、3分の4倍等した期間で計算する
- ① 特例を用いないで、実期間で計算する

① @は⑦、⑥も⑦　　② @は⑦、⑥は①
③ @は①、⑥は⑦　　④ @は①、⑥も①

(5)障害基礎年金及び遺族基礎年金の支給要件について、次の@⑥と⑦から①の組合せで最も適切なものは?

- @ 障害基礎年金の初診日の被保険者等要件(初診日に該当していること)
- ⑥ 遺族基礎年金の死亡した被保険者等の要件(該当する者が死亡したこと)
- ⑦ 被保険者であること
- ① 被保険者であった者であって、日本国内に住所を有し、かつ、60歳以上65歳未満であること
- ⑦ 老齢基礎年金の受給権者で一定の者
- ① 老齢基礎年金の受給資格期間を満たしている者で一定の者

① @は⑦又は①、⑥も⑦又は①
② @は⑦又は①、⑥は⑦から①のいずれか
③ @は⑦から①のいずれか、⑥は⑦又は①
④ @は⑦から①のいずれか、⑥も⑦から①のいずれか

厚生年金保険法

❶エピソード問題

(1)個人の相談者から、「会社に勤めたときは、必ず厚生年金保険に加入するのですか。」という相談があった。回答として、最も適切なものは?

- ① 適用事業所に使用される者は、75歳以上の者を除き、被保険者になります。
- ② 適用事業所に使用される者は、75歳以上の者及び適用除外とされる者を除き、被保険者になります。
- ③ 適用事業所に使用される者は、70歳以上の者を除き、被保険者になります。
- ④ 適用事業所に使用される者は、70歳以上の者及び適用除外とされる者を除き、被保険者になります。

(2)個人の相談者から、「転職した場合の厚生年金保険の保険料はどうなりますか?」という相談があった。回答として、最も適切なものは?

- ① 退職の場合の保険料は、資格喪失日が属する月の分まで納める必要があります。再就職後の保険料は、資格取得した月の翌月分の保険料から支払う必要があります。
- ② 退職の場合の保険料は、資格喪失日が属する月の前月分まで納める必要があります。再就職後の保険料は、資格取得した月の翌月分の保険料から支払う必要があります。
- ③ 退職の場合の保険料は、資格喪失日が属する月の分まで納める必要があります。再就職後の保険料は、資格取得した月の分の保険料から支払う必要があります。
- ④ 退職の場合の保険料は、資格喪失日が属する月の前月分まで納める必要があります。再就職後の保険料は、資格取得した月の分の保険料から支払う必要があります。

ANSWER

(4)② (60)法附則8条。第3種被保険者の被保険者期間の特例は被保険者期間(受給資格期間)の計算の特例であり、老齢基礎年金の年金額を計算するときは、3分の4倍等しない実期間で計算する。

(5)② 法30条1項、法37条。なお、⑦及び①の「一定の者」は、保険料納付済期間、保険料免除期間及び合算対象期間が25年以上ある者である。

厚生年金保険法
❶(1)④ 法9条、法12条。

(2)④ 法19条1項、法81条2項。被保険者期間を計算する場合には、月によるものとし、被保険者の資格を取得した月からその資格を喪失した月の前月までをこれに算入する。保険料は、被保険者期間の計算の基礎となる各月につき、徴収するものとする。

QUESTION

(3) 個人の相談者から、「年金額を増やすために、70歳を過ぎても厚生年金保険に加入できますか。」という相談があった。回答として、最も適切なものは？
① はい。加入できます。
② 定額部分である老齢基礎年金が満額支給されない場合は加入できます。
③ 70歳を過ぎると年金額を増やすという理由で加入することはできません。
④ 老齢厚生年金の受給権がない場合に限り、任意に加入することができます。

(4) 厚生年金保険の被保険者から「産前産後休業中の厚生年金保険の保険料はどうなるのですか。」という相談があった。回答として、最も適切なものは？
① 事業主からの申出により免除されます。免除期間は、産前産後休業開始月の前月から終了日の翌日が属する月までです。
② 事業主からの申出により免除されます。免除期間は、産前産後休業開始月の前月から終了日の翌日が属する月の前月までです。
③ 事業主からの申出により免除されます。免除期間は、産前産後休業開始月から終了日の翌日が属する月までです。
④ 事業主からの申出により免除されます。免除期間は、産前産後休業開始月から終了日の翌日が属する月の前月までです。

(5) 第1号厚生年金被保険者を使用する適用事業所の事業主から、「納入告知書の納付期限までに納付ができず、督促を受けました。納付期限後の納付だと延滞金はかかりますか。」という相談があった。回答として、最も適切なものは？
① 督促状による指定期限までに納付をしなくても、指定期限から10日以内に納付したときは延滞金はかかりません。
② 督促状による指定期限までに納付をしなくても、指定期限から3か月以内に納付したときは延滞金はかかりません。
③ 督促状による指定期限までに納付をせず、指定期限後に納付したときは、指定期限の翌日から納付があった日の前日までの日数で延滞金がかかります。
④ 督促状による指定期限までに納付をせず、指定期限後に納付したときは、納付期限の翌日から納付があった日の前日までの日数で延滞金がかかります。

(6) 個人の相談者から、「老齢厚生年金を受けている夫が亡くなりましたが、妻の私は年金を受けられますか。」という相談があった。回答として、最も適切なものは？
① 夫の受給資格期間が10年以上であった場合は支給される場合があります。
② 夫の受給資格期間が15年以上であった場合は支給される場合があります。
③ 夫の受給資格期間が25年以上であった場合は支給される場合があります。
④ 夫の受給資格期間に関わらず支給される場合があります。

(7) 適用事業所の事業主から、「6か月単位で従業員に支給した通勤費は、報酬月額に含めますか。」という相談があった。回答として、最も適切なものは？
① 年2回の支給になるので、賞与になります。
② 報酬の範囲に含まれます。

ANSWER

(3) ④ 法附則4条の3,1項、法附則4条の5,1項。適用事業所以外の事業所に使用される70歳以上の者であって、老齢厚生年金等の受給権を有しないもの(適用除外に該当する者を除く。)は、厚生労働大臣の認可を受けて、被保険者となることができる(事業主の同意必要)。また、適用事業所に使用される70歳以上の者であって、老齢厚生年金等の受給権を有しないもの(適用除外に該当する者を除く。)は、実施機関に申し出て、被保険者となることができる。

(4) ④ 法81条の2の2,1項。産前産後休業をしている被保険者が使用される事業所の事業主が、実施機関に申出をしたときは、当該被保険者に係る保険料であってその産前産後休業を開始した日の属する月からその産前産後休業が終了する日の翌日が属する月の前月までの期間に係るものの徴収は行わない。なお、第2号厚生年金被保険者・第3号厚生年金被保険者に係る保険料免除の申出は、被保険者が行うこととされている。

(5) ④ 法87条。督促をしたときは、厚生労働大臣は、保険料額に、納期限の翌日から保険料完納又は財産差押の日の前日までの期間の日数に応じ延滞金を徴収する。ただし、一定の場合又は滞納につきやむを得ない事情があると認められる場合は、この限りでない。

(6) ③ 法58条1項、法59条。遺族厚生年金は、被保険者又は被保険者であった者が次の各号のいずれかに該当する場合に、その者の遺族に支給する。ただし、(1)又は(2)に該当する場合にあっては、死亡した者につき、死亡日の前日において、死亡日の属する月の前々月までに国民年金の被保険者期間があり、かつ、当該被保険者期間に係る保険料納付済期間と保険料免除期間とを合算した期間が当該被保険者期間の3分の2に満たないときは、この限りでない。(1)被保険者(失踪の宣告を受けた被保険者であった者であって、行方不明となった当時被保険者であったものを含む。)が、死亡したとき。(2)被保険者であった者が、被保険者の資格を喪失した後に、被保険者であった間に初診日がある傷病により当該初診日から起算して5年を経過する日前に死亡したとき。(3)障害等級の1級又は2級に該当

QUESTION

❷事例特集

(1)昭和34年5月2日生まれのA(男性)は、特別支給の老齢厚生年金を受給している。厚生年金の被保険者期間は、第1号厚生年金被保険者として昭和49年4月から令和元年5月までの期間であった場合、特別支給の老齢厚生年金について最も適切なものは？　なお、障害の状態にはないものとする。

① 63歳から定額部分と報酬比例部分が支給されている。
② 63歳から報酬比例部分のみが支給されている。
③ 64歳から定額部分と報酬比例部分が支給されている。
④ 64歳から報酬比例部分のみが支給されている。

(2)平成2年6月10日生まれのCは、厚生年金保険の被保険者である夫が令和5年5月に死亡したことにより、遺族厚生年金の受給権が発生した。このことについて、最も適切なものは？　なお、同一の支給事由で遺族基礎年金の受給権は発生していないものとする。

① 当該受給権は、その受給権を取得した日から起算して5年を経過したときに消滅する。
② 当該受給権は、その受給権を取得した日から起算して5年を経過したときに消滅するとは限らない。

(3)設問(2)におけるCの遺族厚生年金について、最も適切なものは？

① 当該遺族厚生年金について中高齢の寡婦加算が行われる場合がある。
② 当該遺族厚生年金について中高齢の寡婦加算は行われない。

(4)設問(2)におけるCの遺族厚生年金について、最も適切なものは？

① 当該遺族厚生年金について経過的寡婦加算が行われる場合がある。
② 当該遺族厚生年金について経過的寡婦加算は行われない。

(5)第1号厚生年金被保険者である昭和28年4月2日生まれの女子Dが、特別支給の老齢厚生年金の受給権を取得した場合の支給開始年齢について、最も適切なものは？　なお、Dは第2号厚生年金被保険者期間、第3号厚生年金被保険者期間及び第4号厚生年金被保険者期間を有していないものとし、長期加入者の特例等に該当しないものとする。

① 定額部分及び報酬比例部分が60歳から支給される。
② 定額部分及び報酬比例部分が64歳から支給される。
③ 定額部分は64歳から支給され、報酬比例部分は60歳から支給される。
④ 定額部分は支給されないが、報酬比例部分は60歳から支給される。

❸被保険者等

(1)高齢任意加入被保険者の資格取得の手続きについて、次の@ⓑと㋐㋑の組合せで最も適切なものは？

@ 適用事業所に使用される70歳以上の者
ⓑ 適用事業所以外に使用される70歳以上の者
㋐ 厚生労働大臣の認可により資格を取得する
㋑ 厚生労働大臣への申出により資格を取得する

① @は㋐、ⓑも㋐。　② @は㋐、ⓑは㋑。
③ @は㋑、ⓑは㋐。　④ @は㋑、ⓑも㋑。

(2)適用事業所の一括について、次の㋐から㋔を使った文章で、最も適切なものは？

㋐ 2以上の適用事業所(船舶を除く。)の事業主が同一である場合
㋑ 2以上の適用事業所(船舶を含む。)の事業主が同一である場合
㋒ 当該事業主は、厚生労働大臣の承認
㋓ 当該事業主は、厚生労働大臣の認可
㋔ 当該2以上の事業所を一の適用事業所とすることができる

① ㋐には、㋒を受けて、㋔。　② ㋐には、㋓を受けて、㋔。
③ ㋑には、㋒を受けて、㋔。　④ ㋑には、㋓を受けて、㋔。

ANSWER

する障害の状態にある障害厚生年金の受給権者が、死亡したとき。(4)老齢厚生年金の受給権者(保険料納付済期間と保険料免除期間とを合算した期間が25年以上である者に限る。)又は保険料納付済期間と保険料免除期間とを合算した期間が25年以上である者が、死亡したとき。また、遺族厚生年金を受けることができる遺族は、被保険者又は被保険者であった者の配偶者、子、父母、孫又は祖父母であって、被保険者又は被保険者であった者の死亡の当時その者によって生計を維持したものとする。ただし、妻以外の者にあっては、一定の要件に該当した場合に限るものとする。

設問の場合、老齢厚生年金の受給権者の妻であるため一定の要件は問われないので、③となる。

(7) ② 法3条1項3号、4号、昭和37.6.28保険発71号。通勤費についてその数箇月分を一括して現金又は定期券等により支給するのは、単に支払上の便宜によるものとみられるから、設問の通勤費(6箇月ごとに支給される定期券等)は、報酬の範囲に含まれる。

❷(1) ④ 法附則8条の2,1項。昭和34年4月2日から昭和36年4月1日までの間に生まれた一般男子の特別支給の老齢厚生年金は、64歳から報酬比例部分のみが支給されている。

(2) ② 法63条1項5号。設問の場合、若年の妻の失権事由には該当しないので、当該受給権は、その受給権を取得した日から起算して5年を経過したときに消滅するとは限らない。なお、他の失権事由に該当し失権することもあり得るので、「当該受給権は、その受給権を取得した日から起算して5年を経過したときに消滅するとは限らない。」を最も適切なものとした。

(3) ② 法62条1項。中高齢の寡婦加算の対象となる寡婦は、遺族厚生年金の受給権を取得した当時、40歳以上65歳未満であったもの又は40歳に達した当時、遺族基礎年金を受けることができる遺族の範囲に属する子と生計を同じくしていたものである。設問の場合は該当しないので、当該遺族厚生年金について中高齢の寡婦加算は行われない。

(4) ② (60)法附則73条1項、(60)法附則別表第9。経過的寡婦加算の対象となる寡婦は、昭和31年4月1日以前

QUESTION

❹標準報酬・費用

(1) 等級区分の改定について、次の㋐から㋕を使った文章で、最も適切なものは?
- ㋐ 毎年3月31日における全被保険者の標準報酬月額を平均した額の100分の150に相当する額
- ㋑ 毎年3月31日における全被保険者の標準報酬月額を平均した額の100分の200に相当する額
- ㋒ 標準報酬月額等級の最高等級の標準報酬月額を超える場合において、その状態が継続する
- ㋓ その年の7月1日   ㋔ その年の9月1日
- ㋕ 健康保険法に規定する標準報酬月額の等級区分を参酌して、政令で、当該最高等級の上に更に等級を加える標準報酬月額の等級区分の改定を行うことができる

① ㋐が、㋒と認められるときは、㋓から、㋕。
② ㋐が、㋒と認められるときは、㋔から、㋕。
③ ㋑が、㋒と認められるときは、㋓から、㋕。
④ ㋑が、㋒と認められるときは、㋔から、㋕。

(2) 定時決定の対象から除かれる者として、次の⒜⒝と㋐から㋓の組合せで最も適切なものは?
- ⒜ 資格取得について   ⒝ 随時改定について
- ㋐ 5月1日から7月1日までに資格を取得した者
- ㋑ 6月1日から7月1日までに資格を取得した者
- ㋒ 6月から9月までのいずれかの月から随時改定が行われる者(予定を含む。)
- ㋓ 7月から9月までのいずれかの月から随時改定が行われる者(予定を含む。)

① ⒜は㋐、⒝は㋒   ② ⒜は㋐、⒝は㋓
③ ⒜は㋑、⒝は㋒   ④ ⒜は㋑、⒝は㋓

(3) 保険料の納付義務について、次の㋐から㋔を使った文章で、最も適切なものは?
- ㋐ 第1号厚生年金被保険者が船舶に使用され、かつ、同時に船舶以外の事業所に使用される場合
- ㋑ 船舶所有者及び船舶所有者以外の事業主が、それぞれの事業所における当該被保険者の標準月額相当額に比例して按分した額の保険料の額の半額を負担し、それぞれその全額を納付する義務を負う
- ㋒ 船舶所有者及び船舶所有者以外の事業主のうち、生計を維持するに必要な主たる賃金を受ける雇用関係にあるものが、当該被保険者に係る保険料の半額を負担し、全額を納付する義務を負う
- ㋓ 船舶所有者が当該被保険者に係る保険料の半額を負担し、全額を納付する義務を負い、船舶所有者以外の事業主は保険料を負担し、及び納付する義務を負わない
- ㋔ 船舶所有者以外の事業主が当該被保険者に係る保険料の半額を負担し、全額を納付する義務を負い、船舶所有者は保険料を負担し、及び納付する義務を負わない

① ㋐については、㋑。   ② ㋐については、㋒。
③ ㋐については、㋓。   ④ ㋐については、㋔。

ANSWER

に生まれたものに限るので、当該遺族厚生年金について経過的寡婦加算は行われることはない。

(5) ③ (6) 法附則20条1項。

生年月日		支給開始年齢	
男子・第2号〜第4号女子	第1号女子	定額部分	報酬比例部分
S16.4.2〜S18.4.1	S21.4.2〜S23.4.1	61歳	60歳
S18.4.2〜S20.4.1	S23.4.2〜S25.4.1	62歳	
S20.4.2〜S22.4.1	S25.4.2〜S27.4.1	63歳	
S22.4.2〜S24.4.1	S27.4.2〜S29.4.1	64歳	

❸(1) ③ 法附則4条の3,1項、法附則4条の5,1項。適用事業所に使用される70歳以上の者であって、老齢厚生年金、老齢基礎年金等の受給権を有しないもの(厚生年金保険法の規定により被保険者としないとされた者を除く。)が、高齢任意加入被保険者の資格を取得するためには、厚生労働大臣に申し出る必要がある。また、適用事業所以外の事業所に使用される70歳以上の者であって、老齢厚生年金、老齢基礎年金等の受給権を有しないもの(厚生年金保険法の規定により被保険者としないとされた者を除く。)は、厚生労働大臣の認可を受けて、被保険者となることができる。

(2) ① 法8条の2。2以上の適用事業所(船舶を除く。)の事業主が同一である場合には、当該事業主は、厚生労働大臣の承認を受けて、当該2以上の事業所を一の適用事業所とすることができる。この承認があったときは、当該2以上の適用事業所は、適用事業所でなくなったものとみなす。なお、船舶の場合(2以上の船舶の船舶所有者が同一である場合)には、厚生労働大臣の承認は必要とせず、法律上当然に、一の適用事業所となる(法8条の3)。

❹(1) ④ 法20条2項。毎年3月31日における全被保険者の標準報酬月額を平均した額の100分の200に相当する額が標準報酬月額等級の最高等級の標準報酬月額を超える場合において、その状態が継続すると認められるときは、その年の9月1日から、健康保険法に規定する標準報酬月額の等級区分を参酌して、政令で、当該最高等級の上に更に等級を加える標準報酬月額の等級区分の改定を行うことができる。

(2) ④ 法21条3項。㋑6月1日から7月1日までに資格を取得した者及び㋓7月から9月までのいずれかの月から随時改定が行われる者(予定を含

215

QUESTION

(4) 端数処理について、次の㋐から㋔を使った文章で、最も適切なものは？
- ㋐ 保険給付を受ける権利を裁定する場合又は保険給付の額を改定する場合
- ㋑ 保険給付の額に50銭未満の端数が生じたときは、これを切り捨て、50銭以上1円未満の端数が生じたときは、これを1円に切り上げるものとする
- ㋒ 保険給付の額に50円未満の端数が生じたときは、これを切り捨て、50円以上100円未満の端数が生じたときは、これを100円に切り上げるものとする
- ㋓ 保険給付の額を計算する過程
- ㋔ 50銭未満の端数が生じたときは、これを切り捨て、50銭以上1円未満の端数が生じたときは、これを1円に切り上げることができる
- ㋕ 5円未満の端数が生じたときは、これを切り捨て、5円以上10円未満の端数が生じたときは、これを10円に切り上げることができる

① ㋐において、㋑。また、㋓において、㋔。
② ㋐において、㋑。また、㋓において、㋕。
③ ㋐において、㋒。また、㋓において、㋔。
④ ㋐において、㋒。また、㋓において、㋕。

❺老齢厚生年金

(1) 65歳から支給される本来の老齢厚生年金の額（報酬比例部分）について、次の⒜⒝と㋐から㋓の組合せで最も適切なものは？（厚生年金保険の被保険者であった期間の一部が平成15年4月1日前である場合とする。）
- ⒜ 平成15年3月までの被保険者期間
- ⒝ 平成15年4月以後の被保険者期間
- ㋐ 平均標準報酬額×1,000分の7.125×⒜の月数
- ㋑ 平均標準報酬月額×1,000分の7.125×⒜の月数
- ㋒ 平均標準報酬額×1,000分の5.481×⒝の月数
- ㋓ 平均標準報酬月額×1,000分の5.481×⒝の月数

① ⒜について㋐により算定した額と、⒝について㋒により算定した額との合算額
② ⒜について㋐により算定した額と、⒝について㋓により算定した額との合算額
③ ⒜について㋑により算定した額と、⒝について㋒により算定した額との合算額
④ ⒜について㋑により算定した額と、⒝について㋓により算定した額との合算額

(2) 65歳から支給される本来の老齢厚生年金の額における経過的加算額は、定額部分の額から老齢基礎年金相当額を控除した額である。この老齢基礎年金相当額について、次の⒜⒝と㋐㋑を使った文章で最も適切なものは？
- ⒜ 厚生年金保険の被保険者期間
- ⒝ 昭和36年4月以後の厚生年金保険の被保険者期間
- ㋐ 保険料納付済期間とみなされる期間について計算した老齢基礎年金
- ㋑ 保険料納付済期間とみなされる20歳以上60歳未満の期間について計算した老齢基礎年金

① ⒜のうち、㋐の額とする。　　② ⒜のうち、㋑の額とする。
③ ⒝のうち、㋐の額とする。　　④ ⒝のうち、㋑の額とする。

(3) 65歳から支給される本来の老齢厚生年金の支給を受ける者の在職老齢年金の仕組みの説明として、次の㋐から㋓を使った文章で、最も適切なものは？
- ㋐ 総報酬月額相当額　　　　㋑ 基本月額
- ㋒ 支給停止基準額　　　　　㋓ 支給停止調整額

① ㋐が㋓を超えるときは、その月の分の当該老齢厚生年金について、㋒に相当する部分の支給を停止する。
② ㋐が㋒を超えるときは、その月の分の当該老齢厚生年金について、㋓に相当する部分の支給を停止する。
③ ㋐と㋑との合計額が㋓を超えるときは、その月の分の当該老齢厚生年金について、㋒に相当する部分の支給を停止する。
④ ㋐と㋑との合計額が㋒を超えるときは、その月の分の当該老齢厚生年金について、㋓に相当する部分の支給を停止する。

ANSWER

む。）は、その年に限り定時決定の対象者から除かれる。

(3) ③　令4条4項。第1号厚生年金被保険者が船舶に使用され、かつ、同時に事業所に使用される場合については、船舶所有者が当該被保険者に係る保険料の半額を負担し、全額を納付する義務を負い、船舶所有者以外の事業主は保険料を負担し、及び納付する義務を負わない。

(4) ①　法35条、令3条。保険給付を受ける権利を裁定する場合又は保険給付の額を改定する場合において、保険給付の額に50銭未満の端数が生じたときは、これを切り捨て、50銭以上1円未満の端数が生じたときは、これを1円に切り上げるものとする。
　　また、保険給付の額を計算する過程において、50銭未満の端数が生じたときは、これを切り捨て、50銭以上1円未満の端数が生じたときは、これを1円に切り上げることができる。

❺(1) ③　法43条1項、(12)法附則20条1項。厚生年金保険の被保険者であった期間の全部又は一部が平成15年4月1日前（総報酬制導入前）であるときは、⒜平成15年3月までの被保険者期間について、㋑平均標準報酬月額×1,000分の7.125×⒜の月数の計算式で算定した額と、⒝平成15年4月以後の被保険者期間について、㋒平均標準報酬額×1,000分の5.481×⒝の月数の計算式で算定した額とを合算した額となる。

(2) ④　(60)法附則59条2項2号。老齢基礎年金相当額は、昭和36年4月以後の厚生年金保険の被保険者期間のうち、保険料納付済期間とみなされる20歳以上60歳未満の期間について計算した老齢基礎年金の額とされる。

(3) ④　法46条1項。本来の老齢厚生年金の受給権者が被保険者等（高在老の対象者）である日が属する月において、その者の総報酬月額相当額及び基本月額との合計額が支給停止調整額を超えるときは、その月の分の当該老齢厚生年金について、支給停止基準額（総報酬月額相当額と基本月額との合計額から支給停止調整額を控除して得た額の2分の1に相当する額に12を乗じて得た額）に相当する部分の支給を停止する（法46条1項）。

QUESTION

(4)昭和37年4月1日生まれの一般女子(第1号厚生年金被保険者に限る。)において、特別支給の老齢厚生年金の支給開始年齢について、次の ⓐⓑ と ⑦ から ㊀ の組合せで最も適切なものは？（支給要件は満たしているものとする。）

ⓐ 定額部分　　ⓑ 報酬比例部分
⑦ 支給されない　　④ 62歳から支給される
⑨ 63歳から支給される　㊀ 64歳から支給される

① ⓐは⑦、ⓑは④　　② ⓐは⑦、ⓑは⑨
③ ⓐは㊀、ⓑは④　　④ ⓐは㊀、ⓑは⑨

(5)昭和28年4月2日生まれの一般男子において、特別支給の老齢厚生年金の支給開始年齢について、次の ⓐⓑ と ⑦ から ㊀ の組合せで最も適切なものは？（支給要件は満たしているものとする。）

ⓐ 定額部分　　ⓑ 報酬比例部分
⑦ 支給されない　　④ 60歳から支給される
⑨ 61歳から支給される　㊀ 62歳から支給される

① ⓐは⑦、ⓑは④　　② ⓐは⑦、ⓑは⑨
③ ⓐは㊀、ⓑは④　　④ ⓐは㊀、ⓑは⑨

❻遺族厚生年金

(1)遺族厚生年金の失権について、次の ⑦ から ㊅ を使った文章で、最も適切なものは？

⑦ 遺族厚生年金の受給権を取得した当時30歳未満である妻が当該遺族厚生年金と同一の支給事由に基づく国民年金法による遺族基礎年金の受給権を取得しないとき
④ 当該遺族厚生年金の受給権を取得した日
⑨ 当該受給権者が30歳に到達した日
㊀ 5年を経過したときは、遺族厚生年金の受給権は消滅する
㊉ 遺族厚生年金と当該遺族厚生年金と同一の支給事由に基づく国民年金法による遺族基礎年金の受給権を有する妻が30歳に到達する日前に当該遺族基礎年金の受給権が消滅したとき
㊅ 当該遺族基礎年金の受給権が消滅した日

① ⑦は、④から起算して㊀。㊉は、⑨から起算して㊀。
② ⑦は、④から起算して㊀。㊉は、㊅から起算して㊀。
③ ⑦は、⑨から起算して㊀。㊉は、④から起算して㊀。
④ ⑦は、⑨から起算して㊀。㊉は、㊅から起算して㊀。

(2)中高齢の寡婦加算について、次の ⑦ から ㊅ を使った文章で、最も適切なものは？

⑦ 遺族厚生年金に加算される中高齢の寡婦加算額
④ 受給権者の生年月日等にかかわらず、遺族基礎年金の4分の3相当額
⑨ 受給権者の生年月日等にかかわらず、遺族基礎年金相当額
㊀ 支給期間は、受給権取得（夫の死亡）当時に子がいる場合
㊉ 遺族基礎年金の支給を受けることができる間は支給停止され、遺族基礎年金を受けることができなくなったときから受給権者が65歳に達するまでの間支給される
㊅ 支給されない

① ⑦は、④となる。また、㊀には、㊉。　② ⑦は、④となる。また、㊀には、㊅。
③ ⑦は、⑨となる。また、㊀には、㊉。　④ ⑦は、⑨となる。また、㊀には、㊅。

ANSWER

(4) ① 法附則8条の2,2項。昭和33年4月2日から昭和41年4月1日までの間に生まれた一般女子(第1号厚生年金被保険者に限る。)の特別支給の老齢厚生年金の支給開始年齢は次のとおりである。

生年月日	支給開始年齢	
一般女子(第1号厚生年金被保険者に限る。)	定額部分	報酬比例部分
昭和33年4月2日～昭和35年4月1日		61歳
昭和35年4月2日～昭和37年4月1日		62歳
昭和37年4月2日～昭和39年4月1日		63歳
昭和39年4月2日～昭和41年4月1日		64歳

(5) ② 法附則8条の2,1項。昭和28年4月2日から昭和36年4月1日までの間に生まれた一般男子の特別支給の老齢厚生年金の支給開始年齢は次のとおりである。

生年月日	支給開始年齢	
一般男子	定額部分	報酬比例部分
昭和28年4月2日～昭和30年4月1日		61歳
昭和30年4月2日～昭和32年4月1日		62歳
昭和32年4月2日～昭和34年4月1日		63歳
昭和34年4月2日～昭和36年4月1日		64歳

❻(1) ② 法63条1項5号。遺族厚生年金の受給権は、次のイ又はロに掲げる区分に応じ、当該イ又はロに定める日から起算して5年を経過したときは消滅する。

イ	遺族厚生年金の受給権を取得した当時30歳未満である妻が当該遺族厚生年金と同一の支給事由に基づく国民年金法による遺族基礎年金の受給権を取得しないときは、当該遺族厚生年金の受給権を取得した日
ロ	遺族厚生年金と当該遺族厚生年金と同一の支給事由に基づく国民年金法による遺族基礎年金の受給権を有する妻が30歳に到達する日前に当該遺族基礎年金の受給権が消滅したときは、当該遺族基礎年金の受給権が消滅した日

(2) ① 法62条1項、法65条。遺族厚生年金に加算される中高齢の寡婦加算額は、受給権者の生年月日等にかかわらず、遺族基礎年金の4分の3相当額(780,900円×改定率×3／4)となる。また、支給期間は、受給権取得（夫の死亡）当時に子がいない場合には、受給権を取得したとき(取得月翌月)から受給権者が65歳に達する(65歳到達月)までの間支給される。受給権取得（夫の死亡）当時に子がいる場合には、遺族基礎年金の支給を受けることができる間は支給停止され、遺族基礎年金を受けることができなくなったときから受給権者が65歳に達するまでの間支給される。

QUESTION

❼通則・雑則等

(1)併給調整について、次の@⑥と⑦から⑰の組合せで最も適切なものは？ （すべて、65歳に達しているものとする。）

  ⓐ 障害厚生年金と併給できる基礎年金
  ⓑ 遺族厚生年金と併給できる基礎年金
  ⑦ 障害基礎年金（ⓐの障害厚生年金と同一の支給事由とする。）
  ⑦ 老齢基礎年金
  ⑦ 遺族基礎年金（ⓑの遺族厚生年金と同一の支給事由とする。）

  ① ⓐは⑦又は⑦、ⓑは⑦、⑦又は⑦　　② ⓐは⑦又は⑦、ⓑは⑦、⑦又は⑦
  ③ ⓐは⑦、ⓑは⑦、⑦又は⑦　　④ ⓐは⑦、ⓑは⑦又は⑦

(2)不服申立てについて、次の⑦から⑰を使った文章で、最も適切なものは？

  ⑦ 厚生労働大臣による被保険者の資格、標準報酬又は保険給付に関する処分に不服がある者
  ⑦ 厚生労働大臣による被保険者の資格、保険料等の徴収金又は保険給付に関する処分に不服がある者
  ⑦ 社会保険審査官に対して審査請求をし、その決定に不服がある者は、社会保険審査会に対して再審査請求をすることができる
  ⑦ 上記の審査請求をした日から2月以内に決定がないとき
  ⑦ 上記の審査請求をした日から3月以内に決定がないとき
  ⑦ 審査請求人は、社会保険審査官が審査請求を棄却したものとみなすことができる

  ① ⑦は、⑦。なお、⑦は、⑰。　　② ⑦は、⑦。なお、⑦は、⑰。
  ③ ⑦は、⑦。なお、⑦は、⑰。　　④ ⑦は、⑦。なお、⑦は、⑰。

❽総合問題

(1)被保険者期間の月数について、次の@⑥と⑦から⑦の組合せで最も適切なものは？

  ⓐ 老齢厚生年金の年金額（報酬比例部分）の計算の基礎とする被保険者期間の月数
  ⓑ 障害厚生年金の年金額の計算の基礎とする被保険者期間の月数
  ⑦ 原則として、権利を取得した月以後の被保険者であった期間は、年金額の計算の基礎としない
  ⑦ 原則として、権利を取得した月後の被保険者であった期間は、年金額の計算の基礎としない
  ⑦ 障害認定日の属する月以後における被保険者であった期間は、年金額の計算の基礎としない
  ⑦ 障害認定日の属する月後における被保険者であった期間は、年金額の計算の基礎としない

  ① ⓐは⑦、ⓑは⑦。　　② ⓐは⑦、ⓑは⑦。
  ③ ⓐは⑦、ⓑは⑦。　　④ ⓐは⑦、ⓑは⑦。

(2)遺族の範囲について、次の@⑥と⑦から⑦の組合せで最も適切なものは？

  ⓐ 遺族厚生年金を受けることができる遺族の範囲
  ⓑ 未支給の保険給付の支給を請求することができる遺族の範囲
  ⑦ 配偶者、子、父母、孫又は祖父母
  ⑦ 配偶者、子、父母、孫、祖父母又は兄弟姉妹
  ⑦ 配偶者、子、父母、孫、祖父母、兄弟姉妹又はこれらの者以外の3親等内の親族

  ① ⓐは⑦、ⓑは⑦　　② ⓐは⑦、ⓑは⑦
  ③ ⓐは⑦、ⓑも⑦　　④ ⓐは⑦、ⓑは⑦

ANSWER

❼(1) ③ 法38条1項、法附則17条。障害厚生年金は、その受給権者が他の年金たる保険給付又は国民年金法による年金たる給付（当該障害厚生年金と同一の支給事由に基づいて支給される障害基礎年金を除く。）を受けることができるときは、その間、その支給を停止する。老齢厚生年金の受給権者が他の年金たる保険給付〔遺族厚生年金（その受給権者が65歳に達しているものに限る。）を除く。〕又は同法による年金たる給付〔老齢基礎年金及び付加年金並びに障害基礎年金（その受給権者が65歳に達しているものに限る。）を除く。〕を受けることができる場合における当該老齢厚生年金及び遺族厚生年金の受給権者が他の年金たる保険給付〔老齢厚生年金（その受給権者が65歳に達しているものに限る。）を除く。〕又は同法による年金たる給付〔老齢基礎年金及び付加年金（その受給権者が65歳に達しているものに限る。）、障害基礎年金（その受給権者が65歳に達しているものに限る。）並びに当該遺族厚生年金と同一の支給事由に基づいて支給される遺族基礎年金を除く。〕を受けることができる場合における当該遺族厚生年金についても、同様とする。

(2) ① 法90条1項、3項。厚生労働大臣による被保険者の資格、標準報酬又は保険給付に関する処分に不服がある者は、社会保険審査官に対して審査請求をし、その決定に不服がある者は、社会保険審査会に対して再審査請求をすることができる。なお、上記の審査請求をした日から2月以内に決定がないときは、審査請求人は、社会保険審査官が審査請求を棄却したものとみなすことができる。

❽(1) ② 法43条1項、2項、法51条。

(2) ② 法37条1項、法59条1項。

218

QUESTION

社会保険に関する一般常識

❶社会保険労務士法

(1) 社会保険労務士法において、次の⒜⒝と㋐㋑の組み合わせで最も適切なものは？
  ⒜ 厚生労働大臣
  ⒝ 全国社会保険労務士会連合会
  ㋐ 社会保険労務士名簿の登録
  ㋑ 社会保険労務士に対する懲戒処分

  ① ㋐を行うのは⒜、㋑を行うのも⒜
  ② ㋐を行うのは⒜、㋑を行うのは⒝
  ③ ㋐を行うのは⒝、㋑を行うのは⒜
  ④ ㋐を行うのは⒝、㋑を行うのも⒝

(2) 社会保険労務士法3条(資格)の規定にかかわらず、社会保険労務士となる資格を有しないものとして、㋐から㋕のうちで最も適切なものは？
  ㋐ 未成年者
  ㋑ 破産手続開始の決定を受けて復権を得ない者
  ㋒ 懲戒処分により社会保険労務士の失格処分を受けた者
  ㋓ 社会保険労務士法又は労働社会保険諸法令の規定により罰金以上の刑に処せられた者
  ㋔ 公務員で懲戒免職の処分を受けた者
  ㋕ 懲戒処分により、弁護士会から除名され、公認会計士の登録の抹消の処分を受け、税理士の業務を禁止され又は行政書士の業務を禁止された者

  ① ㋐、㋑、㋒、㋓、㋔、㋕のすべて。
  ② ㋐、㋑、㋒、㋓の4つ。
  ③ ㋐、㋑、㋒の3つ。
  ④ ㋐、㋑の2つ。

(3) 社会保険労務士法における罰則について、次の⒜⒝と㋐から㋒の組合せで最も適切なものは？
  ⒜ 不正行為の指示等の禁止の規定に違反した者
  ⒝ 非社会保険労務士との提携の禁止の規定に違反した者
  ㋐ 3年以下の懲役又は200万円以下の罰金
  ㋑ 1年以下の懲役又は100万円以下の罰金   ㋒ 100万円以下の罰金

  ① ⒜は㋐、⒝は㋑   ② ⒜は㋐、⒝は㋒
  ③ ⒜は㋑、⒝も㋑   ④ ⒜は㋑、⒝は㋒

(4) 社会保険労務士法の目的条文(法1条)として、次の⒜から⒞と㋐㋑を使った文章で最も適切なものは？
  ⒜ 社会保険労務士の制度を定めて、その業務の運営の効率
  ⒝ 社会保険労務士の制度を定めて、その業務の適正
  ⒞ 労働及び社会保険に関する法令の円滑な実施に寄与する
  ㋐ 事業の健全な発達と労働者等の福祉の向上に資すること
  ㋑ 事業の健全な発達と労働者等の福祉の増進に資すること

  ① 社会保険労務士法は、⒜を図り、もって⒞とともに、㋐を目的とする。
  ② 社会保険労務士法は、⒜を図り、もって⒞とともに、㋑を目的とする。
  ③ 社会保険労務士法は、⒝を図り、もって⒞とともに、㋐を目的とする。
  ④ 社会保険労務士法は、⒝を図り、もって⒞とともに、㋑を目的とする。

ANSWER

社会保険に関する一般常識

❶(1) ③ 法10条の2,1項、法14条の3,2項、法25条の2、法25条の3。
(2) ④ 法5条。次のiからixのいずれかに該当する者は、第3条[資格]の規定にかかわらず、社会保険労務士となる資格を有しない。
  i 未成年者
  ii 破産手続開始の決定を受けて復権を得ない者
  iii 懲戒処分により社会保険労務士の失格処分を受けた者で、その処分を受けた日から3年を経過しないもの
  iv 社会保険労務士法又は労働社会保険諸法令の規定により罰金以上の刑に処せられた者で、その刑の執行を終わり、又は執行を受けることがなくなった日から3年を経過しないもの
  v ivに掲げる法令以外の法令の規定により禁錮以上の刑に処せられた者で、その刑の執行を終わり、又は執行を受けることがなくなった日から3年を経過しないもの
  vi 第14条の9第1項の規定により登録の取消しの処分を受けた者で、その処分を受けた日から3年を経過しないもの
  vii 公務員(行政執行法人又は特定地方独立行政法人の役員又は職員を含む。)で懲戒免職の処分を受け、その処分を受けた日から3年を経過しない者
  viii 懲戒処分により、弁護士会から除名され、公認会計士の登録の抹消の処分を受け、税理士の業務を禁止され又は行政書士の業務を禁止された者で、これらの処分を受けた日から3年を経過しないもの
  ix 税理士法48条1項(懲戒処分を受けるべきであったことについての決定等)の規定により同法44条3号(税理士業務の禁止)に掲げる処分を受けるべきであったことについて決定を受けた者で、当該決定を受けた日から3年を経過

QUESTION

❷国民健康保険法

(1)国民健康保険法における給付制限について、次の⑦から⑰を使った文章で、最も適切なものは？

⑦ 被保険者が、故意

⑦ 被保険者が、自己の故意の犯罪行為により、又は故意

⑦ 疾病にかかり、又は負傷したときは、当該疾病又は負傷に係る療養の給付等は、行わない

⑦ 保険者は、被保険者又は被保険者であった者が、正当な理由なしに療養に関する指示に従わないとき

⑦ 療養の給付等の一部を行わないことができる

⑰ 療養の給付等の全部又は一部を行わないことができる

① ⑦に⑰。⑦は、⑦。　② ⑦に⑰。⑦は、⑰。
③ ⑦に⑰。⑦は、⑦。　④ ⑦に⑰。⑦は、⑰。

(2)国民健康保険法における審査請求について、次の⑦から⑰を使った文章で、最も適切なものは？

⑦ 保険給付に関する処分(被保険者証の交付の請求又は返還に関する処分を含む。)又は保険料その他国民健康保険法の規定による徴収金に関する処分に不服がある者

⑦ 国民健康保険審査官　⑰ 国民健康保険審査会

⑦ 審査請求をすることができる　⑦ 各市町村に置かれている

⑰ 各都道府県に置かれている

① ⑦は、⑦に⑦。なお、⑦は、⑦。　② ⑦は、⑦に⑦。なお、⑦は、⑰。
③ ⑦は、⑰に⑦。なお、⑰は、⑦。　④ ⑦は、⑰に⑦。なお、⑰は、⑰。

❸高齢者の医療の確保に関する法律

(1)高齢者の医療の確保に関する法律における目的等について、次の⑦から⑰を使った文章で、最も適切なものは？

⑦ 国　　　⑦ 地方公共団体

⑦ 高齢者医療確保法の趣旨を尊重し、住民の高齢期における医療に要する費用の適正化を図るための取組及び高齢者医療制度の運営が適切かつ円滑に行われるよう所要の施策を実施しなければならない

⑦ 後期高齢者医療広域連合　⑦ 保険者

⑰ 加入者の高齢期における健康の保持のために必要な事業を積極的に推進するよう努めるとともに、高齢者医療制度の運営が健全かつ円滑に実施されるよう協力しなければならない

① ⑦は、⑦。また、⑦は、⑰。　② ⑦は、⑦。また、⑦は、⑰。
③ ⑦は、⑦。また、⑦は、⑰。　④ ⑦は、⑦。また、⑦は、⑰。

(2)後期高齢者医療における給付費(負担対象総額)の負担割合について、次の費用の負担者である@から©と負担割合である⑦から⑰の組合せで最も適切なものは？

@ 国　　　ⓑ 都道府県　　© 市町村

⑦ 6/12　⑦ 4/12　⑰ 3/12　⑦ 2/12

⑦ 1/12　⑰ 32%　⑰ 9%

① @は⑦、ⓑは⑦、©も⑰　② @は⑰、ⓑは⑰、©も⑰
③ @は⑦、ⓑも⑦、©も⑦　④ @は⑦、ⓑは⑰、©も⑰

ANSWER

しないもの。

(3) ① 法32条、法32条の2。

(4) ⑦ 法1条。社会保険労務士は、社会保険労務士の制度を定めて、その業務の適正を図り、もって労働及び社会保険に関する法令の円滑な実施に寄与するとともに、事業の健全な発達と労働者等の福祉の向上に資することを目的とする。

❷(1) ③ 法60条、法62条。被保険者が、自己の故意の犯罪行為により、又は故意に疾病にかかり、又は負傷したときは、当該疾病又は負傷に係る療養の給付等は、行わない。また、保険者は、被保険者又は被保険者であった者が、正当な理由なしに療養に関する指示に従わないときは、療養の給付等の一部を行わないことができる。

(2) ④ 法91条1項、法92条。保険給付に関する処分(被保険者証の交付の請求又は返還に関する処分を含む。)又は保険料その他国民健康保険法の規定による徴収金に関する処分に不服がある者は、国民健康保険審査会に審査請求をすることができる。国民健康保険審査会は、各都道府県に置かれている。

❸(1) ④ 法4条、法5条。地方公共団体は、高齢者医療確保法の趣旨を尊重し、住民の高齢期における医療に要する費用の適正化を図るための取組及び高齢者医療制度の運営が適切かつ円滑に行われるよう所要の施策を実施しなければならない。また、保険者は、加入者の高齢期における健康の保持のために必要な事業を積極的に推進するよう努めるとともに、高齢者医療制度の運営が健全かつ円滑に実施されるよう協力しなければならない。

(2) ① 法93条1項、法95条、法96条、法98条。

費用の負担者		負担割合
公費負担	国	4/12
	都道府県	6/12 / 1/12
	市町村	1/12
保険料	被保険者の保険料 (75歳以上の者等の保険料)	6/12 / 約11%
	後期高齢者交付金 (75歳未満の者等の保険料)	約39%

220

QUESTION

❹介護保険法

(1) 介護保険法について、次の㋐から㋕を使った文章で、最も適切なものは？
- ㋐ 国
- ㋑ 地方公共団体
- ㋒ 介護保険事業の運営が健全かつ円滑に行われるよう保健医療サービス及び福祉サービスを提供する体制の確保に関する施策その他の必要な各般の措置を講じなければならない
- ㋓ 都道府県
- ㋔ 医療保険者
- ㋕ 介護保険事業の運営が健全かつ円滑に行われるように、必要な助言及び適切な援助をしなければならない

① ㋐は、㋒。また、㋓は、㋕。　② ㋐は、㋒。また、㋔は、㋕。
③ ㋑は、㋒。また、㋓は、㋕。　④ ㋑は、㋒。また、㋔は、㋕。

(2) 介護保険法において、事業者の指定について、次のⓐⓑと㋐㋑の組合せで最も適切なものは？
- ⓐ 指定居宅サービス事業者の指定
- ⓑ 指定地域密着型サービス事業者の指定
- ㋐ 厚生労働省令で定めるところにより、都道府県知事が指定する
- ㋑ 厚生労働省令で定めるところにより、市町村長が指定する

① ⓐは㋐、ⓑも㋐。　② ⓐは㋐、ⓑは㋑。
③ ⓐは㋑、ⓑは㋐。　④ ⓐは㋑、ⓑも㋑。

❺確定拠出年金法

(1) 確定拠出年金法における掛金等について、次の㋐から㋕を使った文章で、最も適切なものは？
- ㋐ 事業主は、年1回以上、定期的に掛金を拠出する
- ㋑ 企業型年金加入者は、企業型年金規約で定めるところにより、年1回以上、定期的に自ら掛金を拠出することができる
- ㋒ 企業型年金加入者は、自ら掛金を拠出することはできない
- ㋓ 企業型年金加入者期間を計算する場合には、月によるもの
- ㋔ 企業型年金加入者の資格を取得した月の翌月からその資格を喪失した月までをこれに算入する
- ㋕ 企業型年金加入者の資格を取得した月からその資格を喪失した月の前月までをこれに算入する

① ㋐。また、㋑。なお、㋓とし、㋔。　② ㋐。また、㋑。なお、㋓とし、㋕。
③ ㋐。なお、㋒。また、㋓とし、㋔。　④ ㋐。なお、㋒。また、㋓とし、㋕。

(2) 確定拠出年金法において、運営管理業務の委託について、次のⓐⓑと㋐㋑の組合せで最も適切なものは？
- ⓐ 企業型年金における運営管理業務の委託について
- ⓑ 個人型年金における運営管理業務の委託について
- ㋐ 政令で定めるところにより、運営管理業務の全部又は一部を確定拠出年金運営管理機関に委託することができる
- ㋑ 政令で定めるところにより、運営管理業務を確定拠出年金運営管理機関に委託しなければならない

① ⓐは㋐、ⓑも㋐。　② ⓐは㋐、ⓑは㋑。
③ ⓐは㋑、ⓑは㋐。　④ ⓐは㋑、ⓑも㋑。

ANSWER

❹(1) ① 法5条1項、2項。国は、介護保険事業の運営が健全かつ円滑に行われるよう保健医療サービス及び福祉サービスを提供する体制の確保に関する施策その他の必要な各般の措置を講じなければならない。また、都道府県は、介護保険事業の運営が健全かつ円滑に行われるように、必要な助言及び適切な援助をしなければならない。

(2) ② 法41条1項、法42条の2,1項、法70条1項、法78条の2,1項。

❺(1) ② 法19条1項、3項、法14条1項。事業主は、年1回以上、定期的に掛金を拠出する。また、企業型年金加入者は、企業型年金規約で定めるところにより、年1回以上、定期的に自ら掛金を拠出することができる。なお、企業型年金加入者期間を計算する場合には、月によるものとし、企業型年金加入者の資格を取得した月からその資格を喪失した月の前月までをこれに算入する。

(2) ② 法7条1項、法60条1項。企業型年金における運営管理業務の委託については、事業主は、政令で定めるところにより、運営管理業務の全部又は一部を確定拠出年金運営管理機関に委託することができる。また、個人型年金における運営管理業務の委託については、国民年金基金連合会は、政令で定めるところにより、運営管理業務を確定拠出年金運営管理機関に委託しなければならない。

221

QUESTION

❻確定給付企業年金法

(1)確定給付企業年金法における年金給付の支給期間等について、次の㋐から㋔を使った文章で、最も適切なものは？

㋐ 年金給付の支給期間及び支払期月は、政令で定める基準に従い規約で定めるところによる

㋑ 終身又は5年以上　　　　　　㋒ 終身又は10年以上

㋓ 毎年1回以上定期的に支給するものでなければならない

㋔ 毎年2回以上定期的に支給するものでなければならない

① ㋐。ただし、㋑にわたり、㋓。　　② ㋐。ただし、㋑にわたり、㋔。
③ ㋐。ただし、㋒にわたり、㋓。　　④ ㋐。ただし、㋒にわたり、㋔。

(2)確定給付企業年金の給付について、次の⒜⒝と㋐から㋓の組合せで最も適切なものは？

⒜ 法定給付

⒝ 任意給付（規約に定めるところにより、給付を行うことができるもの）

㋐ 老齢給付金　　　　㋑ 障害給付金

㋒ 遺族給付金　　　　㋓ 脱退一時金

① ⒜は㋐と㋑、⒝は㋒と㋓　　② ⒜は㋐と㋒、⒝は㋑と㋓
③ ⒜は㋐と㋓、⒝は㋑と㋒　　④ ⒜は㋐、⒝は㋑と㋒と㋓

ANSWER

❻(1) ① 法33条。年金給付の支給期間及び支払期月は、政令で定める基準に従い規約で定めるところによる。ただし、終身又は5年以上にわたり、毎年1回以上定期的に支給するものでなければならない。

(2) ③ 法29条。事業主等は、㋐老齢給付金及び㋓脱退一時金の給付を行うものとされ、規約で定めるところにより、㋑障害給付金及び㋒遺族給付金の給付を行うことができる。

Part 4

無敵の社労士 ③ 完全無欠の直前対策　2024年合格目標

合格をどこまでもサポート！

CONTENTS

- ときこの小部屋 ～妊産婦と派遣労働者と涙の解雇編～ …… 224
- お悩み相談室 …………………………………………………… 232
- 重要事項暗記アプリ活用法 …………………………………… 234

Welcome! ときこの小部屋
～妊産婦と派遣労働者と涙の解雇編～

TAC社会保険労務士講座　教材開発講師　**如月　時子**

社長さんの会社には、女性の従業員がいます。また、派遣労働者の受け入れも考えているようです。女性の従業員で特に保護を必要とする妊産婦の対応や、派遣労働者、また、解雇についてわからないことがあるそうです。今回は、①妊産婦への対応、②派遣労働者と労働基準法の関係、③解雇に関する労働基準法の一般的な取扱いなどについて、一緒に見ていきましょう。

【妊産婦】

もうすぐ出産する予定の女性社員A子さんが、休業したいと言ってきましたが、休業させないといけませんか？

出産予定日までの6週間（双子以上の妊娠の場合は14週間）は産前の休業期間と定められていて、この期間に女性社員が休業を請求したときは休業させなければなりませんよ。なお、出産日の翌日から8週間（原則）は産後の休業期間となりますが、この期間については、本人の請求の有無にかかわらず休業させなければなりませんよ。

労働基準法65条1項、2項
1　使用者は、6週間（多胎妊娠の場合にあっては、14週間）以内に出産する予定の女性が休業を請求した場合においては、その者を就業させてはならない。
2　使用者は、産後8週間を経過しない女性を就業させてはならない。ただし、産後6週間を経過した女性が請求した場合において、その者について医師が支障がないと認めた業務に就かせることは、差し支えない。

わかりました。A子さんは、予定日まであと5週間ですから、休業させないといけませんね。それでは、予定日より遅れて出産した場合は、その遅れた分の期間は、産前、産後どちらの休業になるのですか？

出産が予定日より後にずれることはよくありますね。予定日より遅れて出産した場合、予定日から実際の出産日までの期間は産前の休業期間に含まれます。したがって、この期間にA子さんから休業の請求があった場合には休業させなければなりません。また、遅れた分産後の休業期間を減らすことはできませんよ。

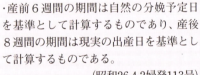

・産前6週間の期間は自然の分娩予定日を基準として計算するものであり、産後8週間の期間は現実の出産日を基準として計算するものである。
　　　　　（昭和26.4.2婦発113号）
・出産当日は産前6週間に含まれる。
　　　　　（昭和25.3.31基収4057号）

Welcome! ときこの小部屋

8か月前に出産した女性社員B子さんが職場復帰しましたが、残業はしないと言ってきました。わが社には36協定がありますし、忙しいときは、少しでも残業してほしいのですが、ダメですか？

妊娠中の女性及び産後1年を経過しない女性（「妊産婦」といいます。）が、残業をしないことを請求したときは、たとえ36協定があっても、残業させてはいけません。したがって、B子さんに残業をさせてはいけませんよ。また、休日労働や深夜業も、妊産婦が請求した場合は、させてはいけません。

労働基準法66条2項、3項
2　使用者は、妊産婦が請求した場合においては、法第33条第1項及び第3項（非常災害等の場合）並びに法第36条第1項（36協定）の規定にかかわらず、時間外労働をさせてはならず、又は休日に労働させてはならない。
3　使用者は、妊産婦が請求した場合においては、深夜業をさせてはならない。

そうですか。やっぱり残業させてはダメなのですね。それから、B子さんは、今の業務よりもっと軽易な他の業務を希望していますが、そちらに配置転換させなければいけませんか？

B子さんのように産後1年を経過しない女性については、必ずしも他の軽易な業務に転換させる必要はありませんね。なお、妊娠中の女性（出産予定日の6週間以内である必要はありません。）が請求した場合は、原則としてその女性が請求した業務に転換させなければなりませんが、新たに軽易な業務を創設して与えるまでの必要はありませんよ。

労働基準法65条3項
使用者は、妊娠中の女性が請求した場合においては、他の軽易な業務に転換させなければならない。

労働基準法第65条第3項は原則として女性が請求した業務に転換させる趣旨であるが、新たに軽易な業務を創設して与える義務まで課したものではない。

（昭和61.3.20基発151号、婦発69号）

＜妊産婦の労働時間に関する規制等＞

規制等＼妊産婦	妊娠中の女性	法41条該当者	産後1年を経過しない女性	法41条該当者
労働時間の制限	○	×	○	×
時間外労働の制限	○	×	○	×
休日労働の制限	○	×	○	×
深夜業の制限	○	○	○	○
軽易な業務への転換	○	○	×	×

○…請求により適用　×…適用なし

【派遣労働者】

一時的に業務量が増えるので、その期間、派遣労働者を受け入れようと思っていますが、受け入れる際には、わが社が労働時間などの労働条件の明示をしなければいけませんか？

いいえ。派遣労働者への労働条件の明示は派遣会社が行います。

派遣元の使用者は、労働者派遣法における労働基準法の適用に関する特例により自己が労働基準法に基づく義務を負わない労働時間、休憩、休日等を含めて、労働基準法第15条による労働条件の明示をする必要があること。

（昭和61.6.6基発333号）

それでは、派遣労働者に対する労働基準法上の責任は、派遣会社とわが社のどちらにあるのでしょうか？

派遣労働者に関しては、基本的には派遣労働者と労働契約を結んでいる派遣会社が責任を負いますが、一部の事項については、派遣先が責任を負うことになります。たとえば、派遣労働者の労働時間、休憩、休日の管理などは実際に派遣労働者が勤務している派遣先が行うことが適切で、派遣会社に責任を負わせることは実情に合いませんよね。したがって、労働時間、休憩、休日については、社長さんの会社（派遣先）が責任を負うことになります。

労働者派遣法においては、派遣労働者に関する労働基準法の適用について、基本的には派遣労働者と労働契約関係にある派遣元事業主が責任を負うものであるという原則を維持しつつ、労働者派遣の実態から派遣元事業主に責任を問いえない事項、派遣労働者の保護の実効を期する上から派遣先事業主に責任を負わせることが適切な事項について特例規定により派遣先事業主に責任を負わせることとした。特例規定が存しない労働基準法の規定については、原則どおり、派遣元事業主が責任を負うこととなる。

（平成20.7.1基発0701001号）

＜派遣先のみが責任を負う事項＞（労働者派遣法44条）
公民権行使の保障、法定労働時間、1箇月・1年単位の変形労働時間制※、フレックスタイム制※、休憩、休日、非常災害時における時間外労働等、36協定による時間外労働等※、労働時間及び休憩の特例、法41条該当者の労働時間・休憩・休日の適用除外、年少者の労働時間・休日・深夜業、年少者の危険有害業務の就業制限、年少者の坑内労働の禁止、妊産婦の時間外労働・休日労働・深夜業、妊産婦等の危険有害業務の就業制限、妊産婦等の坑内業務の就業制限、育児時間、生理日の措置
※労使協定の締結等は、派遣元が行います。

Welcome! ときこの小部屋

わが社では36協定を締結・届出していますので、派遣労働者にも残業や休日労働をさせることができますよね？

いいえ。派遣労働者に残業や休日労働をさせるためには、派遣会社において36協定を締結し、届出が行われていることが必要です。
蛇足ですが、派遣労働者について、1箇月・1年単位の変形労働時間制やフレックスタイム制を採用する場合にも、派遣会社において、労使協定や就業規則などに一定の事項が定められていることが必要ですよ。

派遣中の労働者の派遣就業に関しては、労働基準法第36条第1項による時間外・休日労働協定の締結・届出は、派遣元の使用者が行うこととされていること。
派遣元の使用者が労働基準法第36条第1項の協定を締結し、届け出れば、派遣先の使用者は当該協定の範囲内で法定労働時間を超えて、又は法定休日に労働させることができること。
（平成20.7.1基発0701001号）

そうですか。派遣会社に36協定などがあるか確かめた方がよいですね。では、派遣労働者に残業や休日労働をさせた場合、割増賃金はわが社で支払う必要がありますか？

いいえ。派遣労働者に残業や休日労働をさせた場合の割増賃金は、派遣会社が支払うことになっています。
たとえば、派遣会社で36協定の締結・届出がなされていないにもかかわらず、派遣先が派遣労働者に残業をさせた場合であっても、残業をさせたということだけで、派遣会社は割増賃金を支払わなければなりません。

派遣中の労働者について、法定時間外労働等を行わせるのは派遣先の使用者であり、派遣先の使用者が派遣中の労働者に法定時間外労働等を行わせた場合に、派遣元の使用者が割増賃金の支払義務を負うことになる。この割増賃金の支払は、派遣中の労働者に法定時間外労働等を行わせたという事実があれば法律上生じる義務であり、当該派遣中の労働者に法定時間外労働等を行わせることが労働基準法違反であるかどうか、又は労働者派遣契約上派遣先の使用者に法定時間外労働等を行わせる権限があるかどうかを問わないものであること。 （昭和61.6.6基発333号）

あ、そうだ。派遣労働者の受け入れはいつまでできますか？ 受け入れ期間に制限があるのでしょうか？

派遣労働者については、派遣可能期間が3年とされていて、原則として、同一の事業所（会社）では派遣可能期間、つまり3年を超えて受け入れることはできませんよ。

労働者派遣法40条の2, 1項、2項
1 派遣先は、当該派遣先の事業所その他派遣就業の場所ごとの業務について、派遣元事業主から派遣可能期間を超える期間継続して労働者派遣の役務の提供を受けてはならない。
2 前項の派遣可能期間は、3年とする。

227

【解雇制限】

社員が業務上負傷したり、病気にかかった場合、その療養のために休業する期間及びその後30日間は、解雇制限がかかると聞きました。先日社員が通勤の途中でケガをして入院していますが、この場合も同じように解雇制限がかかりますか？

いいえ、かかりませんよ。通勤災害や業務外の私傷病で休業する場合は、労働基準法の解雇制限はかかりません。だからといって、自由に解雇してよいということではありませんから、注意してくださいね。なお、業務上の負傷や病気により治療中であっても休業しないで出勤している場合も解雇制限はかかりません。

労働基準法19条1項
使用者は、労働者が業務上負傷し、又は疾病にかかり療養のために休業する期間及びその後30日間並びに産前産後の女性が法第65条の規定によって休業する期間及びその後30日間は、解雇してはならない。

そういえば、産前産後の休業をする場合にも解雇制限がかかるということを聞きました。でも、産前の休業は、女性社員の請求によって取るものだから、その請求をしないで働いている場合は、解雇制限はかからないということになりますか？

女性社員が産前の休業を請求しない場合は、引き続き就業させることができます。労働基準法の解雇制限期間は、産前産後の休業期間及びその後30日間ですから、この場合には、たしかに労働基準法の解雇制限はかかりませんね。だからといって、解雇してよいというわけではありませんし、男女雇用機会均等法でも、女性労働者が妊娠、出産したこと等を理由とする解雇を禁止していますので、注意してくださいね。

男女雇用機会均等法9条3項
事業主は、その雇用する女性労働者が妊娠したこと、出産したこと、労働基準法の規定による産前休業を請求し、又は産前産後休業をしたことその他の妊娠又は出産に関する事由であって厚生労働省令で定めるものを理由として、当該女性労働者に対して解雇その他不利益な取扱いをしてはならない。

6週間以内に出産する予定の女性労働者が休業を請求せず引き続き就業している場合は、労働基準法第19条の解雇制限期間にはならないが、その期間中は女性労働者を解雇することのないよう指導されたい。
（昭和25.6.16基収1526号）

＜その他の解雇の制限＞
① 国籍、信条、社会的身分を理由とする解雇の禁止（労働基準法3条）
② 労働基準監督署等に申告したことを理由とする解雇の禁止（労働基準法104条）
③ 労働組合の組合員であること等を理由とする解雇の禁止（労働組合法7条）
④ 女性労働者が婚姻したことを理由とする解雇の禁止（男女雇用機会均等法9条）
⑤ 育児休業・介護休業を取得したこと等を理由とする解雇の禁止（育児・介護休業法10条、16条）等

Welcome! ときこの小部屋

従業員を辞めさせるのは気が重い話ですけど…。
ところで、解雇制限がかかる「その後30日間」というのはいつから起算されますか?

「その後30日間」は、療養のため休業する必要がなくなって出勤した日又は出勤することができる状態に回復した日から起算されます。
また、この30日間は、休業期間の長短に関係なく確保されますので、たとえ休業期間が1日であっても、その後30日間は解雇が制限されます。
なお、産前産後休業の場合の「その後30日間」は、産後8週間を経過した日又は産後6週間経過後に労働者の請求により就労を開始した日から起算されます。

業務上負傷し又は疾病にかかり療養していた労働者が完全に治癒したのではないが、稼働し得る程度に回復したので出勤し、元の職場で平常通り稼働していたところ、使用者が就業後30日を経過してこの労働者を労働基準法第20条に定める解雇予告手当を支給して即時解雇した場合は、法第19条に抵触しない。
(昭和24.4.12基収1134号)

休業期間が1日でも解雇制限がかかるのですね。それでは、逆に休業期間が長い場合もずっと解雇制限がかかることになりますか?

解雇制限期間中であっても、次の場合には、例外として、解雇制限が解除されます(解雇することができます)。
　①打切補償を支払う場合
　②天災事変その他やむを得ない事由のために事業の継続が不可能となった場合
なお、②の場合は、所轄労働基準監督署長の認定を受けなければなりません。

労働基準法19条1項ただし書
ただし、使用者が、法第81条の規定によって打切補償を支払う場合又は天災事変その他やむを得ない事由のために事業の継続が不可能となった場合においては、この限りでない(解雇制限の規定は適用されない。)。

労働基準法19条2項
前項ただし書後段の場合(天災事変その他やむを得ない事由のために事業の継続が不可能となった場合)においては、その事由について行政官庁(所轄労働基準監督署長)の認定を受けなければならない。

<打切補償>(労働基準法81条、労災保険法19条)

打切補償は、業務上の傷病により療養をしている労働者が療養開始後3年を経過しても負傷又は疾病がなおらない場合において、使用者が平均賃金の1,200日分を支払い、その後の療養補償、休業補償等の補償を打ち切るものです。療養開始後3年を経過しても打切補償を行わない限り解雇制限は解除されません。
なお、業務上の災害補償が労災保険によって行われる場合には、次の区分により、それぞれ①又は②の日に打切補償が支払われたとみなされ、解雇制限が解除されます。

　①　療養開始後3年を経過した日において傷病補償年金を受けている場合…当該3年を経過した日
　②　療養開始後3年を経過した日後において傷病補償年金を受けることとなった場合…傷病補償年金を受けることとなった日

【解雇の予告】

解雇制限の原則と例外はわかりましたが、それでは、解雇制限期間が過ぎれば、すぐに解雇することができますか？

解雇制限期間が過ぎたからといってすぐに解雇することはできません。解雇された労働者に次の仕事を探すための時間的、経済的な余裕を与えるため、少なくとも30日前に解雇の予告をするか、予告をしないときは30日分以上の平均賃金（解雇予告手当）を支払わなければなりません。

労働基準法20条1項
使用者は、労働者を解雇しようとする場合においては、少くとも30日前にその予告をしなければならない。30日前に予告をしない使用者は、30日分以上の平均賃金を支払わなければならない。

解雇予告の「少なくとも30日前」というのは、30日以上前でもOKですか？

はい、期間が確定していれば、30日より長くても差し支えありませんよ。予告期間の計算については、予告をした日は算入せず、その翌日から起算して解雇する日まで暦日で30日間必要です。例えば、6月30日をもって解雇しようとする場合には、遅くとも5月31日に解雇予告をする必要があります。
また、1日につき平均賃金（解雇予告手当）を支払った場合には、その日数分だけ予告期間を短縮することができますよ。

労働基準法20条2項
解雇の予告の日数は、1日について平均賃金を支払った場合においては、その日数を短縮することができる。

労働者の解雇に際して、30日以上前に予告した場合、例えば38日前というように期間が確定していれば、その予告は労働基準法第20条の「少なくとも30日前」に該当する。
（昭和24.6.18基発1926号）

他に注意することはありますか？

解雇予告は、いつ解雇されるかわかるように、解雇の日を特定して行わなければなりません。したがって、「30日以上たったら」というような不明確なものではダメです。また、予告は口頭でも文書でも行うことができますが、口頭では、解雇に関して争いが起こった場合に証明が困難になりますので、文書で行いましょう。

＜解雇理由の証明書＞（労働基準法22条2項）
解雇を予告された労働者が、解雇の予告がされた日から退職の日までの間において、当該解雇の理由について証明書を請求した場合には、使用者は、遅滞なくこれを交付しなければなりません。ただし、解雇の予告がされた日以後に労働者が当該解雇以外の事由により退職した場合においては、使用者は、その退職の日以後、解雇理由の証明書を交付する必要はありません。

Welcome! ときこの小部屋

もし、解雇予告期間中に社員が業務上の傷病で休業することになったときはどうなりますか？

解雇予告期間中に解雇制限事由が発生した場合は、それがたとえ1日とか2日休業するような傷病であっても、その解雇予告期間が終了しても解雇することはできませんよ。といっても、解雇予告の効力が無くなるわけではなく、停止されるだけですので、解雇制限期間の終了とともに解雇の効力が発生します。
ただ、解雇制限期間が長期にわたり解雇予告としての効力が失われたと認められた場合は、改めて解雇予告をする必要がありますね。

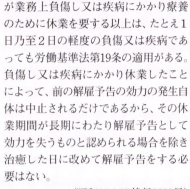

解雇予告期間満了の直前にその労働者が業務上負傷し又は疾病にかかり療養のために休業を要する以上は、たとえ1日乃至2日の軽度の負傷又は疾病であっても労働基準法第19条の適用がある。負傷し又は疾病にかかり休業したことによって、前の解雇予告の効力の発生自体は中止されるだけであるから、その休業期間が長期にわたり解雇予告として効力を失うものと認められる場合を除き治癒した日に改めて解雇予告をする必要はない。
（昭和26.6.25基収2609号）

わかりました。あと、解雇予告手当の計算方法や支払時期などについて教えてください。

解雇予告手当は、労働者に解雇の通告をした日（予告後、解雇日を変更した場合であっても当初の通告日）以前3箇月間に支払われた賃金の総額を基に計算した平均賃金の30日分以上となります。そして、少なくとも解雇と同時に支払われるべきものとされています。
なお、解雇予告手当は、賃金ではありませんが、法24条の賃金の支払の規定に準じて、通貨で直接労働者に支払うのが望ましいですね。

・労働基準法第20条の規定により、解雇の予告にかえて支払われる平均賃金を算定する場合における算定すべき事由が発生した日は、労働者に解雇の通告をした日であり、解雇の予告をした後において、当該労働者の同意を得て解雇日を変更した場合においても、同様である。
（昭和39.6.12 36基収2316号）
・労働基準法第20条による解雇の予告にかわる30日分以上の平均賃金は解雇の申渡しと同時に支払うべきものである。
（昭和23.3.17基発464号）

＜解雇予告の規定の適用除外の原則・例外＞（労働基準法21条）

次の①から④に該当する者には、解雇予告の規定は適用されません。ただし、右欄の例外の事由に該当した場合には解雇予告や解雇予告手当の支払いが必要となります。

原則（解雇予告の規定の適用除外）	例外（解雇予告必要）
①日日雇い入れられる者	1箇月を超えて引き続き使用された場合
②2箇月以内の期間を定めて使用される者	所定の期間を超えて引き続き使用された場合
③季節的業務に4箇月以内の期間を定めて使用される者	
④試の使用期間中の者	14日を超えて引き続き使用された場合

231

| Part1 本試験に向けて! | Part2 完全無欠の直前対策講義 | Part3 試験に出るとこファイナルチェック! | **Part4 合格をどこまでもサポート!** |

受験の神様 ツボじいさんにきく！
お悩み相談室

今回のお悩みテーマ テキストの読み込みは必要？

　ここは、悩める子羊さんたちのお悩みを、受験の神様「ツボじい」がやさしく解決へと導いてくれる相談室です。毎年多くの子羊さんが、ツボじいのありがたいお言葉で救われ、本試験に合格しています。さあ、今年も2024年の本試験合格に向けて、お悩みをドシドシ解決していきましょう！

（初学者Aさん）

　講座の受講開始当初から、王道の学習方法を心掛け、「講義を受ける」→「問題を解く」→「曖昧な箇所や分からない箇所をテキストで確認する」という流れで学習をしてきました。ただ、ここにきて、いろいろ忘れていたり、知識がぐちゃぐちゃになっていたりすることに気づき、改めてテキストを読み込むことが必要かもしれないと思っています。
　答練や模試もあるので、きちんとテキストの読み込みを行うと、時間的に本試験に間に合わない気がしているのですが、どのように読み込んでいけばよいでしょうか？
　ちなみに、平日は仕事であまり時間がとれず、土日にたくさん学習するようにしています。

ツボじい

　生活スタイルを考えると、一からじっくりとテキストを読み込んでいくのは難しそうじゃのぉ。
　テキストの読む込む目的を、「全体像の把握のために読む（点と点で押さえている知識を線でつなげる）」、「選択式対策として読む」という2つに絞って取組んではどうかね？

お悩み分析

　社労士受験生の中には、お仕事や家事・育児など、時間に制約がある中で受験に臨まれている方も多いと思います。そのため、今回はAさんのように平日は仕事などであまり時間がとれないことを前提として、テキストをどのように読み込んでいけばよいか考えていきましょう。
　まず、テキストの読み込みの目的を考えると、以下のようなものが挙げられるかと思います。
・インプット期に、制度を理解するために読む
・問題演習後に、知識の確認のために読む
・全体像の把握のために読む(点と点で押さえている知識を線でつなげる)
・選択式対策として読む

これらについて、すべてを意識しながら読み進めていくのは、とても時間がかかるかと思います。思うように進められないと焦りやストレスにもつながりますので、一度にすべてを意識するのではなく、**目的に合わせて何度も読む**ようにするとよいでしょう。

　今回のご相談は、「講義を受ける」→「問題を解く」→「曖昧な箇所や分からない箇所をテキストで確認する」という学習の流れで、「インプット期に、制度を理解するために読む」や「問題演習後に、知識の確認のために読む」は既に行っているようですので、「全体像の把握のために読む（点と点で押さえている知識を線でつなげる）」と「選択式対策として読む」という目的で見ていきます。

①全体像の把握のために読む（点と点で押さえている知識を線でつなげる）

　社労士試験合格のためには、点と点で知識を押さえるだけでなく、制度全体を線でつなげておく必要があります。特に、社労士試験の学習科目には複雑な制度が多いため、一つひとつの要件を細かく見ていくうちに、何の制度を学習しているのかを見失ったり、似たような制度と勘違いしたりすることがあるかと思います。試験ではそのような勘違いしやすい箇所を狙って出題してくるので、知識を全体的に整理しておくことはとても重要です。

　このほか、判例問題や事例問題が出題されたときに、何の規定に関する問題であるかを判断ができない方や、給付の体系について問われている問題をパッと答えられない方も、全体像の把握をしっかりとしておきましょう。

　具体的な取組み方ですが、いきなりテキスト本文を読み始めるのではなく、まずは目次を見て、どのような規定がされていたかを思い浮かべてみましょう。思い浮かべたら、答え合わせのつもりで、テキストを開いて、タイトルなどを確認していってください。実際にそうして確認してみると、例えば「労働基準法の『前借金相殺の禁止』の規定は『賃金』の項目に置かれていると思っていたが、労働者の人身拘束の防止の規定として『労働契約』に置かれていた」など、覚え間違えを発見することがあるかと思います。このような発見をきっかけに、制度の性質を改めて捉え直したり、似たような制度を比較したりしていくことで、これまで点と点で押さえていた知識をつなぎ合わせていくことができます。

　なお、全体像の把握の際には、テキストの中身を丁寧に読むというよりも、テキストを行ったり来たりしながら、拾い読みをしていき、**ご自身の頭の中で情報を思い浮かべつつ整理していく**つもりで取組むとよいでしょう。

②選択式対策として読む

　選択式対策では、用語や数字を正確に覚えることなども必要ですので、上記の❶の取組みとは異なり、各項目についてじっくりと取組むことが必要です。

　一つひとつ、条文を取り上げ、その条文についてテキストを伏せて空（そら）で言えるようにしていくつもりで読み進めましょう。仮にすぐに忘れてしまったとしても、一度しっかりと覚え込むことで、選択式の出題形式であれば問題を見て思い出すこともあります。忘れてしまうことを恐れずに、本試験までにできる限り多くの条文を取り上げるようにしていきましょう。

　いかがでしたか？　テキストの読み込みは、テキストを最初からじっくりと読み進めることだけを指すわけではありません。ご自身の生活スタイルの中で、学習を確保できる時間を考えながら、上手にテキストの読み込みをしていき、合格を目指しましょう！

　みなさまが本試験当日に、存分に力を発揮できることを、心よりお祈りしております。

| Part1 本試験に向けて！ | Part2 完全無欠の直前対策講義 | Part3 試験に出るとこファイナルチェック！ | **Part4 合格をどこまでもサポート！** |

受験の神様 ツボじぃさんにきく！

重要事項暗記アプリ活用法

ツボじぃ！　もう一つアドバイスをください！
通勤時間も学習に充てたいのですが、
電車が混んでいてテキストが開けません（泣）
スマホくらいなら見られそうなのですが、
何かスマホ連動の学習サービスはありませんか？

「無敵の社労士」購入者特典の
「重要事項暗記アプリ」は使っておるかの？
スマホで学習ができて、隙間時間の学習にもピッタリじゃ。

ひょ〜！　後で見ようと思ったまま忘れていました！
表紙を開いた、目次の前のページですね。これを読み込むと…

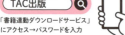

TAC出版 🔍	二次元コードはこちら！	アクセス用パスワード
「書籍連動ダウンロードサービス」にアクセス→パスワードを入力 ※本サービスの提供期間は、2024年8月末までです。		240810790

Cyber Book Store書籍連動ダウンロードサービスの
社会保険労務士の欄まで飛びますね！

社会保険労務士

2024年合格目標 無敵の社労士1 スタートダッシュ

合格力がつく「**重要事項暗記アプリ**」をご利用いただけます！
下記の「重要事項暗記アプリ」ボタンからアクセスし、「スタートダッシュ」ボタンをクリックしてください。パスワード入力画面に移動しますので、書籍に記載のパスワードをご入力ください。

　重要事項暗記
　　アプリ

2024年合格目標 無敵の社労士2 本試験徹底解剖

合格力がつく「**重要事項暗記アプリ**」をご利用いただけます！
下記の「重要事項暗記アプリ」ボタンからアクセスし、「本試験徹底解剖」ボタンをクリックしてください。パスワード入力画面に移動しますので、書籍に記載のパスワードをご入力ください。

　重要事項暗記
　　アプリ

このページの「重要事項暗記アプリ」の
ボタンからアプリに入るのじゃ。
どのボタンからでも大丈夫じゃよ。
毎回二次元バーコードからアクセスしなくても
済むように、このページにブックマークなどを
つけておくと良いぞ。

おお！　アプリのトップページが出てきました！

３つのボタンから学習したい号を選んで、
各書籍の二次元バーコードがあるページに記載されている
アクセス用パスワードを入力するのじゃ。
このパスワードもスマホにメモしておくと良いぞ。

フムフム…。
演習メニューが出てきました！
メニューは２種類あるんですね！

「ジャンルで暗記」は**科目別**で出題され、
「とことん暗記」は**全科目シャッフル**で
20問出題されるのじゃ。
どちらの演習メニューも間違えた問題だけを解き直すこともできるぞ。

科目別だけでなく、全科目シャッフルもできるので、
いい力試しになりそうですね！
これなら通勤時間も有効活用できそうです！

お風呂を沸かしている時間や、
通常の学習の息抜きにもピッタリなんじゃ。
「重要事項暗記アプリ」を使って
ジャンジャン勉強するのじゃよ〜。

1年間ありがとうございました！

Note

Note

お問合せ先一覧

最後まで「無敵の社労士**3** 完全無欠の直前対策」をお読みいただきありがとうございます。

◆正誤表の確認方法
TAC出版書籍販売サイト「Cyber Book Store」のトップページ内の「正誤表」コーナーにて、正誤表をご確認ください。
URL：https://bookstore.tac-school.co.jp/

◆書籍の正誤についてのお問合せ
①ウェブページ「Cyber Book Store」内の「お問合せフォーム」より問合せをする
https://bookstore.tac-school.co.jp/inquiry/
②メールにより問合せをする
syuppan-h@tac-school.co.jp

※なお、書籍の正誤のお問合せ以外の書籍内容に関する解説・受験指導等は、一切行っておりません。そのようなお問合せにつきましては、お答えいたしかねますので、あらかじめご了承ください。
※お電話でのお問合せは、お受けできません。また、土日祝日はお問合せ対応をおこなっておりません。

編集後記

2024年度試験用としては、最終号となります。無敵の社労士の読者の皆様の多くが本試験でしっかり合格しますように！　最後までお読みいただき、本当にありがとうございました！

2024年合格目標
無敵の社労士**3**
完全無欠の直前対策

2024年5月27日　初版　第1刷発行

編　者：	TAC出版　編集部
発行者：	多田　敏男
発行所：	TAC株式会社　出版事業部（TAC出版）
	〒101-8383　東京都千代田区神田三崎町3-2-18
	電話　03（5276）9492（営業）
	FAX　03（5276）9674
	https://shuppan.tac-school.co.jp

組　版：	朝日メディアインターナショナル株式会社
印　刷：	株式会社ワコー
製　本：	東京美術紙工協業組合

ⓒTAC 2024 Printed in Japan
ISBN 978-4-300-10790-4
N.D.C. 364

本書は、「著作権法」によって、著作権等の権利が保護されている著作物です。本書の全部または一部につき、無断で転載、複写されると、著作権等の権利侵害となります。上記のような使い方をされる場合、および本書を使用して講義・セミナー等を実施する場合には、小社宛許諾を求めてください。

乱丁・落丁による交換、および正誤のお問合せ対応は、該当書籍の改訂版刊行月末日までといたします。なお、交換につきましては、書籍の在庫状況等により、お受けできない場合もございます。また、各種本試験の実施の延期、中止を理由とした本書の返品はお受けいたしません。返金もいたしかねますので、あらかじめご了承くださいますようお願い申し上げます。

TACにおける個人情報の取り扱いについて
■お預かりした個人情報は、TAC（株）で管理させていただき、お問合せへの対応、当社の記録保管にのみ利用いたします。お客様の同意なしに業務委託先以外の第三者に開示、提供することはございません（法令等により開示を求められた場合を除く）。その他、個人情報保護管理者、お預かりした個人情報の開示等及びTAC（株）への個人情報の提供の任意性については、当社ホームページ（https://www.tac-school.co.jp）をご覧いただくか、個人情報に関するお問い合わせ窓口（E-mail:privacy@tac-school.co.jp）までお問合せください。